法　曹　会　編

例題解説　DV保護命令／人身保護／子の引渡し

法　曹　新　書

72

はしがき

本書は、「法曹」誌上第七七一号（平成二七年一月号）から第七八六号（平成二八年四月号）までに「ほうそう講座　保護命令手続・人身保護手続」と題して連載した論稿について、若干の補筆修正を加え、取りまとめたものである。

本書は、①配偶者からの暴力の防止及び被害者の保護等に関する法律（DV防止法）に基づく保護命令手続、②人身保護法に基づく人身保護請求手続のほか、③民事執行法に基づく子の引渡しの強制執行手続、④国際的な子の奪取の民事上の側面に関する条約の実施に関する法律（ハーグ条約実施法）に基づく子の返還の執行手続を取り上げている。これらの手続については、いずれも体系的、網羅的に解説された文献が少なく、幾つか存在する文献も古いものや入手困難なものが多いため、実務上不便を強いられてきた。そこで、この点を改善するとともに、最近の実務状況を広く発信することが、先の論稿を連載するきっかけとなった。

本書は、前記の四つの手続（ただし、③と④は、手続が類似し、用語も共通するものが多いことから、「子の引渡し関係」として一括りのテーマにまとめた。）において実務上生ずる諸問題につき、具体的な事例を設けて手続の流れに沿って解説するほか、理論上、解釈上の問題点を分析・検討し、手続の実際を分かりやすく、かつ実践的に解説するものである。新しい問題についてはもとより古くからの問題についても、最新の実務感覚に基づいた解説を行った。その意味で、本書は現時点における実務の到達点を示すものであり、本書により、前記の四つの手続を取り巻く問題について、現時点における問題状況、それに対する考え方、運用の在り方を見渡すことができるものと思われる。

本書が、これらの手続に携わる実務家その他の関係者などに広く活用されることを期待するとともに、この分野の議論が深化する一助となれば幸いである。

平成二十八年九月

一般財団法人　法　曹　会

増刷にあたって

本書は、平成二十八年九月に発行したものの重版であり、法令・判例・運用等は当時のものであることにご留意ください。

令和四年九月

一般財団法人　法　曹　会

目　次

第六回　保護命令の発令……129

本講座の構成

本講座は、①配偶者からの暴力の防止及び被害者の保護等に関する法律（ＤＶ防止法）に基づく保護命令手続、②人身保護法に基づく人身保護請求手続、③民事執行法に基づく子の引渡しの強制執行手続及び④国際的な子の奪取の民事上の側面に関する条約の実施に関する法律（いわゆるハーグ条約実施法）に基づく子の返還の執行手続について、それぞれ、例題とこれに対する解説及び解答という形式で概説を試みるものである。

第一回以降、まず、①から概説を開始することとし、その後順次②ないし④について概説を行うこととする。

なお、本講座で用いる略語は、次の通りである。

【法令】

・ＤＶ防止法→配偶者からの暴力の防止及び被害者の保護等に関する法律
・保護命令規則→配偶者暴力等に関する保護命令手続規則

・（第八回ないし第一二回に限り）法→人身保護法
・（同右）規則→人身保護規則
・民執→民事執行法
・民執規→民事執行規則
・実施法→国際的な子の奪取の民事上の側面に関する条約の実施に関する法律
・実施法規則→国際的な子の奪取の民事上の側面に関する条約の実施に関する法律による子の返還に関する事件の手続等に関する規則
・民訴→民事訴訟法
・民訴規→民事訴訟規則
・民保→民事保全法
・家事手続→家事事件手続法

法規の条文の引用は、本文中では「○○条○○項」と記載した。また、（）内では、条、項の文字は省略し、ＤＶ防止法は「ＤＶ防止」と記載した。

【裁判例・文献・その他】

判例集、法律雑誌の略記は、次に記載するほか、通常の例によった。

・判時→判例時報
・判タ→判例タイムズ
文献の略記は、本文中に定義するほか、次の通りである。
・南野ほか→南野知恵子ほか監修『詳解DV防止法二〇〇八年版』
・民事保全の実務（上）→八木一洋＝関述之編著『民事保全の実務』第三版増補版（上）
・人身保護法解説→民事裁判資料八号『人身保護法解説』
行政機関の略記は、本文中に定義するほか、次の通りである。
・DVセンター→配偶者暴力相談支援センター

保護命令手続関係

第一回　ＤＶ防止法に基づく保護命令手続の概要

【例題】

甲弁護士は、女性Ｘから以下のような法律相談を受けた。甲弁護士としてはＸに対しどのような説明をするべきか。

「私Ｘは、夫Ｙと、一八歳の娘Ａと三人で暮らしています。Ｙは、勤務先では温厚な人物という評判ですが、家では、気に入らないことがあると激しく怒り出し、私（Ｘ）やＡに頻繁に暴力をふるいます。私（Ｘ）とＡは、このような暴力の繰り返しを何年も我慢してきましたが、もう限界なので、私（Ｘ）とＡは、Ｙと別居して身を隠し、Ｙの暴力から逃れたいと考えています。

最近、ＤＶ防止法という法律があり、この法律に基づく保護命令によって私（Ｘ）やＡのような者が保護され、また、その手続の中では、私（Ｘ）とＹとの私生活に関する秘密も守られると聞きました。そこで、ＤＶ防止法と保護命令について概略を教えてください。また、ストーカー規制法という法律もあるそうですが、この法律とＤＶ防止法は、どのように違うのでしょうか。」

【解説】

一　ＤＶ防止法の概要・制度趣旨

1　ＤＶの特徴

ＤＶ（Domestic Violence　家庭内暴力）という語は、内閣府によると、明確な定義はないものの、一般的には「配偶者や恋人など親密な関係にある、又はあった者から振るわれる暴力」という意味で使用されているとのことである。ただし、保護命令の適用対象になる暴力等の詳細については、**第三回「保護命令の申立て」**及び**第四回「保護命令の種類とその要件」**を参照されたい。

ＤＶには、他の暴力には見られない特徴がある。まず、第一に、ＤＶは、家庭内という、外部からは状況が良く分からない密室状態の中で行われる暴力であるため、被害者の生命や身体に重大な危害が生じる可能性が高いにもかかわらず、外部から発見されにくい、という特徴がある。

第二に、DVは、意識的であれ、無意識的であれ、暴力によって相手方を支配し、従属させることにつながってゆく、という特徴がある。すなわち、被害者は、暴力による被害を受けているにもかかわらず、加害者や子のことなどを考えて、加害者との関係を断ち切ることに躊躇しがちな傾向がある。加えて、被害者に子がいれば、一緒に逃げることも、子を置いて逃げることもどちらも簡単ではない。さらに、被害者は経済的自立が困難なために加害者と別れることが困難である、という事情もしばしばみられる。このようなことから、DVの被害者は、暴力に支配される状況を甘受するようになってしまう、と指摘されている。他方で、加害者の暴力は、被害者が別れることを決意したり、そうした行動に出たときに最も激しく酷くなりがちであり、被害者は加害者からの暴力によって無力感に襲われ、再び逃げようという気力さえ失ってしまうことも少なくないと指摘されている。このように、被害者が暴力で加害者の支配従属関係に置かれている状態を「囚われの身」と表現する場合もある(以上につき、南野ほか・二頁以下、法執行研究会編「法はDV被害者を救えるか」一頁以下参照)。

2 DV防止法の概要

「配偶者からの暴力の防止及び被害者の保護等に関する法律」(平成一三年法律第三一号。以下「DV防止法」という。)は、配偶者の暴力を防止し、被害者を保護するための施策を講じることを目的とする法律であり、同年に制定された後、平成一六年、平成一九年及び平成二五年の三回にわたり改正が行われた。なお、平成二五年の改正では、法律名も「…被害者の保護に関する法律」から「…被害者の保護等に関する法律」（傍点は引用者）に改称された。

ＤＶ防止法は、「配偶者からの暴力は、犯罪となる行為をも含む重大な人権侵害であるにもかかわらず、被害者の救済が必ずしも十分に行われてこなかった」こと、「配偶者からの暴力の被害者は、多くの場合女性であり、経済的自立が困難である女性に対して配偶者が暴力を加えることは、個人の尊厳を害し、男女平等の実現の妨げとなっている」ことなどに鑑み、「このような状況を改善し、人権の擁護と男女平等の実現を図る」ことを目的として（ＤＶ防止前文参照）、配偶者からの暴力に係る通報、相談、保護、自立支援等の被害者の保護体制の整備を図るとともに、加害者の被害者への接近等を禁止する保護命令制度（ＤＶ防止一〇）を導入した。

二　保護命令制度の概要

1　保護命令制度の法的性質及び特徴

保護命令制度は、配偶者からの暴力により被害者の生命又は身体に対する重大な危害が発生するおそれが大きいと認められる場合に、迅速に、被害者の生命又は身体の安全を確保し、ひいては、家庭の平穏を確保するという観点から、国家が夫婦間の生活関係に後見的に介入し、加害者に対して、被害者への接近禁止等を命ずるものである。こうした制度は、本来的には民事行政的作用の性格を有するものであると考えられるが、行政機関ではなく司法機関である裁判所が判断を行うこととされたのは、対象とする行為や命令内容の特殊性によるものと考えられる。また、私人の申立てにより裁判所が発する命令について、その実効性を刑罰の制裁により担保しようとする点に特徴がある。

2 保護命令の内容

(1) 保護される被害者の範囲

ＤＶ防止法所定の保護命令は、「配偶者」からの身体に対する暴力又は生命等に対する脅迫を受けた被害者が、将来、配偶者からの身体に対する暴力により生命又は身体に重大な危害を受けるおそれが大きいと認められる場合に発せられる（ＤＶ防止一〇。ただし、ＤＶ防止二八の二で「配偶者」以外の一定の範囲の者に準用されていることは後述の通りである。）。

ここに「配偶者」とは、婚姻の届出をしていないが事実上婚姻関係と同様の事情にある者を含む概念である（ＤＶ防止一Ⅲ）。ＤＶ防止法制定当時は、申立権者はＤＶ防止法一条三項にいう「配偶者」から暴力を受けた被害者に限定されていたが、平成一六年改正により、配偶者からの身体に対する暴力等を受けた後に離婚や婚姻取消しがあった場合で、配偶者であった者から引き続き受ける身体に対する暴力等も「配偶者からの暴力」に含まれることとされ（DV防止一Ｉ、一〇Ｉ）、これにより、婚姻関係にあった当時に暴力等を受けた被害者は、離婚等があった後であっても、元配偶者に対して保護命令の申立てをすることが可能となった。さらに平成二五年改正により、DV防止法一〇条を、「生活の本拠を共にする交際（婚姻関係における共同生活に類する共同生活を営んでいないものを除く。）をする関係にある相手」から暴力を受けた者についても準用することとされ（DV防止二八の二）、この結果、保護される被害者の範囲が拡張された。

(2) 適用対象となる配偶者の行為

DV防止法制定時は、配偶者から「身体に対する暴力」を受けた被害者に限定されていたが、平成一九年改正により、配偶者から「生命等に対する脅迫」を受けた被害者についても適用対象が拡大された。

(3) 保護命令の類型

現行DV防止法上、裁判所が発する保護命令の類型としては、

(a) 被害者への接近禁止命令（DV防止一〇Ｉ①）
(b) 生活の本拠とする住居からの退去命令（同項②）

のほか、被害者への接近禁止命令の実効性を確保するための命令として、

(c) 電話等禁止命令（同条Ⅱ）

(d) 被害者の子への接近禁止命令（同条Ⅲ）

(e) 被害者の親族等への接近禁止命令（同条Ⅳ）

がある。このうち(c)ないし(e)の各命令については、被害者への接近禁止命令が同時に発令されること又は既に発令されて効力を有することが要件となる（同条Ⅱ柱書、Ⅲ本、Ⅳ本）。

保護命令の有効期間は、(a)被害者への接近禁止命令については六か月間、(b)退去命令については二か月間、(c)電話等禁止命令、(d)被害者の子への接近禁止命令及び(e)被害者の親族等への接近禁止命令については、いずれも、これらの命令が効力を生じた日から、発令の前提となった被害者への接近禁止命令の効力有効期間が満了するまでの日までである（同条Ⅰないし Ⅳ）。

なお、各保護命令の内容は法定されており、裁判所の裁量で、ＤＶ防止法上保護命令で禁止されるべき行為の一部のみを取り出して禁止したり、保護命令の期間を短縮したりすることは許されない。

ＤＶ防止法制定時に存在していたのは、(a)被害者への接近禁止命令及び(b)退去命令のみであったが、平成一六年改正により、(d)被害者の子への接近禁止命令が、平成一九年改正により、(c)電話等禁止命令及び(e)被害者の親族等への接近禁止命令が、それぞれ創設された。また、退去命令の期間についても、ＤＶ防止法制定時は二週間とされていたものが、平成一六年改正により二か月間に伸長された。

3　保護命令の審理・決定手続

保護命令の申立ては、所定の事項を記載した書面でしなければならない（DV防止一二）。同申立てについて管轄権を有する裁判所は、相手方の住所（日本国内に住所がないとき又は住所が知れないときは居所）の所在地を管轄する地方裁判所（DV防止一一Ⅰ）、申立人の住所又は居所の所在地を管轄する地方裁判所及び相手方からの暴力や脅迫が行われた地を管轄する地方裁判所である（DV防止一一Ⅱ各号）。

裁判所は、保護命令の申立てに係る事件については、速やかに裁判をするものとされるが（DV防止一三）、相手方の手続保障を図る趣旨から、保護命令は、原則として、口頭弁論又は相手方が立ち会うことができる審尋の期日を経なければ、これを発することはできないとされる（DV防止一四Ⅰ）。また、裁判所は、保護命令申立書に配偶者暴力相談支援センターの職員又は警察の職員に対し相談し、又は援助若しくは保護を求めた事実等（DV防止一二Ⅰ⑤列挙の事項）が記載されているときは、同センター又は警察の所属官署の長に、相談等を求めた状況やこれに対して執られた措置の内容を記載した書面の提出を求めるものとされている（DV防止一四Ⅱ）。

その他、保護命令に関する手続に関しては、DV防止法に特別の定めがある場合を除き、その性質に反しない限り、民事訴訟法の規定が準用される（ＤＶ防止二一）。したがって、例えば、保護命令の実体要件の立証の程度については、ＤＶ防止法に特別の定めがなく、民事訴訟法が準用されるため、証明が必要となる。なお、保護命令制度は、本来的には民事行政的作用の性格を有するものであるから、その手続の中で訴訟上の和解をすることは許されないと解されている。

以上の方法による審理の結果、それぞれの保護命令に応じて定められた要件（ＤＶ防止一〇）が証明された場合、保護命令が発令される。決定書は、口頭弁論を経た場合には理由を、経ない場合には理由の要旨を記載しなければならない（ＤＶ防止一五Ｉ）。

保護命令は、相手方に対する決定書の送達又は相手方が出頭した口頭弁論若しくは審尋の期日における言渡しによって、その効力を生ずる（ＤＶ防止一五Ⅱ。告知の方法の限定）。

４　保護命令に違反した場合の効果

保護命令に違反した場合、一年以下の懲役又は一〇〇万円以下の罰金に処せられる（ＤＶ防止二九）。このように、保護命令によって命じられた事項が刑罰の制裁をもって強制されるところが保護命令制度の大きな特徴であることは前述した。

５　保護命令に対する不服申立て手続

保護命令の申立てについての裁判に対しては、即時抗告をすることができる（ＤＶ防止一六Ⅰ）。即時抗告期間は、裁判の告知を受けた日から一週間である（DV防止二一、民訴三三二）。即時抗告の申立ては、原則として保護命令の効力に影響を及ぼさない（DV防止一六Ⅱ）が、抗告裁判所は、保護命令の取消しの原因となることが明らかな事情があることにつき疎明があったときには、申立てにより、保護命令の効力の停止を命じることができる（同条Ⅲ）。

6　保護命令の取消し

保護命令を発令した裁判所は、保護命令の申立人がその取消しを申し立てた場合や、保護命令の効力が生じた日からDV防止法一七条一項後段所定の期間が経過した後に保護命令の相手方が保護命令の取消しを申し立てた場合で保護命令の申立人に異議がないことを確認したときは、保護命令を取り消さなければならない（DV防止一七Ⅰ）。

7　申立ての取下げ

DV防止法は、保護命令の取下げについて明示の規定を置いていないが、保護命令の取下げはできるものと解される（保護命令規則六参照）。ただし、DV防止法は、申立ての取下げの時的制限についても明示の規定を置いていないが、保護命令の効力が発生した（保護命令の言渡し又は相手方への決定書の送達）後は、保護命令の申立てを取り下げることはできなくなると解される。これは、保護命令の効力発生後は前述した保護命令の取消しの制度（DV防止一七Ⅰ）を利用することが想定されているためである。

8　再度の申立て

既に保護命令が発令された、「配偶者」からの身体に対する暴力又は生命等に対する脅迫と同一の事実を理由とする再度の保護命令の申立ても許される。DV防止法制定時には、退去命令について再度の申立ては認められていなかったが、平成一六年改正により、一定の要件の下で再度の申立てが認められることとなった（DV防止一八Ⅰ）。

三　職務関係者による配慮等

DV防止法二三条一項は、配偶者からの暴力に係る被害者の保護、捜査、裁判等に職務上関係のある者は、その職務を行うに当たり、被害者の心身の状況、その置かれている環境等を踏まえ、被害者の国籍、障害の有無等を問わずその人権を尊重するとともに、その安全の確保及び秘密の保持に十分な配慮をしなければならない旨を定める。

保護命令の申立人は、配偶者からの暴力等やその対処で肉体的にも精神的にも傷つき、裁判所に迅速な救済を求めている者が多いと思われ、しかも、その申立てに際しては、本来秘匿したい夫婦の私生活等についても説明をしなければならないことから、保護命令事件の申立てを受理した裁判所は、申立ての受付事務や審尋期日等における対応において、この点に十分配慮しなければならない。また、審尋期日等における申立人の安全の確保や、申立人の一時避難先等の相手方に知られたくない秘匿事項の取扱いにも細心の注意を払う必要がある。

四 記録の閲覧等

保護命令事件では、事件の記録の閲覧や謄写等の請求権者を当事者に限定している（DV防止一九）。保護命令事件の場合には、事件の記録中に夫婦間の私生活についての記載が多数含まれており、申立人及び相手方のプライバシーの保護の要請が強いことによる。

五 ストーカー規制法との比較

1 規制の目的

DV防止法の目的は、「配偶者からの暴力に係る通報、相談、保護、自立支援等の体制を整備することにより、配偶者からの暴力の防止及び被害者の保護を図る」ことである（DV防止前文）。

これに対し、ストーカー行為等の規制等に関する法律（以下「ストーカー規制法」という。）

の目的は、「ストーカー行為を処罰する等ストーカー行為等について必要な規制を行うとともに、その相手方に対する援助の措置等を定めることにより、個人の身体、自由及び名誉に対する危害の発生を防止し、あわせて国民の生活の安全と平穏に資することである（ストーカー規制一）。

2　規制の相手方

DV防止法上の「配偶者」は、法律婚のみならず、事実婚の者を含み（DV防止一Ⅲ）、また、保護命令制度は、「生活の本拠を共にする交際（婚姻関係における共同生活に類する共同生活を営んでいないものを除く。）をする関係にある相手」から暴力を受けた者についても準用される（DV防止二八の二）が、このような要件に該当しない者、例えばデートするだけで生活の本拠を共にしない交際関係にある加害者からの暴力についてはDV防止法は適用されない。

また、DV防止法の保護命令の申立てができる「被害者」は、「配偶者」からの身体に対する暴力又は生命等に対する脅迫を受けた者をいい（DV防止一〇Ⅰ柱書。ただし、DV防止二八の二参照。）、暴力又は脅迫を受けた後に離婚した場合でも、保護命令の申立ては可能であるが、婚姻中は「配偶者」からの暴力や脅迫を受けたことがなく、離婚しかつ別居した後に元配偶者から暴力や脅迫を受けた場合は、保護命令の予定する「被害者」にも、DV防止法二八条の二所定の者にも該当せず、保護命令の申立てができない。

以上に対し、ストーカー規制法三条は、つきまとい等をして不安を覚えさせることの禁止を定めているが、その禁止が及ぶ相手方は、同条に「何人も」とあるように、規制対象に限定はないため、DV防止法の適用対象とされる配偶者等のみならず、別々の自宅に居住してデートをするだけの交際相手や、離婚しかつ別居した後に初めて暴行を行った元配偶者も含まれる。

3　要件とその審理

DV防止法の保護命令が「身体に対する暴力又は生命等に対する脅迫」の存在を要件とするのに対し、ストーカー規制法は「つきまとい等」（ストーカー規制三、二Ⅱ、二Ⅰ①ないし④）の存在を要件としており、要件となる行為が異なっている。

また、DV防止法の保護命令の審理に当たっては、申立書及び証拠資料全てが相手方に交付され、審尋等、相手方に反論の機会を与えなければ発令できない（DV防止一四Ⅰ）のに対し、ストーカー規制法には、このような手続に関する規定はない。

4　その他

DV防止法とストーカー規制法は、その他にも、救済方法、発令者（DV防止法上の保護命令の発令者は裁判所、ストーカー規制法上の禁止命令の発令者は都道府県公安委員会）、命令の有効期間（ＤＶ防止法については一〇条各項所定の期間。ストーカー規制法については有効期間の定めがない。）などについて、相違がある（五全体につき、榊原富士子・打越さく良『改訂Ｑ＆Ａ　ＤＶ事件の実務』（日本加除出版）七二頁参照）。

六　面談強要禁止の仮処分との比較

最後に、仮の地位を定める仮処分（民保二三Ⅱ）の一類型である面談強要禁止の仮処分との違いについて触れておく。

面談強要禁止の仮処分は、人格権等の侵害と評価できるような執拗な面談強要行為がある場合にこれを禁止する内容の仮処分で、本来は民事介入暴力に対処するための仮処分として登場してきたものであるが、男女関係等の人間関係のもつれに関する事例、例えば、夫婦間の暴力を巡る紛争で、親族、友人方に避難した夫婦の一方を保護するといった場面でも、従来、この面談強要禁止の仮処分が活用されてきた（瀬木比呂志『民事保全法（新訂版）』（日本評論社）六二二頁）。

しかし、面談強要禁止の仮処分は、相手方が仮処分命令に従わない場合に間接強制の方法による保全執行（民保五二Ⅰ、民執一七二Ⅰ）を申し立てることは可能であるものの、命令に違反して面談を強要した者に対して刑罰による制裁は科されない。これに対し、ＤＶ防止法に基づく保護命令は、これに違反した場合には一年以下の懲役又は一〇〇万円以下の罰金という罰則を科される点で、面談強要禁止の仮処分とは異なっている。

このため、DV防止法は私法上の権利義務を定めるものではないが、民事保全手続よりも実質的に強力な救済措置が用意されているので、DV防止法上の保護命令による救済措置がとられている場合には、民事保全の必要性を判断する際の考慮要素となるであろう（この場合には、民事保全の必要性が否定されることになるであろう、と説く文献として、須藤典明＝深見敏正＝金子直史『民事保全』（三訂版）（青林書院）一七六頁・一九二頁以下）。

以上に対し、保護命令は、命令の内容が法定されている（DV防止一〇）のに対し、面談強要禁止の仮処分は、仮処分命令の内容が法定されているわけではない（民保二四）、という点にも相違がある。

【例題に対する解答】

解説のとおり。

第二回　平成二五年改正法について

【例題】

1　女性Xは、交際相手である男性Yが、最近、たびたび暴力をふるってくるため、DV防止法に基づく保護命令を申し立てたいと考えている。以下のような場合に、Xは、裁判所に対し、保護命令を申し立てることができるか。

(1)　Xは、Yとマンションの居室内で半年間にわたって共に生活している。XとYの住民票における住所地は同一であり、食費などの生活費は二人で折半している。もっとも、XとYは結婚しておらず、当面結婚する意思もない。

(2)　Xは、実家で生活しており、Yは、マンションで一人暮らしをしている。Xは、Yと週に数回の頻度でデートをするが、Yは、そのたびにXに暴力をふるっている。

2　女性Xと男性Yは、同じ大学に通う友人関係にあるが、共通の友人Zとともに三人で一戸建て住宅を共同で賃借して居住している。その住宅にはキッチンや玄関等の共用部分とは別に各自の居室があり、また、水道光熱費等を三人で等分して負担しているものの、食費など各自の生活費は各自で負担している。この場合、Xは、Yがたびたび暴力をふるってきたときに、裁判所に対し、保護命令を申し立てることができるか。

【解説】

一　平成二五年改正法の趣旨及び概要

1　平成二五年改正法について

DV防止法は、平成二五年六月二六日に成立した「配偶者からの暴力の防止及び被害者の保護に関する法律の一部を改正する法律」（平成二五年法律第七二号。以下、本稿において「平成二五年改正法」といい、平成二五年改正法による改正前のDV防止法を「改正前DV防止法」ということがある。）により改正され、その題名は「配偶者からの暴力の防止及び被害者の保護等に関する法律」に改められ、平成二五年改正法は、平成二六年一月三日から施行されている。

平成二五年改正法は、DV防止法の間口を拡大し、従前は配偶者（事実婚の相手方を含む。）のみを対象としていた保護命令の対象を一定の範囲の交際相手に拡大するなどしたものである。

平成二五年改正法に関する解説としては、永野豊太郎「配偶者からの暴力の防止及び被害者の保護に関する法律の一部を改正する法律」法令解説資料総覧三八一号一八頁、村松秀樹『配偶者からの暴力の防止及び被害者の保護に関する法律の一部を改正する法律』における保護命令制度の対象の拡大に関する改正の概要」民事月報六八巻一〇号八頁、内閣府男女共同参画局ウェブサイト「配偶者暴力防止法の平成二五年一部改正法情報Q＆A」〔http://www.gender.go.jp/e-vaw/law/dv2507pdf/dv05.pdf〕、福島政幸＝森鍵一「東京地裁及び大阪地裁における平成二五年改正ＤＶ防止法に基づく保護命令手続の運用」判タ一三九五号五頁などがある。

2 改正の概要

(1) ＤＶ防止法は、「外部からの発見・介入が困難であり、かつ、継続的になりやすい」という配偶者からの暴力の特殊性に鑑み、被害者に対する支援や重大な危害を生じさせるおそれがある場合における保護命令等の制度を定めているが、改正前ＤＶ防止法における「被害者」とは、配偶者からの暴力を受けた者をいい（ＤＶ防止一Ⅱ）、「配偶者」には、婚姻の届出をしていないが事実上婚姻関係と同様の事情にある者（いわゆる内縁関係）を含み、「離婚」には、婚姻の届出をしていないが事実上婚姻関係と同様の事情にあった者が、事実上離婚したと同様の事情に入ることを含むものとされている（DV防止一Ⅲ）。

したがって、改正前DV防止法の下においては、婚姻関係になく、かつ、内縁関係にもない交際相手からの身体に対する暴力等は、改正前DV防止法一条一項に規定する「配偶者からの暴力」には該当せず、前記のような交際相手から暴力等を受けた被害者は、改正前DV防止法の「被害者」に該当しないこととなるから、保護命令制度を利用することができなかった。

(2)　平成二五年改正法は、事実婚に至らない単なる同棲関係にある相手から暴力を受けた場合にも、「外部からの発見・介入が困難であり、かつ、継続的になりやすい」といった配偶者からの暴力と同様の事情があり、被害者救済のために法律上の支援の根拠の明確化及び保護命令の発令の必要性が認められることから、配偶者からの暴力に準じて、保護命令制度をはじめとするDV防止法上の保護の対象となる範囲を拡大したものである。

すなわち、平成二五年改正法は、生活の本拠を共にする交際相手（生活の本拠を共にする交際（婚姻関係における共同生活に類する共同生活を営んでいないものを除く。）をする関係にある相手をいう。以下同じ。）からの暴力については、①配偶者（事実婚の相手方を含む。）からの暴力と同様に、婚姻と同様の共同生活を営んでいることによる「囚われの身」の状況が存在し、かつ、外部からの発見・介入が困難であると考えられるものであること、②被害者の保護のために加害者に対する退去命令が必要とされる事案も想定されること、③生活の本拠を共にする関係にある場合の主たる判断要素である「生活の本拠を共にすること」は、外形的事情を踏まえて裁判所が判断可能なものであり、この要件を設けることで保護命令の適用範囲の明確性が担保されることから、保護命令の対象とすることとしたものである。

(3)　ただし、ＤＶ防止法において配偶者からの暴力及びその被害者について特別の施策が講じられてきた経緯及び理由に鑑みると、「配偶者」と「生活の本拠を共にする交際相手」とは、婚姻意思の有無及び婚姻届の提出の有無という点で被害者と加害者との関係性の程度が異なるため、「生活の本拠を共にする交際相手からの暴力」を「配偶者からの暴力」と全く同一のものとして位置付けることは難しい。そこで、平成二五年改正法は、第五章の次に「第五章の二　補則」の章を新たに設けて二八条の二を新設し、第二条及び第一章の二から第五章までの規定を、生活の本拠を共にする交際相手からの暴力及びその被害者について準用することにより、ＤＶ防止法に定められている施策について保護命令の発令を含めて実質的に全て適用されることと同じ効果が生じるようにしている。

二　平成二五年改正法の内容

1　「生活の本拠を共にする」の意義及び認定

(1)　「生活の本拠を共にする」場合とは、ＤＶ防止法一〇条一項ただし書と同様に、被害者と加害者が生活の拠り所としている主たる住居を共にする場合を意味するものとされている。

「生活の本拠」とは、民法二二条や改正前ＤＶ防止法においても用いられている概念であるが、人の生活の中心である場所をいうものと解されており、住民票上の住所によって形式的・画一的に定まるものではなく、実質的に生活をしている場所と認められるところを指し、共同生活の実態から外形的・客観的に判断されるべきものと考えられ、また、補充的に意思的要素も考慮される余地があるものとされている。

したがって、「生活の本拠を共にする」か否かを判断する際、同一の住居で共に起居している場合に、その期間が長いときや、住居費や食費などの生計費に共通している部分が多いときには、「生活の本拠を共にする」と認められることが多いといえようが、他方、同居期間が短かったり、生計費の共通部分が少ないからといって、直ちに「生活の本拠を共にする」と認められないということはなく、他の一切の事情をも考慮して総合的な判断をすることになると解される。例えば、交際関係にある男女が同居を開始した直後であっても、二人で生活するべく世帯用の部屋を賃借し、家財道具なども運び込んでいたという状況であれば、たとえ引っ越し後数日しか経過していない場合でも、「生活の本拠を共に」していたと認定すべき場合も十分にあり得るであろう（前掲村松一六頁参照）。

(2) 具体的な考慮要素としては、住民票の記載（申立人と相手方の住民票上の住所が同一か否か、同一世帯として届けられているか否かなど）、住居の賃貸借契約の名義（賃借人が申立人と相手方の連名となっているか、一方が賃借人となっている場合でも他方が同居人として記載されているかなど）、公共料金の支払名義などが考えられる。

上記のような考慮要素に関する事実を立証する客観的資料が得られないような場合でも、同居していた部屋の写真（例えば、住居内の申立人及び相手方それぞれの衣服や靴などを撮影したもの）、両者が同居していることを前提にやりとりされた電子メール（近時ではスマートフォンの通話アプリケーションソフトのメッセージ機能を含む。これらの例としては、一方が他方に同居生活に関する細々とした連絡事項に関するメールを何度も送っている場合などが考えられる。）、同居している場所の最寄り駅から勤務先・通学先の最寄り駅までの通勤・通学定期券や関係者の陳述等、できる限りの資料の提出を申立人に促して生活の実態を認定し、「生活の本拠を共にする」か否かを判断することになる。また、申立人本人作成の陳述書や審尋期日において、知り合った経緯、交際をするようになった時期及びその動機や背景事情などについて、具体的な陳述をすることが求められるといえよう。

2 「事実婚」との差異

改正前ＤＶ防止法においては、「配偶者」には、「婚姻の届出をしていないが事実上婚姻関係と同様の事情にある者を含む」とされており（ＤＶ防止一Ⅲ）、いわゆる事実婚も保護の対象となっている。

いわゆる法律婚と事実婚との違いについては、「婚姻意思」、「共同生活」、「届出」のうち、「届出」がないものが事実婚であると解されている（我妻榮『親族法』（有斐閣）一九七頁等）。そのため、「事実婚」であるか否かを認定するに当たっては、「婚姻意思」及び「共同生活」が必要であるとの理解に基づき、挙式をしたこと、同じ住居に住民票の届出がされていることなどを認定して婚姻関係を継続的に営む意思を有していたかを判断するなどとされていた。

他方、平成二五年改正法が対象とする「生活の本拠を共にする交際相手」については、「共同生活」の要素は含むといえるが、「婚姻意思」は不要であるといえる。したがって、共同生活を送っているが、「婚姻意思」が認定されないために従前は「事実婚」としての救済対象とならなかったようなケースについても、平成二五年改正法の下においては、要件を具備する限り、保護命令の発令が可能になったものである。これによって、いわば単なる同棲関係にあるカップル間の暴力について、保護命令の発令が可能になったといえる。

なお、「生活の本拠を共にする交際相手」からの暴力等について平成二五年改正法がその対象とした趣旨からすると、従来からの保護の対象である事実婚と平成二五年改正法により新たに保護の対象となった同棲関係との間には、共同生活における事実状態としての共通性が見て取れるほか、社会的実態に照らしても連続性が認められる。そこで、仮に、申立人が事実婚を理由とする保護命令の申立てをしているが、裁判所が事実婚であるとまでは認められないものの、同棲関係にあると認めることができると判断した場合には、一旦、申立てを取り下げてもらった上で新たな申立てをしてもらうまでの必要はないと考えられる。ただし、このように事実婚か単なる同棲関係かに争いがある場合には、裁判所としては、申立人に対し、仮に事実婚とまではいえなくとも同棲関係による保護の対象となる旨の補充的な主張を求めるなどして、相手方の不意打ちにならないように配慮することも必要となるであろう（前掲福島＝森鍵一一頁）。

3　「婚姻関係における共同生活に類する共同生活を営んでいないものを除く」の意義、認定及び立証責任の所在

(1)　平成二五年改正法の対象となる「生活の本拠を共にする交際」とは、「婚姻関係にお

ける共同生活に類する共同生活を営んでいないもの」を除くものとされている（DV防止二八の二）。

これは、「生活の本拠を共にする交際」には、概念上は、①専ら交友関係に基づく共同生活（ルームシェアなど）、②福祉上、教育上、就業上等の理由による共同生活（グループホーム、学生寮、社員寮など）、③専ら血縁関係・親族関係に基づく共同生活が含まれることとなるが、平成二五年改正法の趣旨が、婚姻関係に類する共同生活をする相手方からの暴力について、配偶者からの暴力と同様に保護命令の対象とすることにあることから、平成二五年改正法は、「婚姻関係における共同生活に類する共同生活を営んでいないものを除く」との規定を置くことにより、上記①から③のような共同生活を対象から除外することとしたものである。

(2)　婚姻関係における共同生活に類する共同生活（以下「婚姻関係類似共同生活」という。）を営んでいないものか否かの判断においては、居住空間の使用方法、生活費の負担、日常生活の形態（例えば、寝食を共にしているかなど）といった事情を総合考慮し、婚姻関係において一般的にみられる共同生活の実態とどの程度乖離しているかといった観点から判断することになろう。

なお、右にいう「婚姻関係」の意義については、我が国の憲法上、「婚姻は両性の合意により成立」と定められていることを踏まえれば、男女間の婚姻を意味していると解される。

(3) 平成二五年改正法は、生活の本拠を共にする交際相手からの暴力について保護命令に関する規定を準用するとしつつ、当該交際が婚姻関係類似共同生活を営んでいないものである場合を準用対象から除外するという形式をとっていることから、証明責任の分配に関する通説的見解からすれば、保護命令の申立てにおいて、被害者である申立人が「生活の本拠を共にする交際」であることの立証責任を負い、対して「婚姻関係における共同生活に類する共同生活を営んでいない」ものであることの立証責任は、相手方が負うことになると解される。もっとも、婚姻関係類似共同生活は評価的・規範的概念であって、申立人において「生活の本拠を共にする交際」であることを具体的に主張立証する過程において、婚姻関係類似共同生活にあるか否かも明らかになる場合が多いと考えられる。また、審理・判断の迅速性からすれば、相手方を審尋した後に再度申立人を尋問するような事態はできる限り回避されるべきであるから、申立人は、「生活の本拠を共にする交際」であることを裏付ける具体的資料を申立ての段階においてできる限り提出するなどして十分な主張立証活動を行い、交際が婚姻関係類似共同生活を営んでいるものであることを積極的に明らかにすることが望ましいであろう。

4　元「生活の本拠を共にする交際相手」への適用の可否

改正前DV防止法は、配偶者から身体に対する暴力又は生命等に対する脅迫を受けた後に離婚等をし、当該配偶者であった者から引き続き身体に対する暴力を受け、生命又は身体に重大な危害を受けるおそれが大きい場合についても保護命令の対象としている（DV防止一〇I）。

平成二五年改正法では、前記の配偶者の場合と同様に、生活の本拠を共にする交際相手からの身体に対する暴力又は生命等に対する脅迫を受けた後に生活の本拠を共にする交際関係を解消した場合において、その元「生活の本拠を共にする交際相手」から引き続き受ける身体に対する暴力により被害者がその生命又は身体に重大な危害を受けるおそれが大きいときは、元「生活の本拠を共にする交際相手」に対する保護命令を発令することができることとなる（DV防止二八の二の読替表の「第一〇条第一項」の項参照）。

なお、生活の本拠を共にする交際関係の「解消」としては、一方が生活の本拠としていた住居から転居した場合など生活の本拠を共にしなくなった場合が想定されるほか、交際関係が「解消」された場合が想定され得る。ただし、自身の賃借した住居に同居させていた交際相手に対して交際の解消を告げたという程度では、「生活の本拠を共にする交際関係」を「解消」したと評価することは通常は相当でないと思われる。恋愛感情などは必ずしも「交際」の要件とされていないことも踏まえつつ、相手方（交際相手）の対応なども考慮して、「解消」の有無を慎重に判断すべきであろう（前掲村松一九頁（脚注二三）参照）。

5　経過措置

平成二五年改正法の附則には経過措置の規定が設けられていないため、生活の本拠を共にする交際相手からの暴力等を理由とする保護命令の申立ては、施行日の平成二六年一月三日以降からできることとなった。また、平成二五年改正法の施行日より前の暴力等を理由に施行日以降に保護命令を申し立てることはできるが、その場合、当該暴力等が行われた時点で少なくとも生活の本拠を共にしていることが必要となる。

三　平成二五年改正法に伴う申立ての留意事項等

1　管轄

保護命令申立事件の管轄は、「相手方の住所（日本国内に住所がないとき又は住所が知れないときは居所）の所在地を管轄する地方裁判所に属する」（DV防止一一Ⅰ）とされている。

したがって、保護命令申立事件の相手方が、生活の本拠を共にする交際相手である場合には、DV防止法一一条一項による管轄は、生活の本拠を共にする交際相手の住所（日本国内に住所がないとき又は住所が知れないときは居所）の所在地を管轄する地方裁判所に属することとなる（DV防止二八の二による読替え）。

また、DV防止法一一条二項一号は「申立人の住所又は居所の所在地」を管轄する地方裁判所にも管轄を認めているところ、保護命令の申立人は被害者に限られており、被害者の同居の子やDV防止法一〇条四項所定の親族等であっても、自ら保護命令の申立てをすることはできない。よって、生活の本拠を共にする交際相手からの暴力を受けた者が被害者として申立てを行う場合には、DV防止法一一条二項一号に規定する地は、同被害者の住所又は居所の所在地となる。さらに、同項二号の「当該申立てに係る配偶者からの身体に対する暴力又は生命等に対する脅迫が行われた地」は、生活の本拠を共にする交際相手からの身体に対する暴力又は生命等に対する脅迫が行われた地となる（DV防止二八の二による読替え）。

2　被害者が未成年者である場合

平成二五年改正法が「生活の本拠を共にする交際相手」からの暴力を対象としたことにより、被害者である未成年者が保護命令を申し立てる場合が従来に比して増加することが想定されるが、相手と婚姻関係にない場合には成年擬制（民法七五三）は働かない。

そこで、被害者が未成年者で、かつ、成年擬制が働かない場合、DV防止法は、「保護命令に関する手続に関しては、その性質に反しない限り、民事訴訟法の規定を準用する」（DV防止二一）こととしているから、法定代理人により保護命令を申し立てることとなる（民訴三二）。

3　申立書の記載事項等

生活の本拠を共にする交際相手から暴力を受けたとする被害者が、当該交際相手を相手方として保護命令を申し立てる場合には、申立書の申立ての理由欄に、生活の本拠を共にする相手からの身体に対する暴力又は生命等に対する脅迫を受けた状況（DV防止二八の二による一二Ｉ①の読替え）、生活の本拠を共にする交際相手からの更なる身体に対する暴力又は生活の本拠を共にする交際相手からの生命等に対する脅迫を受けた後の当該交際相手から受ける身体に対する暴力により、生命又は身体に重大な危害を受けるおそれが大きいと認めるに足りる申立ての時における事情（DV防止二八の二による一二Ｉ②の読替え）、DV防止法一〇条三項の子への接近禁止命令の申立てをする場合には、被害者が、当該同居している子に関して生活の本拠を共にする交際相手と面会することを余儀なくされることを防止するため当該命令を発する必要があると認めるに足りる申立ての時における事情（DV防止二八の二による一二Ｉ③の読替え）、DV防止法一〇条四項に規定する親族等への接近禁止命令の申立てをする場合には、被害者が、当該親族等に関して生活の本拠を共にする交際相手と面会することを余儀なくされることを防止するため当該命令を発する必要があると認めるに足りる申立ての時における事情（DV防止二八の二による一二Ｉ④の読替え）を記載することとなる。

また、従来の申立人に求められている事項と同様に、ＤＶセンター、警察に読替え後のＤＶ防止法一二条一項一号から四号に掲げる事項について相談等を求めた事実の有無及びその事実があるときは読替え後の一二条一項五号イないしニに掲げる事項を記載する必要がある（相談等を求めた事実がない場合に、申立書に読替え後の一二条一項一号から四号に掲げる事項について申立人の供述を記載した宣誓供述書を添付しなければならない点についても、従来の申立てと同様である。）。

平成二五年改正法の適用事案についての新たな記載事項としては、申立人と相手方の交際状況、生活の本拠がどこにあり、またはあったかなどの記載が求められることとなり、申立書に添付する書類として、生活の本拠を共にする交際の事実を証する資料等が必要となる。

四　東京地裁民事第九部における平成二五年改正法に対応した取組み

平成二五年改正法により、保護命令による保護を受けることのできる被害者の範囲が拡大されたことから、従来にも増して、改正後の事件の受付に当たっては、申立人に平成二五年改正法の趣旨や保護命令手続の内容を分かりやすく説明する必要があるといえる。

このような観点から、東京地裁民事第九部では、受付に備え置かれる案内用紙などに、従来は事実婚の場合も含めて「夫」、「妻」と表記していたところ、それに限られないという趣旨で「相手方」、「申立人」と表記を改めたほか、保護命令の申立てをすることができる者の範囲が拡大されたことを明らかにし、そのような当事者の場合に、生活の本拠を共にする（共にしていた）ことを証明する必要書類等を申立てに必要なものとして案内することとした（前掲福島＝森鍵八頁）。

また、平成二五年改正法にいう「生活の本拠を共にする交際」については、従来の法律婚や事実婚ほどには一義的でない概念であることから、窓口相談に当たって申立人の混乱や誤解のないように説明するなど一層の工夫をしているほか、事件の受付に際しても平成二五年改正法の適用対象事案であるかどうかについて遺漏のないように注意している。なお、東京地裁民事第九部では、平成二五年改正法に基づく保護命令の申立ては、平成二六年度が一五件、平成二七年度が四件程度なされているところである。

また、東京地裁民事第九部では、平成二五年改正法に関する注意喚起として、ホームページの「ドメスティックバイオレンス（ＤＶ）（配偶者暴力に関する保護命令申立て）」の項中〔www.courts.go.jp/tokyo/saiban/minzi_section09/dv/index.html〕にＱ＆Ａ形式の説明を掲示している（前掲福島＝森鍵二二頁以下参照）。

【例題に対する解答】

一　例題1について

小問(1)については、XとYがマンションの居室内で半年間の同棲関係にあり、住民票上の住所が同一であることや、食費などの生活費を二人で折半していることからすれば、「生活の本拠を共にする交際」であると認めることができるであろう。

小問(2)については、Xは実家暮らし、Yはマンションでの一人暮らしであることからすれば、通常は、「生活の本拠を共にする交際」とはいえず、保護命令制度の保護の対象とはならないであろう。

二　例題2について

例題2については、同じ大学に通う男女が一戸建て住宅を共同して賃借の上居住しているのであるから、「生活の本拠を共にする交際」に当たると解され、Xが平成二五年改正法の保護の対象となるかは、両者の関係が「婚姻関係における共同生活に類する共同生活を営んでいないもの」に当たるか否かにより判断されることになる。一定の年齢に達した男女が生活の本拠を共にしている以上、XとYが友人関係にあるという点から直ちに婚姻関係類似共同生活に当たらないと解するのは相当でなく、居住空間の使用方法、生活費の負担、日常生活の形態といった事情を総合考慮して判断することになろう。特に、YからXに対する暴力が明確に認定できるような場合には、婚姻関係類似共同生活を営んでいないか否かを慎重に判断する必要があると解される。ただし、**例題2**においては、各人の居室が存在し、寝起きを共にしていないこと、共通の友人Zも同じ住宅に居住していること、生活費を共通にしていないことから、「婚姻関係における共同生活に類する共同生活を営んでいないもの」に該当する可能性も十分にあると思われる。

第三回　保護命令の申立て

【例題】

妻Xは、東京二三区内の自宅で夫であるYと暮らしていたが、Yからの暴力がひどいため、今は千葉市内の実家に一時避難している。しかし、YはXの実家のまわりをうろつくなどして、Xを無理やり自宅に連れ戻そうとしているため、XはYに対し、保護命令を申し立てることを考えているが、Xが申立てをする場合、どこの裁判所に申立てをすればよいか。

また、Xとしては一日も早くYと離婚をしたいと思っているが、離婚後もYがXに暴力を振るう可能性があるような場合、離婚後でもXは保護命令の申立てをすることができるか。

そのほか、申立書の記載事項や附属書類として、どのようなものが必要か。

【解説】

一　管轄

1　保護命令事件の管轄

(1)　保護命令事件のうち、被害者への接近禁止命令又は退去命令の申立てに係る事件の管轄裁判所は、①相手方の住所（日本国内に住所がないとき又は住所が知れないときは居所）の所在地を管轄する地方裁判所（DV防止一一Ⅰ）、②申立人の住所又は居所の所在地を管轄する地方裁判所（DV防止一一Ⅱ①）、③配偶者からの身体に対する暴力又は生命等に対する脅迫が行われた地を管轄する地方裁判所（DV防止一一Ⅱ②）である。なお、保護命令事件の管轄は専属管轄とされていないが、その性質上、合意管轄又は応訴管轄は想定し難いものと思われる。

(2)　保護命令の申立人である被害者においては、配偶者からの身体に対する暴力を避けるため、実家や友人宅等に一時的に避難して生活をしている場合も多く想定されることから、前記(1)のとおり、DV防止法一一条二項一号において、申立人の住所の有無にかかわりなく、その居所についても管轄原因として認められている。このように申立人が一時避難をしている事案では、申立人が配偶者に自らの居所を秘匿していることも往々に考えられるところ、そのような事情がある場合、申立人は自らの住所として、住民票上の住所や配偶者と共に生活の本拠としていた住居を申立書に記載した上、申立人代理人の事務所の所在地等、配偶者に知られても不都合のない場所を送達場所として指定する取扱いも考えられる。

この点に関連して、配偶者に秘匿している一時避難先（申立人の居所）しか管轄の原因がない場合に、記録に現れない一時避難先の所在地を管轄の基準とすることができるか否かが問題となる。この点、居所についても管轄原因とされているのは、前記のとおり、申立人の保護及びその申立ての便宜の観点によるものであるところ、一方、相手方たる配偶者には、被害者の申立てに対して管轄違いの主張をする利益があることからすると、管轄の判断の根拠が記録上全く明らかでないということも相当でないものと思われる。そこで、これら両者の利益の調整を図る趣旨から、裁判所としては、記録に現れない一時避難先の所在地を管轄原因とする場合であっても申立てを受理することとする一方、申立人において、申立人の居所の都道府県のみを記載した上申書（例「申立人の居所があるのは、〇〇県である。」）の提出を求めたり、申立人に対する審尋において、その居所の都道府県のみを聴取した調書（例「申立人の居所は、〇〇県である。」）を作成したりするなどして、秘匿事項である申立人の一時避難先を記録化し、もって管轄を認めた根拠を明らかにするという取扱いを行うことも考えられる。なお、前記のような都道府県等の大掴みの情報のみを記録化することによっても、配偶者に申立人の居所を推測され、これを特定されるおそれがあるような特別の事情がある場合には、そもそも当該地方裁判所への申立てが適当であるか、申立人において再検討の必要があろう。

(3)「配偶者からの身体に対する暴力又は生命等に対する脅迫が行われた地」を管轄原因とするＤＶ防止法一一条二項二号は、証拠収集の便宜を図る趣旨の規定である。同号における「配偶者」については、ＤＶ防止法一〇条一項の「当該配偶者」とは異なり配偶者からの身体に対する暴力又は生命等に対する脅迫（以下「配偶者からの暴力等」という。）を受けた後に、被害者が離婚をし、又はその婚姻が取り消された場合（以下「離婚等」という。）にあっても、「当該配偶者であった者」とすることとはされていない。したがって、同号で定められている管轄裁判所は、婚姻中に配偶者からの暴力等が行われた地を管轄する裁判所であり、被害者が離婚をした後に元配偶者からの暴力等が行われた地については、管轄原因とならない。これは、元配偶者に対する保護命令の発令についても、まず、婚姻中における配偶者からの暴力等の状況が基礎的な事実となるので、同号の証拠収集の便宜という趣旨からすれば、婚姻中に配偶者からの暴力等が行われた地について管轄を認めれば足りると解されるためである（南野ほか一五八頁）。

(4) 保護命令事件のうち、被害者への電話等禁止命令、被害者の子への接近禁止命令又は被害者の親族等への接近禁止命令の申立てに係る事件の管轄は、当該命令の前提となる被害者への接近禁止命令を発する裁判所又は発した裁判所となる（ＤＶ防止一〇Ⅱないし Ⅳ）。これは、前記各事件が被害者への接近禁止命令と極めて密接な関連を有することから、被害者への接近禁止命令を発し、又は発した裁判所において審理及び裁判を行うことが最も合理的であることによる。したがって、地方裁判所が被害者への接近禁止命令を却下した後、即時抗告審の高等裁判所が抗告を容れて被害者への接近禁止命令を発したときには、これらの申立ては、その高等裁判所に対してする必要がある。

(5)　なお、平成二五年改正法により認められた、生活の本拠を共にする交際（婚姻関係における共同生活に類する共同生活を営んでいないものを除く。）をする関係にある相手（以下「生活の本拠を共にする交際相手」という。）から暴力を受けた被害者による申立ての管轄については、本講座第二回「平成二五年改正法について」の三1を参照されたい。

2　管轄のない裁判所が申立てを受理した場合の処理

管轄のない裁判所が申立てを受理した場合であっても、当該保護命令の申立てを却下することなく、当事者の申立てにより又は職権で、管轄のある裁判所に移送することとなる（ＤＶ防止二一、民訴一六Ⅰ）。ただし、迅速な審理の観点からすれば、申立人としては、申立ての取下げと管轄裁判所への再申立てを検討することが望ましい。

二　当事者

1　配偶者

(1)　「配偶者」とは、一般に婚姻の届出をした夫婦（いわゆる法律婚の夫婦）の相手方を指すところ、ＤＶ防止法においては、同法にいう「配偶者」について、「婚姻の届出をしていないが事実上婚姻関係と同様の事情にある者を含」むものとされており（ＤＶ防止一Ⅲ）、事実婚の相手方からの暴力についても保護が図られている。これは、事実婚は法律婚とは届出の有無の違いがあるだけで、夫婦としての実体については法律婚と変わりなく、事実婚の相手方による暴力は、第三者に相談しにくく、外部に発覚しにくいなどの特徴が婚姻中の配偶者による暴力と共通することから、保護すべき必要性が法律婚における夫婦の場合と異ならないため、事実婚の相手方も対象とされたものである（堂薗幹一郎「『配偶者からの暴力の防止及び被害者の保護に関する法律』における保護命令制度の解説」曹時五三巻一〇号一一〇頁）。

(2)　また、平成二五年改正によって、内縁関係に至っていないものの、生活の本拠を共にする交際相手からの暴力についても、保護命令をはじめとするＤＶ防止法上の保護の対象とされることとなった（平成二五年改正の詳細は、本講座第二回「平成二五年改正法について」参照）。

以上に対して、単なる恋人ないし元恋人からの暴力については、その特徴として配偶者による暴力と共通するとまではいえないことから、保護命令の対象とはならない。

2　被害者

(1)　ＤＶ防止法にいう「被害者」とは、「配偶者からの暴力を受けた者」（ＤＶ防止一Ⅱ）をいい、ここにいう「配偶者からの暴力」とは、「配偶者からの身体に対する暴力（身体に対する不法な攻撃であって生命又は身体に危害を及ぼすもの）又はこれに準ずる心身に有害な影響を及ぼす言動」であるとされている（ＤＶ防止一Ⅰ）。

ただし、保護命令の申立権者については、前記「被害者」のうち、「配偶者から身体に対する暴力又は生命等に対する脅迫（被害者の生命又は身体に対し害を加える旨を告知してする脅迫）を受けた者」に限定され（ＤＶ防止一〇Ⅰ本文）、身体に対する暴力に当たらない精神的暴力（人格を否定するような暴言を吐くこと、何を言っても無視すること等）や性的暴力（避妊に協力しないこと、見たくないポルノビデオを見せること等）しか配偶者から受けていない者は、保護命令の申立てはできない（ただし、これらの者についても、ＤＶセンターによる保護の対象とされている（ＤＶ防止第二章及び七条）。また、精神的暴力や性的暴力を受けた結果、ＰＴＳＤが生じたような場合には、「身体に対する暴力」があったと認められる可能性があろう。（石橋俊一＝川畑正文「東京地裁及び大阪地裁における平成一九年改正ＤＶ防止法に基づく保護命令手続の運用」判タ一二五九号一二頁〕)。このように、保護命令の申立てができる被害者が限定されている趣旨は、①保護命令が刑罰で担保される以上、その対象となる行為を明確にする必要があることや、②保護命令制度が被害者の生命・身体の保護を目的としたものであることが考慮されたためと解される(『民事保全の実務(上)』四三三頁)。

(2) 「配偶者からの暴力」とは、配偶者からの身体に対する不法な攻撃であって生命又は身体に危害を及ぼすもの(DV防止一Ⅰ)をいい、極めて軽微な有形力の行使はこれに該当しない。具体的には、刑法の暴行罪、傷害罪に当たるような行為がこれに該当すると考えられる。また、「生命等に対する脅迫」についても、刑法上、脅迫罪に当たるような、被害者の生命又は身体に対し害を加える旨を告知してする脅迫を指す(ただし、生命等に対する脅迫を受けた場合であっても、「配偶者から受ける身体に対する暴力により、その生命又は身体に重大な危害を受けるおそれが大きいとき」であることが保護命令の発令要件の一つとされている(DV防止一〇Ⅰ本文)ので、過去に生命等に対する脅迫を受けた被害者が将来同様の生命等に対する脅迫を受けるおそれがあるというのみでは、保護命令を発することはできないので、注意を要する。)。

(3) 配偶者からの暴力等を受けた後に、被害者が離婚等をした場合において、元配偶者から引き続き受ける身体に対する暴力によりその生命又は身体に重大な危害を受けるおそれが大きい等の発令要件を満たすときは、元配偶者に対し、保護命令を発することができる(D

V防止一〇Ⅰ本文）。これは、①配偶者からの暴力等を受けた場合、離婚等の直後の時期が一連の身体に対する暴力の危険が最も高まる時期であると考えられること、②配偶者からの暴力等を受けた後に離婚等をした場合、これらの暴行等と離婚等の後において配偶者であった者から引き続き受ける身体に対する暴力は、一体的なものとして評価することが相当であると考えられるためである（高原知明「『配偶者からの暴力の防止及び被害者の保護に関する法律の一部を改正する法律』における保護命令制度の改正の概要」民事月報五九巻九号一四頁）。

したがって、離婚等の前には暴力や脅迫を受けていなかったが離婚等の後に元配偶者から暴力を受けた場合には、保護命令の対象とはならない。なお、当然ながら、保護命令が発せられた後に婚姻関係が解消されても、保護命令の効力には影響を及ぼさない。

3　保護命令の申立権者

(1)　以上によれば、保護命令の申立権者は、法律婚、事実婚を問わず婚姻関係にある相手方から婚姻期間中に（又は生活の本拠を共にする交際相手から共同生活中に（ＤＶ防止二八の二による準用））、生命又は身体に危害を及ぼす程度の身体に対する不法な攻撃を受けたか、生命又は身体に対し害を加える旨を告知してする脅迫を受けた者、ということができる。そして、ＤＶ防止法一〇条一項本文により、被害者は、配偶者からの暴力等を受けた後に離婚等をした場合にあっては、当該配偶者であった者から引き続き受ける身体に対する暴力からの保護も図られていることから、同項の要件に該当する限り、元配偶者からの暴力に対しても保護命令を申し立てることができる（なお、生活の本拠を共にする交際相手から暴力等を受けた後に生活の本拠を共にする交際関係を解消した場合においても、元「生活の本拠を共にする交際相手」に対する保護命令の申立てが可能である（DV防止二八の二））。

(2) 保護命令の申立権者について、国籍、性別の資格要件はない。また、保護命令の申立ては、被害者と配偶者との夫婦関係等に重大な影響を及ぼすことから、申立ては被害者本人がすることが必要であり、被害者の同居の子やDV防止法一〇条四項所定の親族等であっても、自ら保護命令の申立てをすることはできない。

三　申立内容

保護命令は配偶者の財産権の行使等に重大な影響を及ぼすため、申立人の意思を明確にしておく必要があることから、保護命令の申立ては書面でしなければならず、口頭による申立ては認められない。

1　申立書の記載事項

保護命令の申立書には、以下の事項の記載を要する（東京地方裁判所保全部（民事第九部）で用意している「配偶者暴力等に関する保護命令申立書のひな形」（七七頁〜六九頁）及び「配偶者暴力等に関する保護命令の申立てについてQ&A」（六八頁〜六五頁）は本講座末尾添付のとおり。）。なお、生活の本拠を共にする交際相手に対して保護命令を申し立てる場合の申立書の記載事項等については、第二回「平成二五年改正法について」の三3を参照されたい。

⑴　当事者の氏名及び住所（保護命令規則一Ⅰ①）

申立人の現在の住居所について、これが相手方に判明することによって申立人がその後被害に遭うおそれ等がある場合には、前記一1⑵のとおり、住民票上の住所や相手方と共に生活の本拠としていた住居を記載すれば足りる。

⑵　代理人の氏名及び住所（保護命令規則一Ⅰ②）

代理人とは、法定代理人と訴訟代理人の双方を含む。成年擬制（民七五三）の働かない事実婚の関係にある未成年者である場合のように当事者が訴訟能力を有しないときは、法定代理人が訴訟行為を行うことになる。

⑶　申立ての趣旨（保護命令規則一Ⅰ③）

保護命令として、①DV防止法一〇条一項一号の被害者への接近禁止命令、②同項二号の退去命令、③同条二項の電話等禁止命令、④同条三項の被害者の子への接近禁止命令、⑤同条四項の被害者の親族等への接近禁止命令のいずれを求めるものか特定する。なお、このうち、③ないし⑤については、被害者への接近禁止命令が同時に発令されること又は既に発令され効力を有していることが要件となる（DV防止一〇IIないしIV）。

(4) 申立ての理由（保護命令規則一I③）

申立ての理由として、DV防止法一二条一項各号に係る以下の事項を記載しなければならない。

ア 配偶者からの身体に対する暴力又は生命等に対する脅迫を受けた状況（DV防止一二I①）

日時、場所、暴力の態様ないし害悪の告知の内容を明確に記載する。なお、生命等に対する脅迫を受けたことを理由とする保護命令の申立ては、①そのことのみを理由とする場合だけでなく、②脅迫と同時に身体に対する暴力を受けたことを理由とする場合や、③脅迫とは別の機会に身体に対する暴力を受けたことを理由とする場合も、一つの申立てと解される（前掲「平成一九年改正DV防止法に基づく保護命令手続の運用」判タ一二五九号九頁）。

元配偶者に対する申立てにおいては、離婚後に元配偶者から身体に対する暴力を受けたとしても、それに関する事情を記載するのではなく、婚姻中に受けた配偶者からの暴行等に関する状況を記載する（元配偶者に対する保護命令は、婚姻中の配偶者からの暴力又は脅迫と一体的なものとして評価されるような身体に対する暴力が離婚後も引き続き行われるおそれが大きいときに発せられるものであり、その発令については、まず、婚姻中における配偶者からの暴力等の状況が基礎的な事実となるためである。)。

保護命令の発令のための要件としては、過去に一度でも暴力又は脅迫があれば足りるが、同項二号(後記イ)の該当性を判断し、また事案を把握するためにも、暴力又は脅迫を受けるに至った経緯等が簡潔に記載されていることが有益である。また、前記事実の記載に際しては、証拠方法との対応関係が明示されることが望ましい(深見敏正=髙橋文清「東京地裁及び大阪地裁におけるDV防止法に基づく保護命令手続の運用」判タ一〇六七号二一、二二頁)。

イ　配偶者からの更なる身体に対する暴力又は配偶者からの生命等に対する脅迫を受けた後の配偶者から受ける身体に対する暴力により、生命又は身体に重大な危害を受けるおそれが大きいと認めるに足りる申立ての時における事情(DV防止一二Ⅰ②)

例えば、被害者に対して配偶者が繰り返し身体に対する暴力を振るう素振りを見せることのように、被害者が殺人、傷害等の被害を受けるおそれが大きいことを推測させる事情をいう。これは、申立ての時点の事情を記載することになる。また、「配偶者からの更なる身体に対する暴力又は配偶者からの生命等に対する脅迫を受けた後の配偶者から受ける身体に対する暴力」については、前記二2(3)のとおり、配偶者からの暴力等を受けた後に、被害者が離婚等をした場合にあっては、「当該配偶者であった者から引き続き受ける身体に対する暴力」とすることとされている(DV防止一〇Ⅰ)。したがって、そのような場合には、例えば、婚姻中に配偶者が被害者に繰り返し身体に対する暴力を振るう素振りを見せたという事情や、離婚後も引き続き、その元配偶者が被害者にそのような素振りを見せたり、又は実際に身体に対する暴力を加えたりしたのであれば、それらの状況を含めて、その元配偶者から引き続き受ける身体に対する暴力によって被害者が殺人、傷害等の被害を受けるおそれが大きいことを推測させる事情を記載することになる（南野ほか一六四頁）。

ウ　被害者の子への接近禁止命令の申立てをする場合、被害者が当該同居している子に関して配偶者と面会することを余儀なくされることを防止するため当該命令を発することが必要であると認めるに足りる申立ての時における事情（DV防止一二I③）

相手方が幼年の子を連れ戻すと疑うに足りる言動を行っていることなど、DV防止法一〇条三項の要件を基礎付ける事情（例えば、被害者がその子を連れて一時避難している場合において、配偶者が子の通学先・通園先を探索していること、当該通学先・通園先等に赴いて子の引渡しを要求する言動を行っていること等）を具体的に記載する。

エ　被害者の親族等への接近禁止命令の申立てをする場合、被害者が当該親族等に関して配偶者と面会することを余儀なくされることを防止するため当該命令を発する必要があると認めるに足りる申立ての時における事情（DV防止一二I④）

配偶者が親族等の住居に押し掛けて著しく粗野又は乱暴な言動を行っていることなど、D

V防止法一〇条四項の要件を基礎付ける事情を具体的に記載する。

(5) 被害者の同居の子への接近禁止命令の申立てをする場合、当該子の氏名及び生年月日（保護命令規則一Ⅰ④）

(6) 被害者の親族等への接近禁止命令の申立てをする場合、親族等の氏名及び被害者との関係並びにその者が被害者の子である場合には生年月日（保護命令規則一Ⅰ⑤）

同号において、接近禁止を求める対象となる親族等の住所は、申立書の記載事項とされていないが、裁判所としては、保護命令の内容を明確にすることなどの必要性に応じて、申立書にも親族等の住居所の記載を求める運用も考えられる。ただし、保護命令の発令前に相手方に知られることを避ける必要がある場合などには、勤務先等の記載で足りよう。

(7) DVセンターの職員又は警察職員に対して相談し、又は援助若しくは保護を求めた事実の有無及びその事実があるときは、以下の事項（DV防止一二Ⅰ⑤、この事実の記載がない場合、後記2(1)のとおり、公証人の認証を受けた宣誓供述書の添付が必要になる。）

① 当該DVセンター又は当該警察職員の所属官署の名称

② 相談し、又は援助若しくは保護を求めた日時及び場所

③ 相談又は求めた援助若しくは保護の内容

④ 相談又は申立人の求めに対して執られた措置の内容

なお、ＤＶ防止法一四条二項の趣旨が、ＤＶセンター等に申立人が相談等した際の状況を明らかにすることによって、裁判所が迅速かつ適正に保護命令を発するための資料を得ることができるということからすると、相談の時期については、その趣旨に反しない程度に申立ての時に近接していることが望ましい（裁判所職員総合研修所監修『配偶者暴力に関する保護命令事件における書記官事務の研究〔補訂版〕』（司法協会）二二頁（注三））。また、電話等禁止命令、子への接近禁止命令、親族等への接近禁止命令を求める申立ての場合、申立人は、ＤＶ防止法一二条一項二号ないし四号の前記各命令を必要とする事情についても相談等をしておく必要があるので、注意を要する。

(8) 申立人又は代理人の郵便番号、電話番号、ファクシミリ番号（保護命令規則一〇、民訴規五三Ⅳ）

(9) 送達場所の届出等（保護命令規則一〇、民訴規四一Ⅱ）
裁判所からの書類の送達を受けるために都合のよい場所を送達場所として届け出る。なお、送達場所の記載は、閲覧の対象となることに留意する。

(10) 附属書類の表示、年月日、裁判所の表示、当事者又は代理人の記名押印（保護命令規則一〇、民訴規二Ⅰ）

(11) なお、記載事項について虚偽の記載のある申立書により保護命令の申立てをした者は、一〇万円以下の過料に処せられる（ＤＶ防止三〇）。

2　附属書類等

附属書類等として、以下の提出を要する。

(1)　宣誓供述書（ＤＶ防止一二Ⅱ）

申立書にＤＶセンター等に相談した事実等の記載がない場合には、配偶者からの身体に対する暴力を受けた状況等、ＤＶ防止法一二条一項一号ないし四号に係る事項についての申立人の供述を記載した宣誓供述書の添付が必要である。この場合の宣誓供述書の提出は、手続要件であることに留意する。なお、宣誓供述書は、緊急迅速に処理すべき保護命令事件において客観的、定型的な信用力のある証拠を担保するため添付すべきとされたものであって、書証に準じた扱いをするのが相当であるため、相手方にその写しを送付することとなる。

(2)　弁護士が代理する場合は委任状（保護命令規則一〇、民訴規二三Ⅰ）

(3)　主張書面及び書証の写し（保護命令規則四Ⅰ、Ⅱ）

申立人が相手方に一時避難先（居所）を秘匿している場合は、診断書の患者名欄の住所の記載や通院した病院の所在地等、提出書類の中にその居所が分かるような記載がないか留意が必要である。問題となる記載がある場合は、その部分を秘匿した写しを提出するという取扱いも考えられる（前掲書記官事務の研究一七頁（注四））。

(4) 子への接近禁止命令を求める場合において、当該子が一五歳以上である場合、子の同意書（保護命令規則一Ⅱ、Ⅲ）

DV防止法一〇条三項ただし書の要件を確認するために提出を要する。子本人が来庁しない場合において、同意書の真否を確認するために子の筆跡を明らかにする書類（子の直筆による学校のテストや手紙等）を添付する取扱いも考えられる。

(5) 被害者の親族等への接近禁止命令を求める場合の当該親族等の同意書（保護命令規則一Ⅱ、Ⅲ）

DV防止法一〇条五項の要件を確認するために提出を要する。当該親族等が一五歳未満の者又は成年被後見人であるときは、その法定代理人の同意書及び代理権を証する書面が必要となる。なお、同意書の真否を確認する必要があることから、印鑑証明書又は署名を確認することができる書類（直筆による手紙等）を添付する取扱いが相当であろう。

(6) その他

婚姻関係及び当事者の居住関係を端的に示す資料として戸籍謄本及び住民票の提出が必要なほか、配偶者からの暴力を示す資料として診断書、受傷部位の写真の提出（これらは書証として提出するのが一般的であろう。）等が想定される。そのほか、親族等への接近禁止命令を求める場合に、申立書の記載事項（DV防止一二Ⅰ④、保護命令規則一Ⅰ⑤）に関する資料として、当該親族等の戸籍謄本や、当該親族等への接近禁止命令を発する必要があると認めるに足りる申立ての時における事情を明らかにする当該親族作成の陳述書等を提出することも考えられる（ただし、配偶者に新たな情報を把握させて、かえって親族等への接近の危険を高めることにならないように、十分な配慮をする必要がある。）。

(7)　申立手数料

収入印紙一〇〇〇円分（民訴費三Ⅰ、別表第一の一六）を申立書に貼って納める。

(8)　郵便切手の予納

相手方に対する期日の呼出し及び決定書の送達に要する費用として見込まれる額（二五〇〇円）の予納が必要である。

3　再度の申立ての場合の留意点

以前保護命令を受けた理由となった配偶者からの暴力等と同一の事実であっても、配偶者からの更なる身体に対する暴力又は配偶者からの生命等に対する脅迫を受けた後の配偶者から受ける身体に対する暴力により、その生命又は身体に重大な危害を受けるおそれが大きいときには、当該事実を理由に、再度の申立てをすることができる。ただし、退去命令については、同命令を再度発する必要があると認めるべき事情がある場合に限り発令するものとされている上、当該命令の発令により配偶者の生活に特に著しい支障を生ずると認めるときは、裁判所は裁量により発令しないことができる（DV防止一八Ⅰ）。

(1) 再度の申立ての場合における申立書の記載事項

通常の保護命令の申立書記載事項に加えて、以下の事項を記載する（保護命令規則一Ⅰ⑥）。なお、DV防止法一二条一項二号から四号までの事情は、あくまで「申立ての時における事情」である必要があるから、再度の申立ての場合は、その申立ての時点の事情を記載する必要がある（この点、申立書に記載が要求されるDVセンターの職員又は警察職員に対する相談等の事実に係る所定事項についても、当初の申立ての時点の事情ではなく、再度の申立ての時点の事情について、新たに相談等をしている必要がある。）。

① 同一の事実を理由として前に保護命令が発せられた旨

② 既に発せられた保護命令事件の表示（過去に複数回、同一の事実を理由として保護命令が発令されている場合には、そのすべてを記載する。）

③ 再度の退去命令を申し立てる場合は、退去命令を再度発する必要があると認めるべき事情（DV防止一八Ⅱ、一二Ⅰ）

(2) 再度の申立ての場合における附属書類等

再度の申立てにおいても、保護命令発令後に暴力のおそれがあるとしてDVセンター又は警察に対し相談した事実等が申立書に記載されていない場合、宣誓供述書の添付が必要である（ＤＶ防止一八Ⅱ、一二Ⅱ）。

その他は、通常の保護命令の申立てと同様であるが、裁判所としては、審理の便宜のため、これまでに発せられた保護命令の決定書写しの提出を促すなどの運用も考えられる。

4　追加的申立ての場合の留意点

接近禁止命令の申立て（又は発令）後に電話等禁止命令又は被害者の子若しくは親族等への接近禁止命令の申立てをする場合、通常の保護命令の申立書記載事項に加えて、既に係属する（又は保護命令が発せられた）保護命令事件の表示の記載を要する（保護命令規則一Ⅰ⑥）。また、申立人への接近禁止命令が発せられた後に追加的にこれらの命令を求める場合、ＤＶ防止法一二条一項五号の相談等は、これら追加の申立てをする際になされたものでなければならず（申立書に記載すべき事情は、申立て時における最新のものである必要がある。ＤＶ防止一二Ⅰ②、③）、相談等の事実がない場合は、改めてＤＶセンターや警察に相談するか、宣誓供述書の添付が必要になるので注意を要する。

そのほか、裁判所としては、審理の便宜のため、申立人についての接近禁止命令に係る保護命令申立書や保護命令の決定書写しの提出を促すなどの運用が考えられる。

5　申立書等に不備がある場合

申立書の必要的記載事項（ＤＶ防止一二Ⅰ、二一、民訴一三三Ⅱ）に不備があるときは、まず書記官が補正を促し（保護命令規則一〇、民訴規五六）、当事者が任意にこれに応じないときは、裁判長は相当期間を定めて補正命令を発することになる（DV防止二一、民訴一三七Ⅰ）。もし、期間内に補正されないときは、裁判長は命令で申立書を却下しなければならない（DV防止二一、民訴一三七Ⅱ）。

【例題に対する解答】

一　管轄

設例においては、①X及びYの自宅が東京二三区内であるということから、相手方の住所の所在地（DV防止一一Ⅰ）ないし、配偶者からの身体に対する暴力が行われた地（DV防止一一Ⅱ②）である地方裁判所に当たる東京地方裁判所、または、②Xが現在一時避難している実家（申立人の居所）の所在地（DV防止一一Ⅱ①）である地方裁判所に当たる千葉地方裁判所に対して、保護命令の申立てをすることができる。

二　離婚後の保護命令の申立て

前記【解説】の二2⑶のとおり、配偶者からの身体に対する暴力を受けた後に、被害者が離婚等をした場合において、元配偶者から引き続き受ける身体に対する暴力によりその生命又は身体に重大な危害を受けるおそれが大きいときは、元配偶者に対し、保護命令が発せられる。したがって、婚姻期間中にYから暴力を受けていたXは、離婚後もYから受ける身体に対する暴力によりその生命又は身体に重大な危害を受けるおそれが大きいことを主張して、Yに対し、保護命令の申立てをすることができる。

三　申立書の記載事項及び附属書類

申立書の記載事項及び提出すべき附属書類等は、前記【解説】の三1及び2のとおりである。

（別紙３）　　【Ｈ２６．４】

配偶者暴力等に関する保護命令の申立てについてＱ＆Ａ

～　保護命令の申立てを希望される方へ　～

東京地方裁判所民事第９部弁論係
℡０３（３５８１）３４５６（ﾀﾞｲﾔﾙｲﾝ）

Ｑ１　保護命令とは何ですか。

Ａ１　相手方からの申立人に対する**身体への暴力を防ぐため**，裁判所が相手方に対し，申立人に近寄らないよう命じる決定です。

なお，（３）の子への接近禁止命令，（４）の親族等への接近禁止命令，（５）の電話等禁止命令は，必要な場面に応じて被害者本人への接近禁止命令の実効性を確保する付随的な制度ですから，**単独で発令することはできず，申立人に対する接近禁止命令が同時に出る場合か，既に出ている場合のみ発令されます。**

（１）　**接近禁止命令**

６か月間，申立人の身辺につきまとったり，申立人の住居（同居する住居は除く。）や勤務先等の付近をうろつくことを禁止する命令です。

（２）　**退去命令**

申立人と相手方とが同居している場合で，申立人が同居する住居から引越しをする準備等のために，相手方に対して，２か月間家から出ていくことを命じ，かつ同期間その家の付近をうろつくことを禁止する命令です。

（３）　**子への接近禁止命令**

子を幼稚園から連れ去られるなど子に関して申立人が相手方に会わざるを得なくなる状態を防ぐため必要があると認められるときに，６か月間，申立人と同居している子の身辺につきまとったり，住居や学校等その通常いる場所の付近をうろつくことを禁止する命令です。

なお，ここでいう「子」とは，被害者である申立人と同居中の成年に達しない子を指し，別居中又は成年に達した子は下記（４）の「親族等」に該当します。

（４）　**親族等への接近禁止命令**

相手方が申立人の実家など密接な関係にある親族等の住居に押し掛けて暴れるなどその親族等に関して申立人が相手方に会わざるを得なくなる状態を防ぐため必要があると認められるときに，６か月間，その親族等の身辺につきまとったり，住居（その親族等が相手方と同居する住居は除く。）や勤務先等の付近をうろつくことを禁止する命令です。

（５）　**電話等禁止命令**

６か月間，相手方から申立人に対する面会の要求，深夜の電話やＦＡＸ送信，メール送信など一定の迷惑行為を禁止する命令です。

保護命令手続関係

Ｑ２　保護命令に違反するとどうなりますか。

Ａ２　保護命令に違反した者には，**1年以下の懲役又は100万円以下の罰金**が科せられます。

Ｑ３　誰が申立てることができますか。

Ａ３　**被害者本人が申立人となります。**親族等や子らが代わりに申し立てたり代理することはできません。

Ｑ４　どのような場合に申立てることができますか。

Ａ４　夫婦関係の継続中に**身体に対する暴力（性的暴力・精神的暴力はこれに含まれません。）又は生命・身体に対する脅迫**を受けた申立人が，今後，**身体に対する暴力を振るわれて生命や身体に重大な危害を受けるおそれが大きいとき**に申し立てることができます。暴力等を受けた後に夫婦関係を解消した場合は，以前に受けた暴力等を基に申立てることができますが，夫婦関係を解消した後に受けた暴力等を基に保護命令を申立てることはできません。

なお，夫婦関係には，事実婚も含まれます。

また，**生活の本拠を共にする交際（婚姻関係における共同生活に類する共同生活を営んでいないものを除く。）をする関係**にある相手方からの暴力（当該関係にある相手方からの身体に対する暴力等を受けた後に，その者が当該関係を解消した場合にあっては，当該関係にあった者から引き続き受ける身体に対する暴力等を含む。）及び当該暴力を受けた者についても，上記と同様に申し立てることができます。

Ｑ４－２　平成２６年１月３日から施行された改正法により同日以降に申立ての対象が拡大した「生活の本拠を共にする交際（婚姻関係における共同生活に類する共同生活を営んでいないものを除く。）をする関係」とは，具体的にどのような関係を指しますか。

Ａ４－２　「生活の本拠を共にする」場合とは，被害者と加害者が生活の拠り所としている主たる住居を共にする場合を意味します。「生活の本拠」の所在については，住民票上の住所によって形式的・画一的に定まるものではなく，実質的に生活をしている場所と認められるところを指し，基本的に共同生活の実態により外形的・客観的に判断されることになりますが，補充的に当事者の意思も考慮されることがあります。

生活の本拠を共にする交際に該当するためには，婚姻届出も婚姻意思も不要ですが，**「婚姻関係における共同生活に類する共同生活を営んでいないもの」は除かれています**ので，①ルームシェアなどの専ら交友関係に基づく共同生活，②グループホーム，学生寮，社員寮などの福祉上，教育上，就業上等の理由による共同生活，③専ら血縁関係・親族関係に基づく共同生活などは除かれます。

Ｑ５　どの裁判所に申し立てをするのですか。（東京地方裁判所へ申し立てができるのは，どのような場合ですか。）

Ａ５　東京地方裁判所へ申立てができるのは，次のいずれかの場合です。
（１）　**申立人又は相手方の住居所**が東京都２３区又は伊豆・小笠原諸島内にあるとき。
（２）　東京都２３区又は伊豆・小笠原諸島内で**相手方からの暴力等が行われた**とき。

Ｑ６　申立てに当たり，事前に行っておくことはありますか。

Ａ６　相手方からの暴力等について，東京都女性相談センター（℡５２６１－３１１０），東京ウィメンズプラザ（℡５４６７－２４５５），港区家庭相談センター（℡３５７８－２４３６），板橋区立男女平等推進センター（℡５８６０－９５１０），中野区配偶者暴力相談支援センター（℡３２２８－５５５６），江東区配偶者暴力相談支援センター（℡３６４７－９５５１），豊島区配偶者暴力相談支援センター（℡６８７２－５２５０）などの**配偶者暴力相談支援センター又は警察署（生活安全課等）に相談に行っておく必要があります**（配偶者暴力相談支援センターに指定されていない他の機関では足りません。なお，上記相談機関の情報については，当庁管内における平成２６年3月３１日時点のものであり，詳細については最寄りの地方自治体に照会してください。）。

保護命令の申立書には，これらの相談機関へ赴いて相手方からの暴力を受けたことなどについて相談した事実を記載しなければならず，事前に相談をしていないときは，公証人役場において**公証人の面前で陳述書の記載が真実であることを宣誓した宣誓供述書**を作成の上，これを保護命令の申立書に添付しなければなりません。子への接近禁止命令又は親族等への接近禁止命令を求める場合，相談又は宣誓の段階でこれらの命令が必要と考えられる事情についても言及しておく必要があります。前記の機関に相談をしておらず，宣誓供述書の添付もないと，申立てをしても保護命令が発令されないことになりますから，注意してください。

Ｑ７　申立てにはどのような書類等が必要でしょうか。

Ａ７　保護命令申立書を作成・提出することになります。作成にあたり，本ホームページからダウンロードできる申立書のひな形を利用すると便利です。**申立書は２部（正本・副本）**提出してください。また，申立時には次のような添付書類や証拠書類が必要です。**添付書類は１部，証拠書類は２部（正本・副本）**提出してください。なお，期日が指定されたときは，相手方に申立書，主張書面及び書証の写し，宣誓供述書の写し等を送付することになるので，申立人は，**相手方に秘密にしている連絡先（避難先）の記載が送付書類にないかどうか**，十分に確認した上で裁判所に書類を提出してください。

なお，東京地方裁判所本庁では原則として**申立ての当日に裁判官の面接を受けていただきます**から，申立人ご本人においでいただく必要があります。申立てから裁判官の面接が終了するまで概ね２時間から３時間程度は見込まれます。来庁予定を事前にご連絡ください。

（１）　申立手数料の収入印紙**１０００円**
郵便切手**２５００円**(内訳:**５００円×２枚，２８０円×２枚，１００円×５枚，５０円×５枚，１０円×１７枚，１円×２０枚**)
（２）　当事者間の関係を証明する資料
ア　**法律上又は事実上の夫婦であることを証明する資料**（添付書類）
ex. 戸籍謄本，住民票　等（当事者双方のものが必要です。）

イ　**申立人と相手方との関係が生活の本拠を共にする交際であることを証明する資料**（証拠書類）

ex.　申立人及び相手方の住民票，生活の本拠における交際時の写真，電子メール又は手紙の写し，住居所における建物の登記事項証明書又は賃貸借契約書の写し，電気料金・水道料金・電話料金の支払請求書の写し，本人や第三者の陳述書　等

（3）　**暴力・脅迫を受けたことを証明する資料**（証拠書類）

ex. 診断書，受傷部位の写真，本人や第三者の陳述書　等

（4）　**相手方から今後身体的暴力を振るわれて生命，身体に重大な危害を受けるおそれが大きいことを証明する資料**（証拠書類）

ex. 本人や第三者の陳述書，電子メール又は手紙の写し　等

（5）　**子への接近禁止命令を求める場合に必要な書類として**

接近禁止の対象となる子が１５歳以上のときは，その**子の同意書**（証拠書類）

※　同意書の署名がお子さん本人のものであることが確認できるもの（学校のテストや手紙等）を同時に提出してください。（添付書類）

（6）　**親族等への接近禁止命令を求める場合に必要な書類として**

①　接近禁止の**対象者の同意書**（対象者が１５歳未満の場合又は成年被後見人の場合は，その**法定代理人の同意書**。）（証拠書類）

※　同意書は対象者（法定代理人）本人に署名押印してもらい，対象者の署名押印であることが確認できるもの（手紙，印鑑証明書，パスポートの署名欄等）を同時に提出してください。（添付書類）

②　対象者の戸籍謄本，住民票。その他申立人本人との関係を証明する書類（添付書類）
法定代理人による同意書には，これらに加えて資格証明書の提出が必要です。
（添付書類）

③　対象者への接近禁止命令が必要である事情を明らかにする対象者作成の陳述書など（証拠書類）

Q８　申立ての住所は，どのように記載しますか。

A８　住所は生活の本拠になりますので，申立人の現在の住居所が相手方に判明することによって申立人が爾後被害に遭う可能性がある場合には，申立人は，申立書においては，住民票上の住所や相手方と共に生活の本拠としていた住居を自らの住所として記載すれば足ります。

Q９　申立後の手続の流れはどのようになりますか。

A９　申立人の面接の終了後，通常，１週間後くらいに，相手方の意見聴取のための審尋期日が設けられます。相手方の審尋期日には申立人が出席する必要はありません。裁判所は，相手方の言い分を確認し，証拠に照らして保護命令を発令するかどうかを決めます。早ければ，相手方の出頭した審尋期日に保護命令が言い渡されます。

印紙貼付欄 １０００円	受付印	収入印紙　　円 予納郵券　　円 備考欄	確認印

配偶者暴力等に関する保護命令申立書

東京地方裁判所民事第９部弁論係　御中

平成　　年　　月　　日

申　立　人　＿＿＿＿＿＿＿＿＿＿印

当　事　者　の　表　示

別紙「当事者目録」記載のとおり

申　立　て　の　趣　旨

別紙「申立ての趣旨」記載の裁判並びに手続費用負担の裁判を求める。

なお，申立人は，相手方と

□　生活の本拠を共にする（同居）　（□　ただし，一時避難中）

□　生活の本拠が異なる　（別居）　ものです。

申　立　て　の　理　由

別紙「申立ての理由」記載のとおり

添　付　書　類（□ 内にレを付したもの。）

□　申立書副本　1通

□　戸籍謄本　□　住民票の写し

＊　戸籍謄本及び住民票の写しは原本提出

□　甲号証写し　各２通

□　写真　（甲第　号証）　□　診断書　（甲第　号証）

□　陳述書　（甲第　号証）

□　子（子が１５歳以上の場合）・親族等の同意書　（甲第　号証）

□　（甲第　号証）　□　（甲第　号証）

□　子・親族等の署名を確認する書類

＊　甲号証として子・親族等の同意書を提出する場合のみ

1

申　立　て　の　趣　旨

（ただし□については□内にレを付したもの）

□〔退去命令〕
相手方は，命令の効力が生じた日から起算して２か月間，別紙住居目録記載の住居から退去せよ。
相手方は，命令の効力が生じた日から起算して２か月間，前記記載の住居の付近をはいかいしてはならない。

□〔接近禁止命令〕
相手方は，命令の効力が生じた日から起算して６か月間，申立人の住居（相手方と共に生活の本拠としている住居を除く。以下同じ。）その他の場所において申立人の身辺につきまとい，又は申立人の住居，勤務先その他その通常所在する場所の付近をはいかいしてはならない。

□〔子への接近禁止命令〕
相手方は，命令の効力が生じた日から起算して６か月間，下記子の住居（相手方と共に生活の本拠としている住居を除く。以下同じ。），就学する学校その他の場所において同人の身辺につきまとい，又は同人の住居，就学する学校その他その通常所在する場所の付近をはいかいしてはならない。

□〔親族等への接近禁止命令〕
相手方は，命令の効力が生じた日から起算して６か月間，下記親族等の住居（相手方と共に生活の本拠としている住居を除く。以下同じ。）その他の場所において同人の身辺につきまとい，又は同人の住居，勤務先その他その通常所在する場所の付近をはいかいしてはならない。

記

［子への接近禁止を求める場合の子の表示］

(1)氏《ふり》名《がな》　（平成　年　月　日生）
（満　歳　か月）

(2)氏《ふり》名《がな》　（平成　年　月　日生）
（満　歳　か月）

(3)氏《ふり》名《がな》　（平成　年　月　日生）
（満　歳　か月）

［親族等への接近禁止を求める場合の親族等の表示］

(1)住　所　（住所が知れていないときは，勤務先・学校等の所在地・名称）

氏《ふり》名《がな》　（昭和・平成　年　月　日生）
（申立人との関係：　）

(2)住　所　（住所が知れていないときは，勤務先・学校等の所在地・名称）

氏《ふり》名《がな》　（昭和・平成　年　月　日生）
（申立人との関係：　）

2

□〔**電話等禁止命令**〕

相手方は，申立人に対し，命令の効力が生じた日から起算して６か月間，次の各行為をしてはならない。

① 面会を要求すること。

② その行動を監視していると思わせるような事項を告げ，又はその知り得る状態に置くこと。

③ 著しく粗野又は乱暴な言動をすること。

④ 電話をかけて何も告げず，又は緊急やむを得ない場合を除き，連続して，電話をかけ，ファクシミリ装置を用いて送信し，若しくは電子メールを送信すること。

⑤ 緊急やむを得ない場合を除き，午後１０時から午前６時までの間に，電話をかけ，ファクシミリ装置を用いて送信し，又は電子メールを送信すること。

⑥ 汚物，動物の死体その他の著しく不快又は嫌悪の情を催させるような物を送付し，又はその知り得る状態に置くこと。

⑦ その名誉を害する事項を告げ，又はその知り得る状態に置くこと。

⑧ その性的羞恥心を害する事項を告げ，若しくはその知り得る状態に置き，又はその性的羞恥心を害する文書，図画その他の物を送付し，若しくはその知り得る状態に置くこと。

申　立　て　の　理　由

（ただし□については□内にレを付したもの）

1　私と相手方との関係は，次のとおり。

(1)〔申立人と相手方との関係が婚姻関係（事実婚を含む。）の場合〕

□　私と相手方は，平成　　年　　月　　日婚姻届を提出した夫婦です。

□　私は相手方とは婚姻届を提出していませんが，平成　　年　　月　　日から夫婦として生活しています。

□　事実婚と認められないとしても，(2)のとおりの交際関係です。

□　私は平成　　年　　月　　日相手方と離婚しました。

(2)〔申立人と相手方との関係が婚姻関係以外の場合〕

□　私と相手方は，平成　　年　　月　　日から交際関係にあります。

□　私と相手方は，平成　　年　　月　　日に交際関係を解消しました。

□　相手方と共にする（共にしていた）生活の本拠は，次の場所です。

私と相手方の共同生活は，婚姻関係における共同生活に類似するもので，その事情は次のとおり。

(3)　同居を開始した日：平成　　年　　月　　日

(4)□　私と相手方は，現在，同居（生活の本拠を共に）しています。

□　ただし，平成　　年　　月　　日から一時的に避難しています。

□　平成　　年　　月　　日から別居（生活の本拠を別に）しています。

2　相手方から今までに受けた暴力又は生命・身体に対する脅迫は次のとおり。

(1)①　平成　　年　　月　　日午　　時ころ

②　場所は，□　現住居で

□　（上記以外の）　　　　　　　　　　で

③　暴力・脅迫の内容は，

です。

④　③の暴力・脅迫により

という被害（怪我）を受けました。

⑤□　医師の治療（入通院先：　　　　　　　　）を受けました。

（治療日数・全治）　　　　　　　　　　です。

□　受傷等についての証拠は，□　診断書　□　写真　□

（甲第　　　号証）です。

（注：暴力等につき欄が不足する場合には，このページをコピーして使用してください。）

（　）① 平成　年　月　日午　時ころ
② 場所は，□ 現住居で
□ （上記以外の）　で
③ 暴力・脅迫の内容は，

です。
④ ③の暴力・脅迫により

という被害（怪我）を受けました。
⑤□ 医師の治療（入通院先：　）を受けました。
（治療日数・全治）　です。
□ 受傷等についての証拠は，□ 診断書 □ 写真 □
（甲第　号証）です。

（　）① 平成　年　月　日午　時ころ
② 場所は，□ 現住居で
□ （上記以外の）　で
③ 暴力・脅迫の内容は，

です。
④ ③の暴力・脅迫により

という被害（怪我）を受けました。
⑤□ 医師の治療（入通院先：　）を受けました。
（治療日数・全治）　です。
□ 受傷等についての証拠は，□ 診断書 □ 写真 □
（甲第　号証）です。

（　）① 平成　年　月　日午　時ころ
② 場所は，□ 現住居で
□ （上記以外の）　で
③ 暴力・脅迫の内容は，

です。
④ ③の暴力・脅迫により

という被害（怪我）を受けました。
⑤□ 医師の治療（入通院先：　）を受けました。
（治療日数・全治）　です。
□ 受傷等についての証拠は，□ 診断書 □ 写真 □
（甲第　号証）です。

5

3　私が今後，相手方から暴力を振るわれて私の生命，身体に重大な危害を受けるおそれが大きいと思う理由は，次のとおり。

□（離婚，内縁又は交際関係解消後の場合）

私が相手方との関係解消後引き続いて，相手方から身体的暴力を受けるおそれが大きいと思う理由は，次のとおり。

4　私は，相手方に対し，申立ての趣旨記載の私と同居している子への接近禁止命令を求めます。私がその子に関して相手方と面会を余儀なくされると考えている事情は，次のとおり。

5　私は，次のような理由から，相手方に対し，申立ての趣旨記載の私と社会生活上密接な関係がある親族等への接近禁止命令を求めます。

(1)氏名《ふりがな》

申立人との関係：

私が同人に関して相手方と面会を余儀なくされると考える事情

(2)氏名《ふりがな》

申立人との関係：

私が同人に関して相手方と面会を余儀なくされると考える事情

6　私が相手方に対し電話等禁止命令を求める事情は，次のとおり。

7　配偶者暴力相談支援センター又は警察への相談等を求めた事実は，次のとおり

(1)①　平成　　年　　月　　日午　　時ころ

②　相談機関　□　警視庁　　　　警察署　□　東京都女性相談センター

□　東京ウィメンズプラザ　□

③　相談内容　□　相手方から受けた暴力，生命・身体に対する脅迫

□　今後，暴力を受けるおそれがあること

□　子への接近禁止命令を求める事情

□　親族等への接近禁止命令を求める事情

□

④　措置の内容　□　一時保護

□　保護命令制度についての情報提供

□　　　　　　　　　　　　　　　　を受けました。

(2)①　平成　　年　　月　　日午　　時ころ

②　相談機関　□　警視庁　　　　警察署　□　東京都女性相談センター

□　東京ウィメンズプラザ　□

③　相談内容　□　相手方から受けた暴力，生命・身体に対する脅迫

□　今後，暴力を受けるおそれがあること

□　子への接近禁止命令を求める事情

□　親族等への接近禁止命令を求める事情

□

④　措置の内容　□　一時保護

□　保護命令制度についての情報提供

□　　　　　　　　　　　　　　　　を受けました。

7

当　事　者　目　録

(郵便番号)　＿＿＿＿＿＿＿＿

(住所)　＿＿＿＿＿＿＿＿＿＿＿＿＿＿＿＿

＿＿＿＿＿＿＿＿＿＿＿＿＿＿＿＿

申　立　人　＿＿＿＿＿＿＿＿＿＿

(郵便番号)　＿＿＿＿＿＿＿＿

(住所)　＿＿＿＿＿＿＿＿＿＿＿＿＿＿＿＿

＿＿＿＿＿＿＿＿＿＿＿＿＿＿＿＿

相　手　方　＿＿＿＿＿＿＿＿＿＿

住　居　目　録

※　２頁の「申立ての趣旨」で〔退去命令〕にレ点をした場合にのみ，相手方に退去を求める住所を記載する。

第四回　保護命令の種類とその要件

【例題】

1　XとYは夫婦であり、両者の間には、長男Aがいる。X、Y及びAは、甲建物において生活していたが、Yから度重なる暴力を受けたXは、Aを連れて、婦人相談センターに一時避難した。その後、Yは、Xの親であるPに対し、X及びAの所在を明らかにすることを求めて執拗に電話を繰り返したほか、Aが通っていた学校を訪問し、Aの転校先を明らかにするよう求めるなどの行動を取った。Xが求める保護命令として、どのようなものが考えられるか。

2　Xは、前記1の申立てについて保護命令が発令された後、当該保護命令の期間満了が近づいてきたため、再度、同様の保護命令を求める申立てをした。このようなXの保護命令は認められるか。

【解説】

一　各種保護命令の実体的な要件等

1　被害者への接近禁止命令

ＤＶ防止法一〇条一項一号所定の被害者への接近禁止命令とは、配偶者に対し、命令の効力が生じた日から起算して六か月が経過する日までの間、被害者の住居（当該配偶者と共に生活の本拠としている住居を除く。）その他の場所において被害者の身辺につきまとい、又は被害者の住居、勤務先その他その通常所在する場所の付近をはいかいしてはならないことを命ずるものである。

ＤＶ防止法一〇条一項柱書は、「被害者」を「配偶者からの身体に対する暴力又は生命等に対する脅迫（被害者の生命又は身体に対し害を加える旨を告知してする脅迫をいう。以下この章において同じ。）を受けた者に限る。」と定義している。また、同項は、被害者が、配偶者からの身体に対する暴力を受けた者である場合にあっては配偶者からの更なる身体に対する暴力により、配偶者からの生命等に対する脅迫を受けた者である場合にあっては配偶者から受ける身体に対する暴力により、その生命又は身体に重大な危害を受けるおそれが大きいときに、裁判所が保護命令を発令する旨を規定している。

以上を整理すると、被害者への接近禁止命令においては、①被害者が身体に対する暴力又は生命等に対する脅迫を受けたこと、及び②配偶者からの身体に対する暴力により生命又は身体に重大な危害を受けるおそれが大きいことが発令の要件となっているものということができる。

(1)　「身体に対する暴力」の意義

「身体に対する暴力」とは、「身体に対する不法な攻撃であって生命又は身体に危害を及ぼすもの」と定義されており（DV防止一I）、具体的には、刑法上、暴行罪又は傷害罪に当たるような行為がこれに該当するとされている。（注1）

ア　刑法上の暴行罪に当たるような行為とは、人の身体に対する有形力の行使を意味するとされ、（注2）傷害の結果を惹起すべきものに限られず、（注3）身体への接触を要するものではないと解されている。

イ　刑法上の傷害罪に当たるような行為とは、他人の身体に対する暴行により、生活機能に障害を与えることをいい、（注4）生活機能に障害を与えることの中に精神的な障害を生じさせる場合も含まれると解されている。（注5）もっとも、刑法上の傷害には、腐敗した飲食物を供して下痢に罹らせる、毒物を飲ませて下痢、嘔吐の症状を起こさせる、性交によって性病を感染させる、怒号などの威嚇行為により精神的な障害を生じさせるといった暴行によらない傷害も含まれると解されていることからすれば、（注6）暴行によらない傷害も「身体に対する暴力」に含まれると思われる。そうすると、後記の「生命等に対する脅迫」に該当しない脅迫等であっても、それによって精神的な障害が生じていれば、「身体に対する暴力」に当たるというべきであり、例えば、心理的外傷を与える言動によりPTSD（心的外傷後ストレス障害）を受けた場合には、「身体に対する暴力」に当たり得ると解される（注7）（直接の身体的暴力がなくとも「配偶者からの暴力を受けた者」に該当すると判断した事例として、静岡地決平成一四・七・一九判タ一一〇九号二五二頁）。

ウ　なお、本項の冒頭に述べたとおり、「身体に対する暴力」は不法な攻撃をいうものと定義されているから、配偶者の行為に正当行為、正当防衛及び緊急避難といった違法性阻却事由が認められる場合には、当該行為は「不法」な攻撃とはいえず、「身体に対する暴力」に当たらないと解される。（注8）

(2)　「生命等に対する脅迫」の意義

この要件は、配偶者から生命・身体に対する脅迫を受けた被害者については、脅迫の時点では身体に対する暴力を受けていなくとも、その後配偶者から身体に対する暴力を受ける一定程度の可能性が認められ、その保護の必要性が被害者等から強く求められていること等を受け、平成一九年の改正で追加されたものである。

ア　「生命等に対する脅迫」とは、刑法上の脅迫罪に当たるもののうち、「生命又は身体に対し害を加える旨を告知してする脅迫」をいい（DV防止一〇I柱書）、具体的には、「殺してやる」、「腕を折ってやるぞ」、「ぶん殴ってやる」といった言動が該当するとされている。(注9)他方、生命又は身体に対する脅迫でなければならないから、自由、名誉又は財産に対し危害を加える旨の脅迫は「生命等に対する脅迫」には含まれない。

イ　また、被害者の生命又は身体に対する脅迫であることを要し、被害者に向けられたものであっても、その内容が親族に対して危害を加える旨の脅迫は、ここにいう「生命等に対する脅迫」に含まれない。

ウ　なお、違法性阻却事由が認められる場合には、「生命等に対する脅迫」に当たらないと解されることについては、「身体に対する暴力」についてと同様である。

⑶　「生命又は身体に重大な危害を受けるおそれが大きいとき」の意義

「生命又は身体に重大な危害を受けるおそれ」とは、被害者に対し、殺人、傷害等の被害が及ぶおそれがある状況をいうものとされ、「重大な危害」とは、少なくとも通院加療を要する程度の危害をいうものとされる。(注10)

2　退去命令

退去命令とは、配偶者に対し、命令の効力が生じた日から起算して二か月間、被害者と共に生活の本拠としている住居から退去すること及びその住居の付近をはいかいしてはならないことを命じるものである（ＤＶ防止一〇Ｉ②）。

退去命令の要件は、条文上、①被害者が身体に対する暴力又は生命等に対する脅迫を受けたこと、及び②配偶者からの身体に対する暴力により生命又は身体に重大な危害を受けるおそれが大きいことという被害者への接近禁止命令と共通の要件（ＤＶ防止一〇Ｉ柱書）に加え、③申立ての時において被害者が配偶者と生活の本拠を共にすることが要求されている（同項ただし書）。

(1)　被害者への接近禁止命令との間で要件に差異があるか

被害者への接近禁止命令と共通する①被害者が身体に対する暴力又は生命等に対する脅迫を受けたこと、及び②配偶者からの身体に対する暴力により生命又は身体に重大な危害を受けるおそれが大きいことといった要件については、退去命令についても、被害者への接近禁止命令と同様の意義に解してよいと考えられる。その理由としては、①ＤＶ防止法一〇条は、接近禁止命令と退去命令との間で、同居要件を除き、発令の実体的要件に差異を設けていないこと、②立法過程においても、予想される危害の程度や蓋然性の高低等について両者で判断基準を変えるべきであるといった議論は見当たらないことなどが挙げられる。

これに対し、当該要件は、「重大な危害を受けるおそれ」という危険性の程度を問題にするものであるから、条文の文言としては同じであっても、各命令の性質に応じて、解釈上危険性の程度に差異があると解することは不可能ではなく、実務上も、そのように運用される余地があるのではないかとの考え方もある。(注11)

(2)「生活の本拠を共にする場合」の意義

退去命令は、その申立ての時において、被害者が配偶者と生活の本拠を共にする場合に限り、発することができる（DV防止一〇I ただし書）。このような限定をした趣旨は、退去命令は、配偶者からの暴力により被害者の生命又は身体に危害が加えられることを防止するためのものであることから、被害者と配偶者が生活の本拠を別にしている場合には、配偶者をその住居から退去させる必要はないと考えられたことによる。

「生活の本拠を共にする場合」とは、被害者及び配偶者が生活のよりどころとしている主たる住居を共にする場合をいう。したがって、常態として被害者が配偶者と生活の本拠を共にしている以上、被害者が配偶者暴力相談支援センター（以下「DVセンター」という。）等に一時保護されている場合や実家に緊急に避難している場合等であっても、「生活の本拠を共にする場合」に含まれると考えられる。(注12) これに対し、被害者が居住目的で別に部屋を賃借するなどし、別居後相当期間経過していることが認められるようなときは、「生活の本拠を共にする場合」とはいえないものと考えられる。

また、被害者と配偶者が一棟の建物に居住しているものの、双方の居住部分が構造上分離されているときに、「生活の本拠を共にする場合」の要件を満たすかが問題となる。例えば、八階建ての集合住宅の六階から八階までの三フロアが被害者と配偶者の居住スペースで、各フロアには外部から施錠可能な独立した別個の出入口があり、七階及び八階は主に被害者が、六階は主に配偶者が利用していたが、各フロアは中階段で行き来することができるという事例の場合に問題となる。この事例においては、三フロア全体について構造上・利用上の一体性を認めることができれば、「生活の本拠を共にする場合」の要件を満たすものとして、三フロア全体について退去命令を発令することが可能であると考えられる。

(3) 退去すべき住居の特定（住居兼店舗の場合の問題等）

退去命令における退去すべき住居の特定は、通常は、住居表示によれば足りると考えられる。

しかしながら、例えば、同一地番内に複数の建物が存在し、その一つのみが退去命令の対象であるような場合などは、保護命令の主文が犯罪構成要件となることに照らし、その対象につき疑義が生じないように、不動産登記記録上の建物番号を記載したり決定書に図面を添付するなどして特定することが必要であろう。また、生活の本拠が店舗兼住宅である場合で、店舗部分と居住部分に独立した出入口があり、両部分を仕切る施錠可能なドアがあるなど、両部分がそれぞれ独立した構造になっていることが認められるようなときは、配偶者の営業活動の自由にも鑑み、退去命令は居住部分に限定して効力が及ぶもの（「生活の本拠」は、飽くまでもその居住部分である。）と考えるべきである。このような場合においては、退去命令の対象につき疑義が生じないように、主文中に「店舗部分は含まない」旨を明記したり、決定書に図面を添付したりするなどして、対象を明確に特定するべきである。

また、このような事案の審理に当たっては、裁判所としては、建物の構造や使用形態等について、当事者（特に申立人）から十分に事情を聴取したり、資料の提出を求める必要があると考えられる。

(4)　被害者の申立ての意図・目的と退去命令の要件との関係

①被害者が専ら私物の搬出を目的として退去命令の申立てをし、あるいは、②一時避難はしているものの、子どもの教育環境を維持することなどを理由に、被害者において転居することはせず、専ら配偶者を住居から追い出す目的(注13)で退去命令の申立てをする場合、このような被害者の申立ての意図・目的を退去命令の発令に当たって考慮すべきか否かという問題がある。

しかしながら、退去命令の発令に当たっての実体的な要件は、本項冒頭に記載したものに限られるのであって、それ以上に、被害者の意図や目的を斟酌することは相当でなく、退去命令を発令するための各要件を満たす以上、退去命令を発令すべきものと思われる。ただし、私物の搬出が退去命令の主な目的であることがうかがわれる事案では、別居後相当期間が経過しているか、少なくとも被害者が既に転居先を確保している場合もあり、そのような事情が認められる場合には、「生活の本拠を共にする場合」の要件を満たさないことを理由に、退去命令の申立てが却下されることもあるであろう。

3　電話等禁止命令

電話等禁止命令とは、配偶者に対し、命令の効力が生じた日以後、被害者への接近禁止命令の効力が生じた日から起算して六か月を経過する日までの間、被害者に対してDV防止法一〇条二項各号所定のいずれの行為もしてはならないことを命ずるものである（DV防止一〇Ⅱ）。

電話等禁止命令は、被害者への接近禁止命令が既に効力を生じているか又はそれと同時に発令されることが前提となっているが（この点については、後記二を参照。）、そのほかに、被害者への接近禁止命令の要件に加わるものはない。

4　子への接近禁止命令

子への接近禁止命令とは、配偶者に対し、命令の効力が生じた日以後、被害者への接近禁止命令の効力が生じた日から起算して六か月を経過する日までの間、被害者と同居する成年に達しない子の住居、就学する学校その他の場所において当該子の身辺につきまとい、又は当該子の住居、就学する学校その他その通常所在する場所の付近をはいかいしてはならないことを命ずるものである（ＤＶ防止一〇Ⅲ）。

子への接近禁止命令の要件としては、条文上、被害者への接近禁止命令と同様の要件のほか、①被害者が成年に達しない子と同居していること、②配偶者が幼年の子を連れ戻すと疑うに足りる言動を行っていることその他の事情があることから被害者がその同居している子に関して配偶者と面会することを余儀なくされることを防止するため必要があることが要求されている。また、申立ての要件として、③当該子が一五歳以上であるときは、その同意があることが必要である（同項ただし書）。そのほか、子への接近禁止命令は、被害者への接近禁止命令が既に効力を生じているか又はそれと同時に発令されることが前提となっている（この点については、後記二を参照。）。

(1)「被害者がその同居している子に関して配偶者と面会することを余儀なくされることを防止するため必要があること」の意義

被害者がその同居している子に関して配偶者と面会することを余儀なくされることを防止するため必要があるかどうかは、ＤＶ防止法一〇条三項本文に「……事情があることから……と認めるとき」と規定されているとおり、客観的な事情を基礎にして判断されなければならないこととされている。これは、被害者の子への接近禁止命令を適正に発令することを制度的に担保するためであると考えられる。(注14)

具体的にいかなる場合にこの要件を満たすかについてみると、被害者がその子を連れて一時避難している場合に、配偶者が子の通学先・通園先等を探索していること、当該通学先・通園先等に赴いて子の引渡しを要求する言動を行っていることなどがあれば、「幼年の子を連れ戻すと疑うに足りる言動を行っている」といえよう。

そして、配偶者が被害者の子を連れ戻すと疑うに足りる言動を行っている場合において、被害者の子が幼年であるといえないが、病弱である等の要因によって、社会通念上被害者が自らその子の身上監護をすることを要すると認められるときなども、「その他の事情」により「被害者がその同居している子に関して配偶者と面会することを余儀なくされることを防止するため必要がある」といえよう。また、従前における子に対する態度等から、子に危害を加えることが予想され、このことから、社会通念上子への危害を防止するため、被害者が自ら配偶者と面会することを余儀なくされると認められるのであれば、この要件を満たすものと考えてよいであろう。(注15)

他方、配偶者が子と接触して被害者の居所を聞き出すおそれがあるにとどまる場合には、被害者がその同居している子に関して配偶者と面会することを余儀なくされることにはならないから、かかる事情のみをもって要件を満たすものとすることは相当ではないと考えられる。(注16)もちろん、配偶者が離婚訴訟等において子の親権を争っているというだけでは、被害者の子への接近禁止命令を発令することはできない。

(2)　成年に達した子

子への接近禁止命令にいう「子」とは、成年に達しない子を対象としているから、成年に達した子については、DV防止法一〇条三項による子への接近禁止命令の対象とはならない。もっとも、このような子については、後記の親族等への接近禁止命令（DV防止一〇Ⅳ）の対象にはなると考えられる。(注17)

5　親族等への接近禁止命令

親族等への接近禁止命令とは、配偶者に対し、命令の効力が生じた日以後、被害者への接近禁止命令の効力が生じた日から起算して六か月を経過する日までの間、親族等の住居その他の場所において当該親族等の身辺につきまとい、又は当該親族等の住居、勤務先その他その通常所在する場所の付近をはいかいしてはならないことを命ずるものである（DV防止一〇Ⅳ）。

親族等への接近禁止命令の要件としては、条文上、被害者への接近禁止命令と同様の要件のほか、①配偶者が親族等の住居に押し掛けて著しく粗野又は乱暴な言動を行っていることその他の事情があることから被害者がその同居している子に関して配偶者と面会することを余儀なくされることを防止するため必要があることが要求されている。また、申立ての要件として、対象となる親族等が被害者の一五歳未満の子である場合を除いて、(注18)②対象となる親族等の同意（当該親族等が一五歳未満の者又は成年被後見人である場合にあっては、その法定代理人の同意）が必要とされている（DV防止一〇V）。そのほか、子への接近禁止命令と同様、被害者への接近禁止命令が既に効力を生じているか又はそれと同時に発令されることが前提となっている（この点については、後記ニを参照。）。

(1)「被害者がその親族等に関して配偶者と面会することを余儀なくされることを防止するため必要があると認めるとき」の意義

被害者がその親族等に関して配偶者と面会することを余儀なくされることを防止するため必要があるかどうかは、被害者の子への接近禁止命令と同様、客観的な事情を基礎にして判断されなければならないこととされている。

具体的にいかなる場合にこの要件を満たすかについてみると、被害者の親族等の住居へ押し掛けて、「被害者と連絡を取れ」と大きな声で叫び続ける行為などがこれに当たり得る。(注19)そして、被害者と親族等との人的関係によっては、配偶者が被害者の親族等の住居に押し掛けて著しく粗野又は乱暴な言動を行っているとしても、その事実のみから直ちに「被害者がその当該親族等に関して配偶者と面会することを余儀なくされる」ことが推認されるとは限らないが、例えば、当該親族等が老齢又は病弱である等の要因によって、社会通念上被害者が自ら当該親族等の身上監護をすることを要するときなどには、当該親族等への接近禁止命令を発する必要性が肯定されやすいであろう。

⑵　親族等の範囲

親族等への接近禁止命令の対象となる親族等とは、「被害者の親族その他被害者と社会生活において密接な関係を有する者」をいうと解される。

「親族」とは、民法七二五条に規定する「親族」をいい、「被害者と社会生活において密接な関係を有する者」とは、被害者の身上、安全などを配慮する立場にある者をいい、例えば、職場の上司、ＤＶセンターやシェルターの職員のうち、被害者に継続的な保護・支援を行っている者などがこれに当たり得る。(注20)

二　複数の保護命令の関係

1　被害者への接近禁止命令と退去命令との関係

被害者への接近禁止命令及び退去命令は、①両方を同時に申し立てる場合、②いずれか一方の申立てに係る事件の係属中に他方を申し立てる場合（この場合には、別途の申立てをするのではなく、申立ての趣旨の変更によることも考えられよう。）及び③いずれか一方の命令の発令後に他方を申し立てる場合があり得る。(注21)

被害者への接近禁止命令及び退去命令の発令要件は、申立時において被害者が配偶者と生活の本拠を共にすることとの要件を除き同一であるから、①及び②の場合においては、各発令要件について同時に審理し、双方の発令要件が満たされると認められれば、双方を同時に発令すべきであると考えられる。

また、③の場合においては、被害者への接近禁止命令と退去命令は、後述する被害者への接近禁止命令と被害者への電話等禁止命令等との関係とは異なり、一方が他方の前提であるという関係にはないから、一方の発令後、その命令の有効期間が経過した後であっても、当然に、他方の申立てをすることができる。

2 被害者への接近禁止命令と電話等禁止命令との関係

電話等禁止命令は、「前項本文に規定する場合において、同項第一号の規定による命令を発する裁判所又は発した裁判所」が発令することと定められているため（DV防止一〇Ⅱ）、被害者への接近禁止命令が同時に発令されること又は既に発令されていることが要件となる。

したがって、電話等禁止命令は、①被害者への接近禁止命令の申立てと同時に申し立てる場合、②被害者への接近禁止命令の申立てに係る事件の係属中に申し立てる場合（この場合には、退去命令についてと同様、別途の申立てをするのではなく、申立ての趣旨の変更によることも考えられよう。）及び③被害者への接近禁止命令の発令後に申し立てる場合があり得る。

①及び②の場合において、申立てをいずれも認容すべきときは、被害者への接近禁止命令の実効性を確保するという電話等禁止命令の趣旨に照らすと、通常は同時に発令すべきであると考えられる。(注22)

③の場合は、生命又は身体に重大な危害を受けるおそれが大きいと認めるに足りる事情について、電話等禁止命令の申立ての時の事情を申立書に記載する必要があり（DV防止一二I②）、裁判所は、被害者への接近禁止命令の発令要件の有無を、電話等禁止命令の発令の可否を判断する時点で改めて判断することになる。(注23) そして、電話等禁止命令の有効期間は、当該命令の効力が生じた日から当該命令の基礎となる被害者への接近禁止命令の有効期間が経過する日（被害者への接近禁止命令の効力が生じた日から起算して六月を経過する日）までの間であるから（DV防止一〇II本文）、被害者への接近禁止命令の有効期間内であれば、電話等禁止命令の申立てをすることができる。

3　被害者への接近禁止命令と子への接近禁止命令及び親族等への接近禁止命令との関係

電話等禁止命令と同様に、子への接近禁止命令及び親族等への接近禁止命令は、「第一項本文に規定する場合において」、「第一項第一号の規定による命令を発する裁判所又は発した裁判所」が発令することと定められているため（DV防止一〇ⅢⅣ）、被害者への接近禁止命令が同時に発令されること又は既に発令されていることが要件となる。

したがって、被害者への接近禁止命令と子への接近禁止命令及び親族等への接近禁止命令との関係については、前記2と同様であるので参照されたい。

三　再度の申立て

DV防止法に基づく保護命令が発令された後、再度、同一申立人が同一相手方に対して保護命令を申し立てる場合には、DV防止法一〇条に基づき新たに保護命令を申し立てる場合と、DV防止法一八条に基づき再度の退去命令を申し立てる場合とがある。

1　再度の保護命令の申立て

(1)　要件

ア　当初の申立ての場合に適用される規定がそのまま適用されることになるため、再度の保護命令の発令要件は、当初の保護命令の場合と同様である。

この点に関して、当初の保護命令の期間中に相手方の脅迫的言動や保護命令違反があり、すぐに危害を加える蓋然性が高いことが明らかな場合には、DV防止法一四条一項ただし書により、相手方の審尋手続を経ないで保護命令を発令することができるとする考え方がある。しかし、再度の保護命令の申立ては、通常は、当初の保護命令期間が満了する直前に、保護命令期間が継続するような形で申し立てられることが多いため、再度の保護命令の申立ての場合に、相手方の審尋を経ないで緊急に保護命令を発令する必要性がある事案というのは自ずと限定されると思われる。具体的には、当初の保護命令期間の満了近くになって初めて、相手方が満了後直ちに申立人に危害を加えることを示唆する言動をしたため、再度の申立てが期間満了直前になり、相手方の審尋を行うと当初の保護命令が失効してしまい、申立人の保護が図れないような事案に限られよう。

イ　再度の保護命令の審理において特に問題となるのが、「配偶者からの更なる身体に対する暴力により、その生命又は身体に重大な危害を受けるおそれが大きい」と認められるかどうかである。

すなわち、当初の保護命令の発令後、相手方が申立人に接近しなかったため、相手方から申立人に対する新たな暴行は認められないが、相手方から申立人に対する従前の暴行の程度が深刻であり、かつ、相手方が当初の保護命令期間中に知人等に申立人に対する不満を述べたり、申立人に対する脅迫的な言動があったりしたような場合に、当初の保護命令の期間が満了すると、相手方から申立人に対し、新たに身体に対する暴行がされるおそれがあると主張されることがある。

基本的には、将来の暴行のおそれが認められるかどうかという事実認定の問題であるため、どのような事実が認められるかにもよるが、当初の暴行の程度や保護命令の期間中の相手方の言動から推測される相手方の攻撃性などを考慮して、当初の保護命令の発令後に相手方が申立人に接近した事実が認められない場合であっても、再度の保護命令の発令要件を満たすものと判断される場合もあり得ると考えられる。もっとも、例えば、申立人と相手方との間に離婚訴訟等が係属しており、申立人と相手方間の紛争が続いていることだけを理由とし、それ以外に将来の暴行のおそれを基礎付けるような事情が何ら存しない場合には、将来の暴行のおそれを認定することは難しいと考えられる。

(2) 保護命令期間を延長する趣旨でされる再度の保護命令の申立て

保護命令期間を延長する趣旨でされる再度の保護命令の申立てについては、何回まで保護命令の申立てが認められるかという問題もある。すなわち、現行法では保護命令の期間（接近禁止の期間）は六か月とされているから、相手方は、二度目の申立てが認容されると一年間、三度目の申立てが認容されると一年半の間、申立人を始め、接近禁止の対象とされた者に接近できないことになるが、特に、子への接近禁止命令がある場合に、相手方が、このような長期間にわたり、子に接近できないことになり(注24)、相手方が被る不利益が不当に大きなものになるのではないかという点が問題になり得る。

しかし、被害者への接近禁止命令、子への接近禁止命令は、それぞれ、その発令時にその要件が満たされているかどうかを審理した上で発令されるものである。特に子への接近禁止命令の要件は、①申立人が成人に達しない子と同居していること、②相手方が幼年の子を連れ戻すと疑うに足りる言動を行っていることその他の事情があることから申立人が同居している子に関して相手方と面会することを余儀なくされることを防止するために必要があると認められることであるため、新たな保護命令の発令時に、この要件が認められることが必要となる。子への接近禁止命令の発令要件については、申立人がこれを誤解している場合も多く、特に再度の申立ての場合には、要件の有無を慎重に吟味する必要があるが、これらの要件が認められる以上は、その結果として保護命令期間が長期にわたったとしても、それは法の予定しているところであり、相手方はこれを受忍すべきであるというほかない。(注25)

2　再度の退去命令の申立て

(1)　要件

ア　再度の退去命令が認められるための要件は、条文上、以下①から④のように整理できる（DV防止一八I）。

①　DV防止法一〇条一項二号の規定による命令が発せられたこと

② 前記①の命令の理由となった同一の事実を理由とすること

③ 配偶者と共に生活の本拠としている住居から転居しようとしている被害者がその責めに帰することのできない事由により前記①の命令の効力が生じる日から二月を経過する日までに当該住居からの転居を完了することができないこと。その他のDV防止法一〇条一項二号の規定による命令を再度発する必要があると認められること

イ このうち、③の要件中「配偶者と共に生活の本拠としている住居から転居しようとしている被害者が……当該住居から転居を完了することができないこと」とは、退去命令の発令期間中に、申立人が病気・けが等によって療養を余儀なくされたために転居を完了することができなくなったことなどとされている。(注26) 文理上、この要件は、申立人が転居を計画していることが前提となる。

また、「その他のDV防止法一〇条一項二号の規定による命令を再度発する必要があると認められること」とは、申立人が当該住居において老親を現に介護している場合で、引き続き申立人が自ら在宅介護を継続する必要があるときなど、申立人に転居先を探すことを期待することが社会通念上困難であると認めるべき場合等であるとされている。(注27)

(2) 再度の退去命令を発することにより相手方の生活に特に著しい支障を生じるとき

また、前記(1)アの要件を満たす場合であっても、再度の退去命令を発することにより相手

方の生活に特に著しい支障を生じると認めるときは、再度の退去命令を発しないことができる（DV防止一八Ｉただし書）。

この要件については、退去命令を受けることによって生活費の支出が増える、通勤時間が長くなるなど、退去命令を受けることに一般的に伴う生活上の支障が生じるということでは足りず、相手方の生活の基盤が破壊されてしまうような限定的な場合が想定されるとされている。(注28)また、ＤＶ防止法一八条一項ただし書は、裁判所は再度の退去命令を発しないことが「できる」としていることから、退去命令を再度発する必要が特に高く、なおこれを発するのが相当な場合には、相手方の生活に著しい支障を生じると認められるときでも、再度の退去命令を発することもできると解されている。(注29)

なお、この要件を基礎付ける具体的な事実については、相手方が主張立証する責任があると解される。したがって、相手方がこのような事実を主張立証しない場合には、再度の退去命令が発令されることとなる。(注30)

【例題に対する解答】

一　小問1について

まず、Xとしては、被害者への接近禁止命令、退去命令を求めることが考えられる。また、接近禁止命令を求める場合には、併せて電話等禁止命令を申し立てることが考えられる。

そのほか、Yが、Pに対してX及びAの所在を明らかにすることを求めて電話を繰り返している点を捉えて親族等への接近禁止命令を、Aが通っていた学校を訪問してAの転校先を明らかにするよう求めている点を捉えて子への接近禁止命令を求めることが考えられる。この場合、被害者がAやPに関して配偶者と面会することを余儀なくされることを防止するため必要があると認められるか否かについては、Yによるこのような行為の際の具体的な言動のほか、YとA及びPとの関係（例えば、Yが従前Aに対し異常な愛着を示しており、YにおいてAの所在を把握した場合にはAを連れ去る蓋然性が相当程度認められる場合には、必要性が認められやすいであろうし、他方、YがPとは疎遠な関係にあり、Pの住居等を把握していない場合には、必要性が認められる可能性は低くなると思われる。）など、諸般の事情を考慮して判断されることになる。なお、子への接近禁止命令及び親族等への接近禁止命令については、被害者への接近禁止命令が既に発令されており、又は同時に発令されることが前提となっている点に留意する必要がある。

二　小問2について

各種保護命令について、再度の申立てが制限されていないことについては、これまで述べたとおりである。もっとも、再度の申立てにおいては、当該申立ての段階で、改めて、各種保護命令の発令要件の有無について審理されることとなる。なお、退去命令については、再度の退去命令を発することにより相手方の生活に著しい支障を生じるときには、再度の退去命令が発令されない場合があることに留意する必要がある。

（注1）南野ほか二二五頁
（注2）大塚仁ほか編「大コンメンタール刑法」［第二版］第一〇巻四八九頁、最高裁昭和二九年八月二〇日第二小法廷判決・刑集八巻八号一二七七頁
（注3）大判昭和八年四月一五日大審院刑事判例集一二巻四二七頁
（注4）最高裁昭和三二年四月二三日第三小法廷決定・刑集一一巻四号一三九三頁

（注5）最高裁平成二四年七月二四日第二小法廷決定・刑集六六巻八号七〇九頁
（注6）大塚仁ほか編「大コンメンタール刑法」［第二版］第一〇巻四〇一～四〇四頁
（注7）南野ほか二二五頁
（注8）深見敏正＝森崎英二＝後藤眞知子「DV防止法の適正な運用を目指して」判タ一〇八六号四四頁
（注9）南野ほか一三〇、二六七頁
（注10）南野ほか二六七頁、堂薗幹一郎「『配偶者からの暴力の防止及び被害者の保護に関する法律』における保護命令制度の解説」曹時五三巻一〇号一一五頁
（注11）前掲深見ほか四六頁
（注12）南野ほか一三四頁
（注13）いわゆる「追い出し型」（一時避難をせずに同居した状態のまま退去命令の申立てをするもの）の退去命令は、原則として認められない。現実的に同居が可能なのであれば、「その生命又は身体に重大な危害を受けるおそれが大きいとき」の要件を欠くものと考えられるからである。これに対し、一時避難をしているような事案においては、本文に記載したとおり、追い出し目的であることだけを理由に初回の退去命令の申立てを却下することはできないであろう。

（注14）高原知明「『配偶者からの暴力の防止及び被害者の保護に関する法律の一部を改正する法律』における保護命令制度の改正の概要」民事月報五九巻九号一六頁、森岡礼子「『配偶者からの暴力の防止及び被害者の保護に関する法律の一部を改正する法律』における保護命令制度に関する改正の概要」民事月報六二巻一一号二九頁

（注15）前掲高原一七、二九頁、南野ほか一四三頁

（注16）前掲高原二九頁

（注17）ＤＶ防止法一〇条四項は、親族等への接近禁止命令の対象となる親族から「被害者と同居している子」を除外しているが、ここにいう「子」とは成年に達しない子を指すものであり（同条Ⅲ括弧書参照）、成年に達している子は同条四項の対象から除外されていないことに留意する必要がある。

（注18）被害者と同居していない未成年の被害者の子は、子への接近禁止命令（ＤＶ防止一〇Ⅲ）の対象とならず、親族等への接近禁止命令の対象となる。

（注19）前掲森岡三〇頁、南野ほか一五一頁

（注20）前掲森岡二八頁

（注21）南野ほか一三三頁

（注22）前掲森岡二一、四四頁

（注23） 前掲森岡二〇、四四頁

（注24） ただし、子への接近禁止命令が出た後に、家庭裁判所における調停又は審判により面会交流が認められたようなときは、相手方は、正当な事由により子に面会することになり、接近禁止命令違反にはならないと解される。

（注25） 実務上、子自身に対する過去の暴力や、子の相手方に対する嫌悪・恐怖の感情のみを漫然と主張して、本文に記載した要件への当てはめが不十分である事案が散見されるので、注意を要する。

（注26） 南野ほか一八六頁

（注27） 南野ほか一八八頁

（注28） 南野ほか一八九頁

（注29） 南野ほか一八九頁

（注30） 前掲高原三二頁

第五回　保護命令手続の審理

【例題】

1　甲代理人は、Xからの相談に基づき、裁判所に対して、Xの夫であるYに対する接近禁止命令の申立てをすることとした。甲代理人としては、以下の事項についてどのように考えるべきか。

(1)　Xの審尋は行われるか。審尋に配偶者暴力相談支援センター（以下「DVセンター」という。）の職員など代理人以外の者の立会いや陳述は許されるか。

(2)　申立書及び書証は裁判所に何通提出すればよいか。申立書及び書証並びに期日への呼出しはどのようにYに送付されるか。申立書及び書証を相手方に直送することは可能か。

(3)　Yの言い分を聴く手続は必ず行われるか。Yが逮捕・勾留されている場合や受刑中の場合はどうか。

(4)　Yが期日に出頭しない可能性が高い場合、どのようなことに留意すべきか。
(5)　Yからの暴力について、DVセンター等への相談の有無についてXに聴取すべきか。Xが DVセンター等へ相談していない場合、どのように対応すべきか。

2　甲代理人は、Xから以下の内容の説明を受けた。申立てに当たって留意すべき点は何か。

（説明）

三年前の七月頃、子供の教育を巡る些細なことからYと口論となり、Yから殴る蹴るの暴力を受けました。その際、あざができたので病院には行きましたが、診断書はもらいませんでした。

その後は、Yから暴力は受けていませんが、ことある度に「殺してやる。」と脅されていました。また、Yは私の母にも恨みがあるようで、「おまえの母親を殺してやる。」との電子メールを数回受け取っていました。この電子メールは携帯電話に保存してあります。

一週間前に夕飯のメニューを巡って口論になった際、私がYにつかみかかったところ、Yから首を絞められる暴力を受けましたので、病院に行き、診断書をもらい、そのまま家を出て実家に戻りました。実家にはYから連絡はありませんが、Yから連絡があるといやなので携帯電話の電源はずっと切っています。

【解説及び例題の解答】

一　例題1について

1　小問(1)について

(1)　保護命令の申立書が裁判所に提出されると、裁判所書記官はこれを受理し、事件として立件することとなる。東京地裁では、DV防止法に基づく保護命令申立事件については、保全部（民事第九部）が集中的に取り扱うこととなっており、申立てが不適法であることが明らかであるため、およそ保護命令を発令することが不可能である例外的な場合を除き、全件、申立人本人と面接をする方法で審尋を行っている。

具体的には、裁判所の受付に申立書が持参された場合には、裁判所書記官が申立書等及び提出された書類を確認した上で、附属書類に不備があるなど必要があれば補正を促し、裁判官に差し支えがある場合を除き、担当の裁判官が原則として即日審尋を行う（DV防止二一、民訴八七Ⅱ）。なお、東京地裁では、代理人弁護士が選任されている場合であっても、申立人本人の審尋は全件行っている。

中立人の審尋では、早期に事案を把握するとともに、申立ての実情、相手方審尋の要否を判断するのに必要な情報、相手方の性向など相手方審尋の期日における警備の要否等をより具体的に把握し、必要があれば、申立ての補正や必要な証拠関係の追完の指示等を行っている。申立人の審尋は、法律上必要な手続として明文の規定があるわけではないが、裁判官の心証形成に極めて重要であり、また迅速な裁判（DV防止一三）にも資することから必要不可欠な手続であるといえ、そのため、実務上多くの裁判所で行っている。

(2)　一方で、保護命令の対象となっている配偶者からの身体に対する暴力又は生命に対する脅迫（以下「暴力等」という。）は、配偶者という特別な関係の間の閉ざされた空間で生じる暴力であり、その性質上、暴力等が潜在化しやすく、エスカレートし、被害が深刻化しやすいという特徴があるとされており（南野ほか八頁）、申立人の審尋が非公開の手続で行われるといっても、申立人が、裁判官の面前で相手方から受けた暴力等について説明するに際し、不安又は緊張を覚え、的確な説明をすることが困難となることも予想される。そのような観点から、審尋の期日において、申立人又はその代理人から、DVセンターの職員や親族の審尋への立会いや、場合によってはその者の陳述を希望されることがある。

(3)　DV防止法は、審尋について特段の規定を置いていないため、DV防止法二一条により準用される民事訴訟法の規定の解釈によることとなる。

この点、審尋（民訴八七Ⅱ）とは、裁判所が当事者その他の訴訟関係人に、個別的又は一緒に、書面又は口頭で陳述する機会を与えることと解されている（秋山幹男ほか編『コンメンタール民事訴訟法Ⅱ〔第二版〕』（日本評論社）一九二頁）。審尋の期日に誰を立ち会わせるかについては訴訟指揮の問題であるといい得るところ、(注1)担当裁判官が立会いを許可した場合は、DVセンターの職員や親族は、審尋の期日に立ち会うことができるものと思われる。

これに対し、当事者が申し出た参考人についても審尋することは可能であるが、ここにいう審尋は証拠調べの性質を有するため、参考人の審尋は、当事者双方が立ち会うことができる期日においてしなければならないとされているから（民訴一八七Ⅰ、Ⅱ）、DVセンターの職員や親族を参考人として審尋する場合は、相手方が立ち会う期日においてこれを行う必要がある。そうすると、相手方の立会いが予定されていない申立人審尋の期日において、DVセンターの職員や親族の立会いを認めたとしても、参考人として審尋することはできないものと考えられる。

2　小問⑵について

⑴　申立書等及び書証の提出数について

保護命令申立事件における書類の提出については、保護命令規則四条に規定されている。まず、申立書等及び主張書面（以下「申立書等」という。）については、申立書等の原本と同時に写しを裁判所に提出する必要がある（保護命令規則四Ⅰ）。また、書証については、書証の原本と同時に写し二通を提出する必要がある（保護命令規則四Ⅱ）。書証については、証拠説明書の規定を除き民訴規則一三七条一項とほぼ同様の規定となっており、裁判所への提出（訴訟記録編てつ）用と相手方への送付用として二通の提出を求めている。

申立書等及び書証のいずれについても、やむを得ない事由があるときは、裁判所の定める期間内に提出すれば足りるが（保護命令規則四Ⅰただし書、Ⅱただし書）、保護命令申立事件について迅速な裁判が要請されていること（DV防止一三）からすれば、原則として申立てと同時に申立書等及び書証を全て提出すべきであり、裁判所から追完の指示がされたような場合を除き、申立て後にそれらの書面を提出するようなことがないよう、十分な準備をした上で申立てをすべきであろう。

(2)　申立書等及び書証並びに期日への呼出状の送付方法について

口頭弁論又は相手方が立ち会うことができる審尋を行う場合、裁判官はその期日を指定し、相手方を呼び出す手続を執る。呼出しは、裁判所が相当と認める方法によれば足りる（DV防止二一、民訴九四Ⅰ）。実務上は普通（速達）郵便により呼出状を送付することが多く、呼出状の受領確認のため、併せて電話連絡による方法が検討される場合もある。呼出しがされたときは、裁判所書記官は、その旨及び呼出しの方法を記録上明らかにしなければならない（保護命令規則二）。

期日が指定されたときは、裁判所書記官は、申立書等及び書証の写し各一通を相手方に送付しなければならない（保護命令規則四Ⅲ）。なお、口頭弁論又は相手方が立ち会うことができる審尋の期日が指定されるまでの間は、前記書類を送付することはできない（保護命令規則四Ⅳ）。中立書等及び書証の写しの送付方法について特段の規定はないため、呼出状と同じく、普通（速達）郵便により送付することが多く、実務上、呼出状と申立書等及び書証の写しは同時に送付されることが多い。

⑶　直送について

申立書等及び書証の写し、宣誓供述書等については、当事者間での書類の直送は認められていないので、(注2) 審尋等の期日が指定されたときは、裁判所書記官は、これらの写し等を相手方に送付しなければならない（保護命令規則四Ⅲ、Ⅳ）。この点、申立人に代理人が選任されている場合で、かつ、相手方を審尋等の期日に呼び出した後、相手方に代理人が選任されたときは、迅速性（DV防止一三）の観点から、双方の代理人間での直送を認めても差し支えないのではないかとの見解がある。

しかしながら、当事者間での書類の直送を認める旨の規定がないことのほか、申立人から裁判所に提出された書類には申立人の避難先の情報等相手方へ秘匿する必要のある情報が誤って記載されてしまっている事案も散見されるところ、そのような秘匿情報の取扱いとの関係でも、原則どおり、裁判所を介した書類の送付を行う必要性が高いということができよう。

3　小問(3)について

(1)　審尋の要否について

ア　保護命令は、原則として、口頭弁論又は相手方が立ち会うことができる審尋の期日を経なければ発令することができない（ＤＶ防止一四Ｉ本文）。事案の性質からして、実務上、口頭弁論が行われることはほとんどなく、ほぼ全件、非公開の手続である審尋によっている。相手方審尋の期日には申立人が出席することも可能であるが、申立人の安全を考慮し、ほとんどの事件では申立人が出頭することはなく、相手方のみが出頭し、審尋が行われる。迅速な裁判の要請（ＤＶ防止一三）から、相手方の審尋期日を複数回行うことは少なく、多くの事件では一回のみである。

イ　一方、法は、審尋等の「期日を経ることにより保護命令の申立ての目的を達することができない事情があるとき」は、これを経ることを要しないと規定している（ＤＶ防止一四Ｉただし書）。審尋等の期日を経ることにより保護命令の申立ての目的を達することができない事情とは、保護命令の発令要件に該当することが明白な場合において、被害者の安全を確保するには期日を開いているいとまがないときをいうと解されている（注3）。

もっとも、相手方の手続保障の観点から、審尋等の期日を経ない発令には慎重であるべきであり、退去命令を発する場合には、一層相手方の権利の制限が重大であるため、原則に基づき審尋等の期日を経る必要性が高いというべきである。(注4) また、保護命令は、相手方に対する決定書の送達又は相手方が出頭した口頭弁論若しくは審尋の期日における言渡しによって効力を生じるところ（DV防止一五Ⅱ）、保護命令の効力発生時期を明確にし、かつ、その効力が可能な限り早期に生じるよう、原則として期日における言渡しの方法により行うのが相当であるとされていることから（鬼澤友直＝福田修久「東京地裁及び大阪地裁における平成一六年改正DV防止法に基づく保護命令手続の運用」判タ一一五七号二〇頁）、その意味でも審尋等の期日を経ることは重要であるといってよい。裁判所としては、審理を速やかに遂げることを心掛けるとともに、DVセンターの一時保護（DV防止三Ⅲ③）を教示する等して、その間の利害を調整するほかないものと思われる（民事保全の実務（上）四四六頁）。

なお、実務上、無審尋で発令される事案は極めて少なく、ほとんどの事例で相手方の審尋が行われている。

(2)　相手方が逮捕・勾留されている場合や受刑中の場合について

ア　前記(1)のとおり、原則として相手方の審尋等の期日を経るべきであるが、相手方が逮捕・勾留されていたり、受刑中であったりするような場合には、(注5) 裁判所への出頭が確保できないことが起こり得る。

イ　そのような場合には、東京地裁民事第九部では、裁判所から、相手方に対し、裁判所に出頭できないときには指定された期日までに主張を記載した書面や証拠を送付するよう求める「審尋書」と題する書面を呼出状に同封して送付する取扱いをしている。そして、この場合、仮に相手方が裁判所に出頭することができなくても、送付された意見書や証拠に基づいて判断することになる。

なお、DV防止法一四条一項は、「相手方が立ち会うことができる審尋の期日」との文言を用いているため、「審尋書」の送付で足りるかが問題となる。この点、同様の文言を用いている民事保全法二三条四項の解釈としては、書面による意見陳述の機会を与えただけではこの要件を満たしたことにはならないものの、適法な呼出しがされたのであれば、必ずしも審尋の期日に出頭することまで求められているものではないと解されている。(注6)そうすると、適法な呼出しがされたにもかかわらず、相手方が審尋の期日に欠席したような場合には、期日の再指定をすることなく、保護命令を発令することは可能であると解される。

4　小問⑷について

前記3⑵で述べたとおり、相手方が適法な呼出しを受けたにもかかわらず審尋の期日に欠席したような場合には、期日の再指定をすることなく保護命令を発令することは可能である。もっとも、前記2⑵で述べたとおり、相手方に対する審尋期日への呼出状及び申立書等は、普通（速達）郵便で送付されることが多いところ、普通（速達）郵便で呼出状等を送付した場合、裁判所としては、相手方がそれらの書類を受領したか否かを確認することはできず、相手方が審尋期日に出頭しなかった場合、相手方が呼出状等を受領したにもかかわらず出頭しなかったのか、それとも呼出状等を受領していないために出頭できなかったのかを確認することができない。そこで、普通（速達）郵便で呼出状等を送付したが相手方が審尋期日に出頭しなかった場合、裁判所としては、相手方の手続保障の観点から、直ちに審理を打ち切ることはせず、電話等で呼出状等の受領状況について相手方へ確認したり、相手方審尋の期日を再指定し、相手方が呼出状等を受領したか否か確認できる方法（特別送達等）により再度呼出状等を送付したりすべきであろう。

しかしながら、このような過程を経た場合、その分だけ通常の手続よりも裁判所の判断が遅れることになり、迅速な裁判（DV防止一三）の観点のみならず、申立人の安全の確保という観点からも望ましいことではない。そこで、相手方の性格や生活状況等からして、相手方が審尋期日に出頭しない可能性が高いような場合では、当初から相手方が呼出状等を受領したか否か確認できる特別送達の方法により、呼出状等を送付することを検討すべきである。

なお、当初から特別送達の方法により呼出状等を送付し、相手方がこれを受領したことが確認できれば、相手方が審尋期日に出頭しなかったとしても、期日の再指定をすることなく、保護命令を発令することが可能であるが、特別送達の方法による場合には、相手方の不在等により呼出状等が郵便局に留め置かれることを考慮して相手方審尋の期日を指定するため、普通（速達）郵便の方法で呼出状等を送付する場合と比較して数日程度後に審尋等の期日が指定されることが多い。そのため、申立てに当たっては、諸般の事情を考慮しつつ、呼出状等の送付方法についての意向を決めておくことが望ましい。

5　小問(5)について

(1)　ＤＶ防止法九条は、「配偶者暴力相談支援センター、都道府県警察、福祉事務所等都道府県又は市町村の関係機関その他の関係機関は、被害者の保護を行うに当たっては、その適切な保護が行われるよう、相互に連携を図りながら協力するよう努めるものとする。」と規定しているところ、配偶者からの暴力等が潜在化しやすい性質を持っていることからして、保護命令事件の迅速かつ適正な審理には、同条所定の関係機関の協力及び連携が不可欠である。

これに基づく具体的な規定として、ＤＶ防止法一二条一項五号は、申立人がＤＶセンターの職員又は警察職員に対して配偶者からの暴力等について相談、援助、又は保護を求めた事実の有無及びその事実があるときは、相談の内容等を申立書に記載しなければならない旨規定しており、申立書にこの記載がある場合、裁判所は、ＤＶセンター等にその際の状況や相談等に対して、執られた措置を記載した書面の提出を求めることとされている（ＤＶ防止一四Ⅱ）。

これは、申立書に前記事項の記載があれば、裁判所が前記書面の提出を求めるほか、更にＤＶセンター等に説明を求めることができ（ＤＶ防止一四Ⅱ、Ⅲ）、裁判所が適正かつ迅速に保護命令を発するための資料を得ることができるようにするためであるとされている（南野ほか三二〇頁）。

⑵　申立書にＤＶ防止法一二条一項五号所定の事項の記載がない場合、申立人は、申立書に同項一号ないし四号に掲げる事項について申立人の供述を記載した書面で公証人法五八条の二第一項の認証を受けたもの（いわゆる「宣誓供述書」）を添付しなければならない（ＤＶ防止一二Ⅱ）。これは、適正かつ迅速な審理のために必要なＤＶセンター等からの書面がない場合には、客観的、定型的な信用力のある証拠であることが制度上担保されている公証人の認証を受けた宣誓供述書を添付させ、(注７)迅速に保護命令を発することを可能とする条件を整えるためであるとされている（南野ほか三二四頁）。

⑶　以上からすると、申立人の代理人としては、申立人に対してＤＶセンター等への相談実績の有無及びその際の相談内容につき、必ず確認することが必要になる。

相談等の事実がある場合、裁判所はDVセンター等にその際の状況や相談等に対して執られた措置を記載した書面の提出を求めることになるところ、この書面は、被害直後の申立人の客観的状況や供述内容を記載した貴重な資料であり、相手方が暴力を否認し、暴力を裏付ける客観的な資料が乏しい場合には、当事者双方の供述の信用性を検討する上で重要な資料となる。そのため、申立人の代理人としては、相談等の際に述べた暴力等の内容と申立書記載の暴力等の内容に矛盾や変遷がないかといった観点からも相談等の内容について確認することが有用であると思われる。

(4)　申立人がDVセンター等へ相談した事実がない場合には、前記のとおり、いわゆる宣誓供述書の添付が必要になる。もっとも、宣誓供述書を作成するためには、公証人の面前で宣誓をする必要があるため、申立人が公証役場に赴く必要があるし（公証人法五八の二Ⅲ）、宣誓供述書の認証には手数料として一万一〇〇〇円（公証人手数料令三四）を要する。これに対し、DVセンター等への相談は申立人にとっても負担は軽く、迅速な手続にも親しむといえるであろう。東京地裁民事第九部の実績では、DV防止法施行当初は宣誓供述書が添付される事案が一定程度あったが、近年では宣誓供述書が添付されることは非常にまれである。これは、被害者支援のための関係機関の協力態勢が充実し、DVセンター等の設置が広がっていることから、DVセンター等の利便性がより向上していることによるものと考えられる。

二　例題2について

1　前提

保護命令発令の要件は、大きく、①被害者が配偶者（事実上の婚姻関係にあった者を含む。（DV防止一Ⅲ））又は生活の本拠を共にする交際（婚姻関係における共同生活に類する共同生活を営んでいないものを除く。）をする関係にある者（DV防止二八の二）（以下、これらを併せて「配偶者等」という。）から身体に対する暴力又は生命等に対する脅迫を受けたこと、及び②配偶者等から受ける暴力により、その生命又は身体に重大な危害を受けるおそれが大きいことの二つである。これらの要件については、証明を要する（田中治「DV防止法の審理手続」判タ一一〇〇号二八頁）。

よって、申立人は、これらの要件を証明するための主張、立証をすることになる。

2　「身体に対する暴力」について

(1)　「身体に対する暴力」とは「身体に対する不法な攻撃であって生命又は身体に危害を及ぼすもの」（DV防止一Ⅰ）であり、具体的には、刑法上の暴行罪又は傷害罪に当たるような行為がこれに該当するとされている（南野ほか二二五頁）。刑法上の暴行罪にいう暴行とは、人の身体に対する有形力の行使を意味するとされ(注8)、傷害の結果を惹起するものに限られず(大判昭和八年四月一五日・大審院刑事判例集一二巻四二七頁)、身体への接触を要するものではないと解されている。また、刑法上の傷害とは、他人の身体に対する暴行により、生活機能に障害を与えることをいう(最高裁昭和三二年四月二三日第三小法廷決定・刑集一一巻四号一三九三頁)。

多くの事案では、「身体に対する暴力」として傷害罪に該当する行為とその結果が主張、立証されることが多いため、以下、例題同様、傷害罪に該当する行為を前提として検討する。

(2) 傷害罪に該当する行為を主張、立証する場合、具体的には、①相手方の暴行の事実(及び暴行の故意)、②傷害結果、③暴行と傷害結果との因果関係を主張、立証することが必要になるが、前記1でも述べたとおり、配偶者からの暴力は家庭内という閉ざされた空間で行われるため、外部からの発見が困難であり、「身体に対する暴力」の認定に困難を伴う事案も少なくない。

(3) まず、②傷害結果については、診断書によって立証することが的確であると考えられるが、実務上、診断書が作成されている事案が多いとはいえない。診断書以外で傷害結果の証拠として提出されることが多いのは、申立人が自ら撮影した写真である。もっとも、写真の撮影日時が記載されていないため暴行との先後関係が不明であったり、傷害部位のみが拡大されて撮影されているため申立人との同一性が確認できない事案も散見される。また、申立人の傷害の程度が比較的軽傷であったり、撮影日時が暴行を受けた日から相当程度経過している場合など、写真からは傷害結果が明らかでなく、傷害の認定に困難を伴う場合もあるので、申立人の代理人は、どのような写真を証拠として提出するかにつき、十分に検討すべきであろう。また、写真を証拠として提出する場合は、できる限り、いつ、誰が、どのような状況で撮影したかを記載した報告書を併せて提出することが望ましいといえる。

次に、①暴行の事実については、多くの事案において、申立人の陳述書が、暴行を直接証明する証拠として提出される。その場合、申立人の陳述の内容について他の客観的証拠と符合しているといえるか、申立人の陳述する暴行態様と傷害結果との間に矛盾がないか、申立人の陳述が具体的かつ自然なものといえるかなどといった事情を総合考慮して信用性を判断することになると思われる。実務上は、傷害結果が診断書等によって的確に証明され、暴行態様についての申立人の陳述が具体的かつ自然で傷害結果と矛盾がなければ、申立人の主張する暴行が証明されていると判断してよい事案が多いのではないかと思われる。(注9)

(4)　また、実務上、相手方が、暴行については認めつつも、当該暴行は正当防衛であると主張することも少なくない。「身体に対する暴力」は不法なものをいうから、暴行の事実が認められたとしても、正当行為、正当防衛及び緊急避難など、違法性阻却事由を基礎付ける事実が認められる場合には、当該行為は「不法」な攻撃とはいえず、「身体に対する暴力」に当たらないと解されている。(注10)そうすると、正当防衛が成立すれば「身体に対する暴力」には該当しないため、相手方から暴行を受けた際、申立人においても暴行に及んだことがあるか、暴行に及んだことがある場合は、どのような状況で、どの程度の暴行であったかなどの事実が重要となる。

(5) 以上を前提として例題について検討すると、当初の暴行(三年前の七月の暴行)については、診断書がないため、傷害結果については他の立証を検討するほかなく、傷害部位を撮影した写真等当時の傷害結果を客観的に立証できるものがあればそれにより、そのような客観的証拠がなければ陳述書によって立証するほかない。また、一週間前の暴行については、診断書があることから、傷害結果の立証は比較的容易であるが、申立人からつかみかかったことを契機として相手方から暴行を受けたというのであるから、正当防衛が成立する余地がある。そのため、暴行の態様等について、陳述書に詳細に記載することが必要となろう。

暴行態様については、前記(2)ないし(4)で述べた事情に留意しつつ、申立人の陳述書を作成することになろう。その上で、当該暴行を目撃していた者(家族、親族や近隣住民等)がいれば、その者の陳述書を作成することを検討するとよいと思われる。

3 「生命等に対する脅迫」について

(1) 生命等に対する脅迫とは、刑法上の脅迫罪に当たるもののうち、「生命又は身体に対し害を加える旨告知してする脅迫」をいい（DV防止一〇I柱書）、具体的には、「殺してやる」、「腕を折ってやるぞ」、「ぶん殴ってやる」といった言動が該当するとされている（南野ほか一三〇頁、二六七頁）。

もっとも、実務上は、立証に困難を伴うことから、「生命等に対する脅迫」のみを理由として保護命令が申し立てられるケースは少なく、暴行と併せて脅迫が主張される事案が多い。

(2) 脅迫の事実を証明するものとして、脅迫状況を録音した媒体があればよいが、脅迫状況が録音されているケースは少なく、実務上は、脅迫文言が含まれた電子メールの送受信記録が提出されることが多い。もっとも、事案によっては、文言の趣旨に争いがある場合もあるので、当該電子メールの前後に送受信された電子メールをも含めて、文言の趣旨を明らかにする必要があるであろう。録音媒体や電子メールの送受信記録が存在しない場合には、陳述書によって立証するほかないと思われるが、相手方が脅迫の事実を争った場合には、脅迫の事実につき証明があったと認められることはそれほど多くはないと思われる。

(3) 以上を前提として例題について検討すると、申立人の母に対する脅迫については、電子メールが保存されているとのことであるが、保護命令の対象となる脅迫は、申立人に対するものに限られるから（DV防止一〇I柱書）、当該脅迫を保護命令の要件として主張することはできない。

申立人が相手方から受けた脅迫については、保護命令の要件に該当するが、立証方法として陳述書しかない場合、相手方から事実を争われると、証明が困難となることが予想されるため、客観的な証拠の有無について申立人に確認することになろう。

4 「生命又は身体に重大な危害を受けるおそれが大きい」について

(1) 「生命又は身体に重大な危害を受けるおそれ」とは、被害者に対し、殺人、傷害等の被害が及ぶおそれをいうとされている（南野ほか二六七頁）。

そして、当該「おそれ」が大きいといえるか否かは、当該事案における個別の事情によって判断するほかないが、実務上は、暴力等の態様（殴る蹴るなどの激しいものか、互いに有形力を行使しているものかどうか等）、結果（傷害の程度、暴行により直接に傷害が発生したものか、偶発的事情により発生したものか等）、暴行等の頻度及びそのきっかけ、最後の暴力等から申立てまでの期間、別居の有無及び相手方が別居先を認識しているか、並びに申立人及び相手方の態度等が考慮されているといえる（南野ほか二六八頁も同旨）。

(2)　以上を前提として例題について検討すると、関係証拠から認定できる暴行の態様、結果を踏まえ、当該「おそれ」につき、積極要素として、申立人及び母親に対する脅迫があること（もっとも、申立人に対する脅迫については客観的裏付けがなく認定上問題になり得ることは前記3のとおりである。）、消極要素として、当初の暴行と直近の暴行の間に三年間の期間があり、その間暴行はなかったこと、及び二回目の暴力については申立人も暴行に及んでいることなどが挙げられるであろう。また、申立人が実家に戻ってから相手方が実家へ連絡してきたことはないが、携帯電話については電源を入れていないとのことであるので、代理人としては、着信状況や電子メールの受信状況を確認し、必要に応じて証拠として裁判所に提出すべきであろう。

（注1）　秋山幹男ほか編『コンメンタール民事訴訟法Ⅲ』（日本評論社）二六一頁。なお、期日に立ち会うことのできる代理人の数についての事案ではあるが、最大判平成一〇年一二月一日民集五二巻九号一七六一頁。

（注2）　菅野雅之「保護命令手続のイメージについて～配偶者暴力に関する保護命令手続規則の解説を中心に」判タ一〇六七号八頁、深見敏正＝髙橋文清「東京地裁及び大阪地裁におけるDV防止法に基づく保護命令手続の運用」判タ一〇六七号二三頁、鬼澤友直＝福田修久

「東京地裁及び大阪地裁における平成一六年改正DV防止法に基づく保護命令手続の運用」判タ一一五七号一七頁

（注3）南野ほか三三七頁、前掲「平成一六年改正DV防止法に基づく保護命令手続の運用」判タ一一五七号一七頁

（注4）民事保全の実務（上）四四六頁、前掲「東京地裁及び大阪地裁におけるDV防止法に基づく保護命令手続の運用」判タ一〇六七号二二頁、前掲「平成一六年改正DV防止法に基づく保護命令手続の運用」判タ一一五七号二六頁

（注5）相手方がこのような状況におかれているか否かという事情は、申立人との面接（審尋）の際に十分に確認しておく必要がある。

（注6）山崎潮『新民事保全法の解説［増補改訂版］』（きんざい）一七〇頁、瀬木比呂志編「注釈民事保全法（上）」三三二頁

（注7）証書の記載が虚偽であることを知りながら宣誓をした者は、一〇万円以下の過料に処せられる（公証人法六〇条の五）。

（注8）大塚仁ほか編『大コンメンタール刑法［第二版］』（青林書林）第一〇巻四八九頁、最高裁昭和二九年八月二〇日第二小法廷判決・刑集八巻八号一二七七頁

（注9）深見敏正＝森崎英二＝後藤眞知子「DV防止法の適正な運用を目指して」判タ一〇八六

号四五頁では、暴行の事実の認定に支障を来すことが想定される場合について、「①申立人が暴行を受けた際に相手方がびんを床に叩き付けた等、暴行現場の周辺に当該暴行の影響が残存しているような場合は、それについても写真を提出したり、②医師の診察を受けていなくても、薬を購入したのであれば、そのレシート等を提出したり、③暴行を受けて一時避難していた場合は、一時避難先の居住者による陳述書を提出したり等すれば、間接的ではあるが暴行自体の立証に役立つ場合もあると思われる。」とされている。そして、客観的な証拠の収集が困難で、相手方が暴力を行った事実を全面的に争っているときであっても、「暴力を受けた状況について申立人から詳細かつリアリティのある陳述書が提出されており、双方を審尋した結果、申立人の述べていることに信用性が認められるというようなときは、暴行を受けた事実を認定してよい場合もあるものと思われる」とされている。

（注10）　前掲「ＤＶ防止法の適正な運用を目指して」判タ一〇八六号四四、四五頁。もっとも、「更なる配偶者からの暴力によりその生命又は身体に重大な危害を受けるおそれ」の要件該当性として検討すればよいとの見解も紹介されている。

第六回　保護命令の発令

【例題】

私（Y）は、妻（X）に暴力をふるったということで、【別紙】一五六頁～一五五頁のとおりの保護命令を受けてしまいました。

私は、今では反省していますし、子（A）とも会いたいので、Xと話し合って、申立てを撤回してもらいたいと考えています。私がXやAと話し合おうとしたり、保護命令の申立ての撤回を求めようとする場合、どのような問題がありますか。

【解説】

一　保護命令の申立てについての決定等

1　決定書について

保護命令の申立てについての決定は、保護命令規則五条二項所定の事項を記載した決定書を作成してすることとされている（保護命令規則五Ⅰ）。口頭弁論を経ないで決定する場合には理由の要旨を示せば足り（DV防止一五Ⅰただし書）、通常は、【別紙】のように、簡易な記載で足りる。

Yが受けた保護命令の内容は、【別紙】のとおりであり、その内容をDV防止法上の根拠条文とともに確認すると、Yは、①二か月間、特定されたXの住居から退去すること（DV防止一〇Ⅰ②前段）、②二か月間、前記①の住居付近をはいかいしてはならないこと（同号後段）、③六か月間、Xの住居（前記①の住居を除く。）その他の場所においてXの身辺につきまとい、又は同住居、勤務先その他その通常所在する場所の付近をはいかいしてはならないこと（同項①）、④六か月間、Aの住居（前記①の住居を除く。）、就学する学校その他の場所においてAの身辺につきまとい、又は同住居、就学する学校その他その通常所在する場所の付近をはいかいしてはならないこと（同条Ⅲ）、⑤六か月間、Xの母の住居（前記①の住居を除く。）その他の場所においてXの母の身辺に付きまとい、又は同住居、勤務先その他その通常所在する場所の付近をはいかいしてはならないこと（同条Ⅳ）、⑥六か月間、Xに対し、電話等の禁止行為目録記載の行為をしてはならないこと（同条Ⅱ）が命じられていることが分かる。

(1)　被害者への接近禁止命令について（前記③）

前記③は、被害者への接近禁止命令であり、被害者の生命・身体の安全を守るという目的に直接関わるものである。

その期間は六か月間である。その間に事情変更等が生じた場合には、保護命令の取消し（DV防止一七）によって対処することとなり（後記四）、他方、その期間経過後も暴力等の危険が続いている場合には、既に発令された命令の申立ての理由となった身体に対する暴力又は生命等に対する脅迫と同一の事実を理由として、同じ命令の再度の申立てをすることが可能である（南野ほか二二三～二二五頁）。

被害者への接近禁止命令において、つきまとい・はいかいを禁止する被害者の住居からは、「当該配偶者と共に生活の本拠としている住居」が除かれている。これは、本来、被害者への接近禁止命令を受けた者は、全ての場所において被害者につきまとい又ははいかいをしてはならないが、被害者と配偶者が同一の住居を生活の本拠としている場合に、配偶者にその住居におけるつきまとい・はいかいを禁止することは、配偶者の居住を否定することになり、これでは、退去命令の有効期間を二か月間に限定した趣旨（後記(2)イ参照）を損なうことになるためである（南野ほか一三一頁）。

(2)　退去命令について（前記①及び②）

ア　前記①及び②は、退去命令であり、被害者が配偶者と生活の本拠を共にしている場合を前提としたものである（DV防止一〇Iただし書）。

退去命令の制度が設けられた趣旨は、被害者と配偶者が同一の住居を生活の本拠としている場合においては、配偶者からの更なる暴力により被害者の生命又は身体に危害が加えられることを防止するためには夫婦の双方の居住・移転の自由を両立させることは困難であり、このような場合に、加害者である配偶者の居住・移転の自由を一定の範囲で制約することは必要かつやむを得ないものと考えられたことによる。

退去命令を受けた者は、当該命令が効力を生じたときから身の回りの荷物をまとめるなどして、可及的速やかに退去しなければならない（南野ほか二七七頁、井上泰人「配偶者からの暴力の防止及び被害者の保護に関する法律に基づく保護命令制度の施行について」民事法情報一八三号四〇頁）。

イ　退去命令の期間は、制定当初は、退去命令が、加害者の居住の自由や財産権等、憲法上の権利の制約を生じ得ることに対する懸念等から、接近禁止命令に比して相当程度短い二週間とされていた。しかし、二週間では、転居先の確保等を行うための期間として十分ではない等の意見を踏まえ、平成一六年改正によって、二か月間へと伸長された。他方、このように期間を伸長したことにより、退去命令を受けた者の居住の自由や財産権に対する制約が大きくなったことから、同改正によって、退去命令の取消しの制度（後記四３⑴）が設けられた（鬼澤友直＝福田修久「東京地裁及び大阪地裁における平成一六年改正ＤＶ防止法に基づく保護命令手続の運用」判タ一一五七号（二〇〇四年）一三頁）。

また、制定当初は、退去命令の内容として、前記②のような、配偶者とともに生活の本拠とする住居付近は、はいかい禁止の対象とはされていなかった。しかし、被害者への接近禁止命令と退去命令が併せて発せられた場合には、その住居からの退去を命じられ、かつ、被害者の身辺へのつきまとい及び被害者の勤務先等の付近のはいかいも禁止されることとなるにもかかわらず、退去を命じられた被害者の生活の本拠となっている住居の付近をはいかいすることは禁じられないことになり、保護命令の内容としては不十分であるとして、平成一六年改正によって、この点もはいかい禁止の対象とされるようになった（南野ほか四八頁）。

⑶　被害者の子への接近禁止命令、親族等への接近禁止命令及び電話等禁止命令について（前記④・⑤・⑥）

ア　前記④は被害者の子への接近禁止命令であり、前記⑤は親族等への接近禁止命令であり、前記⑥は電話等禁止命令である（以下、これらの命令を併せて「子への接近禁止命令等」という。）。

子への接近禁止命令等は、前記①ないし③に比べれば、被害者の生命・身体の安全を守るという目的との関わりは間接的なものであり、制定当初のＤＶ防止法の下では規定が設けられていなかった。

しかし、例えば、配偶者が、被害者の幼年の子をその通園先等において連れ去り、配偶者の元に連れ戻してしまうと、その子の身上を監護するために被害者が自ら配偶者に会いに行かざるを得なくなるといったように、被害者が配偶者との面会を余儀なくされると認めるべき場合がある。また、同居の子以外の被害者の親族等についても、その者に対する配偶者の接近により、被害者が配偶者と面会することを余儀なくされる場合が生じ得る。さらに、実際に、被害者に対して電話等による接触が行われることによって、被害者が著しい不安を感じているケースが多く生じていると言われており、被害者に対して一定の電話等が行われる場合には、恐怖心等から、被害者が配偶者の下に戻らざるを得なくなったり、要求に応じて接触せざるを得なくなったりする場合があり得る。

そのような場合には、被害者への接近禁止命令が発せられていても、被害者と配偶者が物埋的に接近することにより被害者が配偶者から更に身体に対する暴力を加えられる危険が高まり、その効果が減殺されてしまうことがあり得る。そこで、このような形で被害者への接近禁止命令の効果が減殺されることを防止するため、被害者の子への接近禁止命令については平成一六年改正により、親族等への接近禁止命令及び電話等禁止命令については平成一九年改正により、それぞれ設けられた（髙原知明「『配偶者からの暴力の防止及び被害者の保護に関する法律の一部を改正する法律』における保護命令制度の改正の概要」民事月報五九巻九号（平成一六年）一五頁、森岡礼子「『配偶者からの暴力の防止及び被害者の保護に関する法律の一部を改正する法律』における保護命令制度に関する改正の概要」民事月報六二巻一一号（平成一九年）一九、二七頁）。

イ　これらは、前記のように、被害者への接近禁止命令が発せられていることを前提とするものであるから、その期間は、被害者の子への接近禁止命令等の効力が生じた日から、その発令の前提となった被害者への接近禁止命令の有効期間が満了する日までとされている。

ウ　なお、被害者の子への接近禁止命令については、面接交渉に関する定め等との関係や、配偶者の子への接近禁止命令の可否などが問題となる。これらについては後述する。

2　効力の発生（ＤＶ防止一五Ⅱ）

(1)　保護命令は、相手方に対する決定書の送達又は期日における言渡しにより、効力を生ずる（DV防止一五Ⅱ）。

民事訴訟法では、決定については、相当と認める方法で告知することによって、その効力が発生するとされている（民訴一一九）が、保護命令については、その違反に刑罰を伴うことになるため、相手方の手続保障の観点から、告知の方法を限定したものである（堂薗幹一郎「『配偶者からの暴力の防止及び被害者の保護に関する法律』における保護命令制度の解説」民事月報五六巻八号（平成一三年）三九、四〇頁）。

(2)　決定書を送達できなかった場合の不都合や決定から送達までの間における被害者の保護等の点からは、決定の告知は、相手方が出頭した期日での言渡しが望ましい。ただし、言い渡すにあたっては、安全の確保（警備の必要性の検討等）について留意する必要がある。

また、保護命令は言渡しにより告知されて効力を生じているので、更に相手方に決定書を交付又は送付する必要はないが、相手方に決定の内容を確実に了知させるため、申請がなくても決定書謄本を作成し、言渡しの直前に事実上交付するという運用もある。

なお、相手方に対する決定書の送達による場合で、決定書を同居中の申立人が受領した場合には、送達の効力を生じないと解されている（大阪高判平成四年二月二七日・判タ七九三号二六八頁参照）ので、そのような事態が生じないよう留意する必要がある（石橋俊一＝川畑正文「東京地裁及び大阪地裁における平成一九年改正DV防止法に基づく保護命令手続の運用」判タ

一二五九号（二〇〇八年）一七、一八頁）。

(3) 保護命令の決定は、申立人に対しては、相当と認める方法で告知し、また、却下決定の場合には、申立人及び口頭弁論又は審尋の期日の呼出しを受けた相手方に対して、相当と認める方法で告知する（DV防止二一、民訴一一九、保護命令規則一〇、民訴規五〇Ⅱ）。

(4) 本件については、前記①ないし⑥の効力発生日が【別紙】のとおり「本日から」とされていることから、保護命令は言渡しによって行われたものであることが分かる。これに対して、決定書の送達による場合は、効力発生日が「本決定の送達を受けた日から」となる。

このように、決定書の主文は、告知の方法は言渡しによったか決定書の送達によったかといった点のほか、退去命令（前記①及び②）が含まれるか否か（すなわち申立人と相手方が同居しているか別居しているか）、被害者の子・親族等への接近禁止命令も発令されるか否かによっても異なってくるものである。本設例以外のケースについての主文例は、福島政幸＝森鍵一「東京地裁及び大阪地裁における平成二五年改正DV防止法に基づく保護命令手続の運用」判タ一三九五号（二〇一四年）一九頁以下に紹介されているため、そちらを参照されたい。

二　保護命令の効果

1　執行力の有無（DV防止一五V）

保護命令には、確定判決等とは異なり、執行力は付与されていない（DV防止一五V）。そのため、退去命令について直接強制（民四一四I）をすることはもちろん、保護命令について間接強制（民執一七二）をすることもできない。

保護命令は、抗告によらなければ不服を申し立てることができない裁判（民執二二③）に該当するので、DV防止法にこの点に関する特別の定めがなければ、債務名義性を有することになるが、①保護命令制度は裁判所の保護命令の実効性を刑罰の制裁によって確保するという点でこれまでの非訟事件に関する制度とは全く異なる性質のものであるところ、刑罰の制裁に加え民事上の執行力まで付与することは、屋上屋を架すものであり、②配偶者からの暴力に対しては、民事保全法上の仮地位仮処分の一類型である接近禁止の仮処分を求めることもでき、その場合には、民事上の執行力が付与されているのであるから、これとの制度上の切り分けのためにも、保護命令については執行力を有しないこととされたものである（前掲堂薗五三頁）。

2 違反の刑事罰（DV防止二九）

保護命令の効力が発生した後に保護命令に違反した場合には、一年以下の懲役又は一〇〇万円以下の罰金に処される（DV防止二九）。

保護命令は、被害者の生命及び身体の安全を確保することを目的とするものであるが、保護命令に形式的に違反しただけで処罰されるものであるから、いわゆる形式犯であり、裁判所の命令に違反したという秩序罰（裁判所侮辱罪）としての意味合いもあるものと解される（前掲堂薗四〇頁）。

即時抗告が申し立てられた後、DV防止法一六条三項による保護命令の効力の停止の決定がされるまでの間に、相手方が保護命令に違反する行為をした場合や、即時抗告による取消しまでの間に相手方が保護命令に違反する行為をした場合についても、違反行為の当時、保護命令は有効に存在しており、即時抗告による取消しによっても遡及効が生じるわけではないので、処罰の対象になるものと解される（前掲堂薗五三頁）。

3 財産・身分関係等への影響

(1) 保護命令が発せられても、申立人と配偶者との実体法上の財産関係又は身分関係には、いかなる影響も及ぼさない。

また、子への接近禁止命令は、被害者の生命又は身体に危害が加えられることを防止するための手段として、子の身辺等へのつきまとい行為やはいかい行為を禁止するものであるが、被害者や配偶者の親権自体には何ら影響を及ぼすものではない（前掲高原一九頁）。

⑵　面接交渉に関する定めとの関係

子への接近禁止命令と家事審判等に基づく面会との関係は、最終的には、家事審判等により子との面会が認められている配偶者に対して子への接近禁止命令が発令された場合や、子への接近禁止命令が発令された後に家事審判等により当該命令を受けた配偶者と子との面会が認められた場合において、当該審判等に基づく配偶者による子との面会行為が正当な理由に基づくものとして保護命令違反罪（ＤＶ防止二九）の構成要件である「つきまとい」又は「はいかい」に該当しないこととなるのかという形で問題となる。

家事審判等によって面会が認められた後に子への接近禁止命令が発せられた場合には、一般的には、既にその面会が認められていることを前提として、その後の事情の変更等を考慮した上で子への接近禁止命令が発せられたものと考えられるから、例えば、配偶者が家事審判等によって定められた内容に従って面会をしようとして子の住居の付近に近付いたとしても、そのことをもって直ちに当該行為が正当な理由に基づくものとされることにはならないと考えられる。このような場合において、保護命令違反となることなく配偶者が子と面会を行うためには、家庭裁判所において新たに子の監護者の指定その他子の監護に関する処分

（民七六六の類推適用）についての審判（又は審判前の保全処分）を求め、これを得る必要があると考えられる。

他方、子への接近禁止命令が発せられた後に家事審判等によって面会が認められた場合には、一般的には、既に子への接近禁止命令が発せられていることを前提として、その後の事情の変更等を考慮した上でその面会が認められたものと解されるから、例えば、配偶者が家事審判等によって定められた内容に従って面会をしようとして子の住居の付近に近付いたときは、それが通常の態様による限り、正当な理由に基づくものとして、子への「つきまとい」、「はいかい」には該当せず、保護命令違反に当たらないことになると考えられる。もっとも、面接交渉を行うことが子の福祉を害することを理由に、当該面接交渉の申立てが認められない場合もあり得る（前掲高原二〇頁）。

三　保護命令の申立ての取下げ

1　取下げの方式等

ＤＶ防止法は、保護命令の申立ての取下げについて特段の規定を設けていないが、保護命令規則六条が保護命令の申立ての取下げの方式等について定めていることからすれば、保護命令の申立ての取下げはできるものと解される。

保護命令の申立ての取下げは、口頭弁論又は審尋の期日においてする場合を除き、書面でしなければならず（保護命令規則六Ⅰ）、その記載事項は民訴規二条によることになる（保護命令規則一〇）。

裁判所書記官は、保護命令の申立ての取下げがあったときは、口頭弁論又は審尋の期日の呼出しを受けた相手方に対して、相当と認める方法でその旨を通知する（保護命令規則六Ⅱ）。

2　取下げをすることができる時期

ところで、DV防止法に特別の定めがある場合を除き、保護命令に関する手続に関しては、その性質に反しない限り、民訴法の規定が準用される（DV防止二一）ところ、民訴法二六一条一項は、取下げをすることができる期間を、判決が確定するまでと定めている。しかし、①保護命令が発令され、相手方に告知された場合には、その確定を待たずに効力が生じるものとされ（DV防止一五Ⅱ、一六Ⅱ）、保護命令違反に対しては刑罰が科されるのであるから、保護命令の発効後には、保護命令の効力の消滅を申立人の意思のみに係らしめることはできないと解されること（保護命令違反が秩序罰的な性質をも有することは前記二2のとおり。）、②実質的にも、保護命令発効後確定前の取下げを認めると、初めから事件の係属がなかったものとみなされる（民訴二六二Ⅰ）結果、取下げまでの間の違反行為についても刑罰の対象とならないこととなるが、このように解すると、即時抗告や当事者による保護命令の取消しの申立てによって保護命令が取り消された場合であっても、取消しまでの間に違反行為がされた場合に刑罰の対象となり得ることと均衡を失すること、③DV防止法には、保護命令が効力を喪失した場合に裁判所がその旨を警察等に通知する旨の規定がある（後記六）が、保護命令発効後の取下げの場合については規定がないことからすれば、保護命令事件についでは、民訴法二六一条一項の準用はなく、申立人が保護命令の取下げをすることができるのは、保護命令が発効されるまでの間に限定されるものと解される（前掲堂薗五五頁、前掲井上四〇、四一頁）。

保護命令発令後、その決定書の送達報告書が裁判所に届く前に取下書が提出された場合は、当該取下げが保護命令の効力発生の前にされたものか後にされたものか判断できないので、決定書の送達と申立ての取下げの先後関係を明らかにするため、取下書の受付時刻を記載するなどした上で、送達報告書が届いた後に先後関係を確認し、送達前に取り下げられていた場合には有効な取下げとして、送達後の取下げであった場合には、取下げは無効であり、保護命令の効力が生じているものとして、その後の処理を行う（裁判所職員総合研修所監修『配偶者暴力に関する保護命令事件における書記官事務の研究』（二〇〇五年、司法協会）五二頁）。

四　発令裁判所による保護命令の取消し（DV防止一七）

1　概説

保護命令の発令後、申立人と保護命令を受けた者との間に新たな信頼関係が築かれるなど、申立ての当時とは異なる事情が生じ得ることから、申立人及び一定期間経過後における保護命令を受けた者の申立てによる保護命令の取消しが認められている。

取消しを求める保護命令を発した裁判所が管轄裁判所であり（DV防止一七Ⅰ）、取消しの申立ては、所定の事項を記載した書面でしなければならない（保護命令規則九ⅠⅡ）。

保護命令を取り消す決定が保護命令の相手方に告知された時点でその決定は効力を生じ、保護命令の効力が消滅する（DV防止二二、民訴一一九。前掲堂薗四二頁）。

2　申立人の申立てによる保護命令の取消し

申立人から保護命令の取消しの申立てがあった場合には、裁判所は保護命令を取り消さなければならないが（DV防止一七Ⅰ前）、相手方からの働きかけなどによって、真意に基づかない取消しの申立てがなされることも考えられるため、当該申立てが真意に基づくものであることを確認するのが相当である。

その確認方法としては、取消申立書の申立人の署名及び印影と保護命令事件の記録に現れている保護命令の申立人の署名及び印影とを照合することや、取消申立書を持参してきた申立人に面接することなどが考えられる。保護命令の発令直後に申立人から取消しの申立てがされた場合など、その申立てが真意に基づくことを疑わせるような事情がある場合には、申立人と直接面接するなどして申立ての理由等を確認するのが相当である（前掲書記官事務の研究六五頁）。

3　保護命令を受けた者の申立てによる保護命令の取消し

(1)　申立人による保護命令の取消しの申立てはいつでもできるとされているのに対して、保護命令を受けた者による保護命令の取消しの申立てをすることができるのは、被害者への接近禁止命令及び子への接近禁止命令等については当該命令が効力を生じた日から三か月経過後、退去命令については当該命令が効力を生じた日から二週間経過後に限られている（DV防止一七I後）。

被害者への接近禁止命令及び子への接近禁止命令等について前記期間の経過を要するとされたのは、これらの命令を受けた者からの当該命令の取消しの申立てが命令を受けた日から近接した日であるとすると、命令を受けた者からの働きかけなどにより申立人の生活の平穏が害されるおそれがあること、三か月経過前に関係修復等の事情変更が生じた場合には申立人の側から取消しの申立てをすれば足り、このような要件を課したとしても実際上の不都合は生じないことを考慮したものである（前掲堂薗五四頁）。

他方、退去命令については、制定当初は、その期間が二週間という短期間であり、その間に退去命令を取り消す利益を配偶者に認める必要に乏しいと考えられたことから、退去命令の取消しの制度は設けられていなかった。しかし、平成一六年改正によって、退去命令の期間が二か月に伸長され、退去命令を受けた者の居住の自由や財産権に対する制約が大きくなったこと（前記一1(2)イ）や、退去命令の発令後に被害者が転居を完了するなどの事情の変更が生じる可能性もあり得ることから、同改正により、退去命令の取消しの制度が設けられ、退去命令の効力が生じた日から二週間を経過した後に申立てができることとされた（前掲高原二二頁）。

(2)　保護命令を受けた者による取消しの申立てが認められるためには、前記(1)の期間要件のほか、裁判所が申立人に異議がないことを確認することとされている（DV防止一七I後）。これは、保護命令を受けた者からの申立てにより保護命令を取り消す場合には、申立人への影響が甚大であり、保護命令の取消しについて申立人の真意を確かめる必要が大きいことが考慮されたものである（前掲堂薗五四頁）。

この場合、裁判所は、申立人の意思を直接確認する必要があり、事後のトラブルを防止するため、確認手続が行われたこと及びその結果が記録上明らかになるようにしておくべきである。確認の方法としては、照会書と回答書を申立人に送付して申立人自身の署名押印を求め、使用する印鑑について、保護命令の申立書若しくはその申立てを代理人に委任したときの委任状に使用した印鑑又は印鑑登録証明書を添付した印鑑登録印を用いることを指示することが一般的であり、裁判所は、返送された回答書の署名及び印影と保護命令事件の記録上に現れている申立人の署名及び印影とを照合（印鑑登録印の場合は印鑑証明書と照合）する。なお、申立人作成の回答書に、秘匿を希望する住居所等が記載されないように留意することが必要であろう。

裁判所からの照会に対し、申立人が異議がある旨の回答書を提出したり、回答しなかった場合など、保護命令を取り消すことにつき申立人に異議がないことを確認できなかった場合は、保護命令の取消しの申立ては却下されることとなる。

(3)　退去命令の取消しについて、保護命令の申立人が、相手方とともに生活の本拠としていた住居から既に転居し、当該住居に改めて立ち入る必要性がない場合でも、感情的な理由等から、異議がない旨の回答をしないことも想定される。

そこで、このように退去命令の実質的必要性が失われたという事情が明らかなときは、保護命令の申立人に異議がないことを裁判所が確認することができなかった場合でも、ＤＶ防止一七条一項後段の合理的解釈によって、退去命令を取り消す余地は否定されていないという立場もある（前掲高原三三頁）。

しかしながら、そのような取扱いをすることは、条文の文言に反するし、同意権者である保護命令の申立人による不服申立てが認められていないことに照らしても、相当とはいえないように思われる。

4　取消しの裁判に対する不服申立て

保護命令の取消しの申立てを却下した決定に対しては抗告をすることができる（DV防止二一、民訴三二八Ⅰ）。

他方、DV防止法二一条が準用する民訴法三二八条一項が、抗告できる裁判を「申立てを却下した決定」に限定しており、法が申立てを認容した決定について不服申立てを許す旨の規定を置いていないことから、保護命令の取消しの申立てを認容した決定に対しては、不服申立てはできないと解される。

したがって、例えば、保護命令を受けた者がその取消しを申し立てた場合で、保護命令の申立人が何らかの事情で真意に反して異議のない旨を裁判所に申し出てしまったときは、保護命令の申立人は取消決定を争うことができない。このような場合、保護命令の申立人としては、改めて保護命令の再度の申立てをすることになろう（DV防止一八。前掲井上四一頁）。

五　不服申立て（DV防止一六）

1　即時抗告

保護命令の申立てについての裁判に対しては、即時抗告をすることができる（DV防止一六Ⅰ）。即時抗告は、保護命令の申立人又はその相手方が、抗告状を原裁判所に提出することによって申し立てる（DV防止二一、民訴三三一、二八六Ⅰ）。

即時抗告をすることができる期間は、裁判の告知を受けた日から一週間である（DV防止二一、民訴三三二）。

保護命令が発せられるのは、被害者がその生命又は身体に重大な危害を受けるおそれが大きいと認められる場合であるから、保護命令に対する即時抗告は、保護命令の効力に影響を及ぼさないこととされ（DV防止一六Ⅱ）、保護命令の執行を停止する効力はない。したがって、保護命令が発令され、相手方に対する告知によりその効力が生じた後、即時抗告の審理期間中に相手方が保護命令に違反したときであっても、刑罰を科すことが可能である（前掲堂薗四二頁）。

2　即時抗告に伴う効力の停止の申立て

(1)　もっとも、抗告裁判所は、保護命令の取消しの原因となることが明らかな事情があることにつき疎明があったときに限り、申立てにより、即時抗告についての裁判が効力を生じるまでの間、保護命令の効力の停止を命ずることができるとされている（ＤＶ防止一六Ⅲ前）。これは、このような場合にまで、即時抗告の裁判が確定するまで保護命令の効力を停止することができないとすると、相手方たる配偶者の権利を不当に制限することになるためである（前掲堂薗四一頁）。

ここでいう、保護命令の取消しの原因となることが明らかな事情とは、例えば、配偶者が海外勤務をしており、配偶者からの身体に対する暴力が存在し得ない場合のように、保護命令の申立ての理由となった事実が当初から存在しないような事情をいう（南野ほか一七八頁）。

また、保護命令の効力停止の裁判についても迅速な処理をする必要があることから、事件の記録が原裁判所にある場合には、原裁判所もこの処分ができることとされている（同項後段）。

(2)　保護命令の効力停止の裁判に対しては、不服を申し立てることができない（ＤＶ防止一六Ｖ）。これは、被害者が生命又は身体に重大な危害を受けるおそれが大きい場合に保護命令が発令されることに鑑み、保護命令の効力の停止を認める場合を限定しているので、保護命令の効力の停止を命ずる裁判が出された場合には、これに対して不服を申し立てることは相当でないと考えられることによる（南野ほか一七九頁）。

3　被害者への接近禁止命令の取消等に伴う子への接近禁止命令等の取消等

平成一九年改正により、被害者への接近禁止命令に対する即時抗告をする場合において、子への接近禁止命令等が発せられているときは、抗告裁判所が被害者への接近禁止命令を取り消す場合又は裁判所が被害者への接近禁止命令の効力を停止する決定をする場合につい て、当事者による申立てがなくとも、子への接近禁止命令等についても併せて取り消し又は効力を停止することとされた（ＤＶ防止一六Ⅳ Ⅵ）。

これは、前記のとおり、子への接近禁止命令等は、被害者への接近禁止命令をその前提とするためである。

六　警察、ＤＶセンターへの通知（ＤＶ防止一五Ⅲ Ⅳ）

例題とは若干離れるが、保護命令が発せられた場合のその他の手続としては、警察、ＤＶセンターへの通知が重要なものであるため、ここでその概略を説明しておく。

1　発令通知

保護命令を発したとき、裁判所書記官は、速やかにその旨及び内容を、申立人の住所又は居所を管轄する警視総監又は道府県警察本部長（道警察本部の所在地を包括する方面を除く方面については、方面本部長（ＤＶ防止八の二）。以下「警視総監等」と総称する。）に対して通知する（DV防止一五Ⅲ）。これは、保護命令が刑罰根拠命令であることから、法執行機関である警察に直接通知し、警察にその管轄区域内に保護すべき被害者が存することを了知させるためのものである。

また、被害者の安全の確保については、DVセンターが被害者に対して助言をしたり、警察等と連携して被害発生の防止に努めたりするなど、DVセンターが果たす役割は重要であり、加えて、被害者の危険は保護命令の発令直後に高まる場合が多く、このような危険に対処するためには、DVセンターが保護命令の発令を迅速に知る必要が高い。そこで、平成一九年改正によって、DVセンターがその業務として被害者の一時保護のみならず緊急時における安全の確保を行うものとされたこと（DV防止三Ⅲ③）に伴い、申立人がDVセンターに相談等をした事実があり、申立書に当該事実に係る所定の事項の記載があるときはそのDVセンター（複数あるときは相談日時の直近のもの。以下同じ。）の長に対しても通知するものとされた（DV防止一五Ⅳ。前掲森岡三三、三四頁）。

2　効力停止通知・取消通知・取下通知

効力停止の裁判がされた場合、抗告裁判所が保護命令を取り消した場合（DV防止一六Ⅶ Ⅷ、一五ⅢⅣ）、発令裁判所による保護命令の取消しがされた場合（DV防止一七Ⅲ、一五Ⅲ、一六Ⅶ）には、裁判所書記官は、速やかにその旨及びその内容を、警視総監等に対して通知するとともに、保護命令の発令通知をしたDVセンターの長に対して通知する。

また、保護命令の発令を警視総監等及びDVセンターの長に通知した後、その効力の発生前に申立ての取下げがあったときについては、明文の規定はないが、保護命令は効力を有しないことになるから、誤った摘発を防ぐためにも、裁判所書記官は、速やかに警視総監等及びDVセンターの長にその旨を通知すべきであると解される（前掲鬼澤ほか二〇頁、前掲井上四一頁）。

七　虚偽記載のある申立書による申立てに対する過料（DV防止三〇）

虚偽の記載のある申立書による保護命令の申立てをした者は、一〇万円以下の過料に処される（DV防止三〇）。

保護命令は、その命令を受けた者に対し一定の行為を制限し、違反した場合は刑罰の制裁を科す制度であるので、虚偽の申立てにより保護命令が発せられることを防止する必要があることから、このような申立てをした者に過料の制裁を科すこととされたものである（南野ほか二〇三、二〇四頁）。

【例題に対する解答】

Yは、①可及的速やかに住居を退去しなければならず、二か月以内に再度住居を訪れたり、はいかいすることは、退去命令違反となり、②六か月以内に転居後のX、Xの母及びAの住居や勤務先、学校等でこれらの者の身辺につきまとい、その付近をはいかいすることは、接近禁止命令違反となり、③六か月以内に電話等の禁止行為目録記載の行為をすることは、電話等禁止命令違反となる。このことは、Yの目的が、Xと話合いをするためであるからといって、直ちに正当化されるものではない。

これらの違反があった場合、Yは、民事執行法上の強制執行を受けることはないものの、一年以下の懲役又は一〇〇万円以下の罰金に処される可能性がある。

Yは、Xに申立てを撤回してもらいたいと述べているが、仮に、Xが、自ら保護命令の取消しを申し立て、それが真意に基づくことが確認されれば、保護命令の効力は消滅する。Yが、被害者への接近禁止命令及び子への接近禁止命令等については当該命令が効力を生じた日から三か月経過後、退去命令については当該命令が効力を生じた日から二週間経過後に保護命令の取消しを申し立て、Xに異議がないことが確認された場合も同様である。

Yは、保護命令に不服があるのであれば、決定の告知を受けた日から一週間以内に即時抗告をすることができ、それに伴い、効力停止の申立てをすることもできる。

（別紙）

禁　止　行　為　目　録

(1)　面会を要求すること。
(2)　その行動を監視していると思わせるような事項を告げ、又はその知り得る状態に置くこと。
(3)　著しく粗野又は乱暴な言動をすること。
(4)　電話をかけて何も告げず、又は緊急やむを得ない場合を除き、連続して、電話をかけ、ファクシミリ装置を用いて送信し、若しくは電子メールを送信すること。
(5)　緊急やむを得ない場合を除き、午後１０時から午前６時までの間に、電話をかけファクシミリ装置を用いて送信し、又は電子メールを送信すること。
(6)　汚物、動物の死体その他の著しく不快又は嫌悪の情を催させるような物を送付し、又はその知り得る状態に置くこと。
(7)　その名誉を害する事項を告げ、又はその知り得る状態に置くこと。
(8)　その性的羞恥心を害する事項を告げ、若しくはその知り得る状態に置き、又はその性的羞恥心を害する文書、図画その他の物を送付し、若しくはその知り得る状態に置くこと。

（別紙）

当　事　者　等　目　録

1　当事者
東京都○○区○○町△丁目△番△号
申　立　人　　　　X

東京都○○区○○町△丁目△番△号
相　手　方　　　　Y

2　子
A　　　（平成１８年２月１１日生）

3　親族等
東京都○○区○○町△丁目△番△号
申立人の母　　　○　○　○　○（昭和３０年１０月２日生）

【別紙】

平成　　年（配チ）第　　　号配偶者暴力等に関する保護命令申立事件

保　護　命　令

当事者の表示　　別紙当事者等目録記載１のとおり

上記当事者間の頭書事件について、当裁判所は、本件申立てを理由あるものと認め、配偶者からの暴力の防止及び被害者の保護等に関する法律に基づき、次のとおり決定する。

主　　　文

1　相手方は、本日から起算して２か月間、別紙当事者等目録記載１の申立人の住居から退去せよ。

2　相手方は、本日から起算して２か月間、前項記載の住居の付近をはいかいしてはならない。

3　相手方は、本日から起算して６か月間、申立人の住居（１項記載の住居を除く。）その他の場所において申立人の身辺につきまとい、又は申立人の住居（１項記載の住居を除く。）、勤務先その他その通常所在する場所の付近をはいかいしてはならない。

4　相手方は、本日から起算して６か月間、別紙当事者等目録記載２の子の住居（１項記載の住居を除く。）、就学する学校その他の場所において同子の身辺につきまとい、又は同子の住居（１項記載の住居を除く。）、就学する学校その他その通常所在する場所の付近をはいかいしてはならない。

5　相手方は、本日から起算して６か月間、別紙当事者等目録記載３の親族等の住居（１項記載の住居を除く。）その他の場所において同親族等の身辺につきまとい、又は同親族等の住居（１項記載の住居を除く。）、勤務先その他その通常所在する場所の付近をはいかいしてはならない。

6　相手方は、申立人に対し、本日から起算して６か月間、別紙禁止行為目録記載の各行為をしてはならない。

7　申立費用は、相手方の負担とする。

平成　　年　　月　　日

東京地方裁判所民事第９部

裁　判　官

第七回　保護命令事件の迅速性と被害者配慮

【例題】

配偶者であるYから暴力を受けたXは、Yから暴力を受けた後に、着の身着のまま避難し、警察署に保護を求め、そのまま一時保護の措置を受けた。Xは、警察署での一時保護を受けた翌日に配偶者暴力相談支援センター（以下「DVセンター」という。）に援助を求めて、相談員の支援を受けながら保護命令の申立てをすることとした。

Xから依頼を受けた代理人弁護士としては、以下の事項についてどのように考えるべきか。

(1)　Yは突然家からいなくなったXを探し回っているとのことであり、Xとしては保護命令の手続を迅速に進めたいと考えているが、裁判所における手続を進めるにあたり留意すべきことはどのようなものか。

(2)　Yは、外国人であり、日本語能力は日常会話ができる程度であって、普段、日本語の文書を読んだり、書いたりすることができない。通常の申立書や附属書類以外に申立時に用意するものはどのようなものか。

(3) Xは、小学生の子と一緒に一時避難しており、相談員と相談の上、保護命令申立時に子への接近禁止も求めることとした場合、どのようなことに留意すべきか。

(4) 保護命令事件の事件記録をYが閲覧することが可能であることを前提として、申立書等の提出書類について、どのようなことに留意すべきか。

【解説】

一　迅速性の要請について（DV防止一三）

保護命令の裁判については、被害者保護の観点から、「裁判所は、保護命令の申立てに係る事件については、速やかに裁判をするものとする。」（DV防止一三）と定められている。もっとも、保護命令申立事件では、基本的には相手方の意見や言い分も聴取しながら判断をする必要があるので、実際に保護命令を発するまでの期間は、相手方の対応の仕方など事件により様々ではあるが、申立時に必要な書類が提出され、相手方の審尋期日の呼出し等も円滑に行われる事案においては、可及的速やかに判断されることが期待されている（南野ほか三二七頁参照)。

配偶者間の暴力のうちでも、特に保護命令を発令する事案においては、相手方からの身体に対する暴力により、被害者の生命又は身体に重大な危害を受けるおそれが大きいとの判断が前提となる以上、より一層迅速な判断が求められる。このような観点から、被害者への接近禁止命令を発令した事案の全国の審理期間は、平成一九年度から平成二五年度でみると、一〇日以内が五一・四%、二〇日以内が八八・二%、平均発令期間が一三・〇日であった。

DV防止法においても、迅速処理の要請から発令期間を短縮するための規定を設けており、裁判所ではその規定の範囲内で様々な工夫がされているので、東京地裁民事第九部における取り組みの実情を紹介する。

1 審理

保護命令を発令するためには、原則として、口頭弁論又は相手方が立ち会うことができる審尋の期日を経る必要がある。一般的には、非公開の審尋期日を開く裁判所が多いようである。ただし、「その期日を経ることにより保護命令の申立ての目的を達することができない事情があるときは」(DV防止一四Iただし書)その限りでないとされているが、その点については**第五回「保護命令手続の審理」一3(1)イ**を参照されたい。

そして、相手方の審尋の期日を経る場合においても、被害者の保護のためできるだけ迅速に保護命令を発しなければならないことからも、裁判所は、保護命令申立事件については、速やかに審尋の期日を指定する必要があり、申立人との審尋終了後、一週間ほど後にその期日を指定することが多い。

相手方の審尋期日の速やかな指定のためにも、申立後速やかに申立人の審尋を行い、申立書記載事項及び提出された附属書類の内容を確認して、発令要件を審理することになる（申立書の記載事項及び提出書類の詳細については第三回「保護命令の申立て」三1、2参照。）。東京地裁民事第九部の場合には、受付窓口において裁判所書記官が受付審査を行い、裁判所書記官は、申立人とともに秘匿情報の有無の確認を行い（後記詳述）ながら、申立書及び附属書類の補正を申立人に促し、受付事務及び事件記録の編成を行う。その後、原則として、裁判官が申立人本人と面接をする方式で審尋を行っている（第五回「保護命令手続の審理」一1(1)参照）。

2　相手方の審尋期日呼出方法

相手方の審尋等を行うに際し、裁判官が指定した期日の呼出手続については、裁判所が相当と認める方法によれば足りる（第五回「保護命令手続の審理」一2(2)参照）ところ、その方法は、審尋期日呼出状を①普通（速達）郵便によって送付する方法、②特別送達郵便によって送達する方法が考えられる。

保護命令申立事件については、申立人が相手方との連絡を途絶している状況で住居から避難している場合が多く、避難してから相当期間経過した後に申立てをする場合には、保護命令事件の相手方の確実な居所が不明な場合がある。②特別送達郵便による送達の方法によった場合には、相手方が審尋期日呼出状を受領したかどうかを確認することができるメリットがある一方、不在時に郵便局において一定期間保管することになって審尋期日までに呼出状の内容を確認できないこと、及び保管期間を考慮した期日（発送予定日からおおむね一〇日後）を指定せざるを得ないことというデメリットが考えられる。これに対し、①普通（速達）郵便による送付の方法によった場合には、相手方の手続保障を考慮しても発送予定日から一週間程度後の期日を指定することができるメリットがある一方、相手方が審尋期日に不出頭であった場合に発令できず、審尋期日を続行した上で、特別送達郵便による送達を試みるため、さらに保護命令発令までに期日を要するとのデメリットが考えられる。この点、普通（速達）郵便による審尋期日呼出状を送付して不出頭であっても、東京地裁民事第九部では、相手方の手続保障を考慮して、裁判所書記官が相手方に架電の上、審尋期日呼出状及び申立書等の受領の有無、期日出頭の意思、主張書面提出の意向を確認するなどしてから保護命令発令の可否を判断するなどの工夫もしている。

以上のとおり、東京地裁民事第九部では、法の迅速処理の要請から、申立てから保護命令の発令まで最短七日で終えることを目標にし、審尋期日呼出状、申立書副本、証拠資料副本を普通（速達）郵便によって送付する方法を採用している。実務上、ほとんどの相手方がこの方法による呼出しを受けて審尋期日に出頭しているが、申立人面接等により、相手方の性格や生活状況等からして審尋期日に出頭しない可能性が高いと考えられる場合には、当初から特別送達の方法によっている。

3　当事者が外国人の事件である場合の留意事項

当事者が外国人の場合であってもＤＶ防止法は適用され（ＤＶ防止二三Ｉ「被害者の国籍……を問わずその人権を尊重する」参照）、当事者が日本語を解さない場合の通訳に関する事務処理等を除いては、手続は当事者が日本人の場合と同様である。

(1)　申立人が日本語を解さない場合

ア　手続案内

裁判所が行う申立人への手続案内（配偶者間暴力の概要の確認、手続の概要の説明、手続費用・添付書類等の教示など）は、受付事務の範囲内あるいは延長線上にあるものであり、この段階では、通訳を付ける制度は設けられていない。一方で、「裁判所では、日本語を用いる。」（裁判所法七四）と定められていることから、裁判所に提出する書類は、日本語で記載しなければならない。保護命令の制度の利用について援助を行う機関であるＤＶセンターにおいて、保護命令申立てに関する情報提供、申立書の作成援助を行うとともに、翻訳や通訳の手配などの援助を行っている場合があるので、申立人又は申立人代理人はＤＶセンターに相談し、可能な援助を確認するなどの対応が考えられる。

申立人に日本語の通訳ができる知人やボランティア等の同行等がなく、日本語の申立書を作成するのが困難な場合は、申立人の母国語で作成した申立書や陳述書等の証拠資料を提出してもらい、裁判所で選任した翻訳人に日本語の翻訳文を作成してもらうことが考えられる。この場合、費用は当事者負担となり、申立人は費用の概算額を予納する必要がある。

イ　申立人審尋（面接）

審尋においても手続が日本語で行われなければならないから、通訳が必要な場合は、通訳人を付することができる（ＤＶ防止二二、民訴一五四Ｉ）。この場合、費用は当事者負担となり、申立人は費用の概算額を予納する必要がある。

このように、裁判所において通訳人を選任すると、翻訳料又は通訳料に関する費用負担の問題が生じるとともに、通訳人の選任等の手続のために一定の時間を要することになるので、受付日又は受付日に近接した日における申立人審尋期日の実施という迅速処理の要請から、裁判所の実務では、日本語で記載した申立書及び陳述書等の証拠資料が提出されていることを前提として、通訳のできる知人やボランティア等を同行してもらい、事実上、通訳をしてもらう運用も考えられる。同行者を審尋に立ち会わせるかについては訴訟指揮の問題であるところ、同行者が通訳のために審尋期日に立ち会ったとしても、裁判所が選任した通訳人ではないから、通訳人の宣誓、調書への通訳人に関する記載、通訳人報酬の支払手続は不要である。

ウ　決定の告知

(ア)　保護命令の告知

相当と認める方法で告知する（DV防止二一、民訴一一九）ので、受付時に確認した連絡方法を利用する等して申立人に告知する。

(イ)　却下決定の告知

申立人に決定謄本を送達するが、原則として翻訳文は添付しない。

(2)　相手方が日本語を解しない場合

ア　相手方が立ち会うことのできる審尋期日

相手方が日本語を解さない場合は、DV防止法二一条が準用する民訴法一五四条の規定により、通訳人を付して、相手方の審尋期日を実施する。また、日本語による会話ができるが、日本語の文書の読み書きができない場合には、相手方に交付する申立書及び証拠資料の翻訳文の提出が必要となる。相手方の審尋期日呼出前に相手方の日本語の読解力、会話能力を相手方本人に事前に確認することはできないから、申立人からの情報を基に、裁判所は相手方に交付する書類の翻訳文や審尋での通訳人の手配の要否を判断することになる。

相手方が外国人であっても、必ずしも日本語で記載された書面（申立人が作成する申立書や附属書類、裁判所が作成する審尋期日呼出状等）に翻訳文を付することは法律上要求されていないが、相手方の出頭の確保や手続保障の観点から、相手方の日本語の読解力の程度や生活状況等に応じて、申立人が相手方に送付する書面にローマ字やひらがななどを用いて振り仮名を付したり、翻訳文を用意することになる。

翻訳文の添付を要すると判断した場合には、原則として申立人が翻訳文を用意して提出することが必要である。申立人が翻訳文を用意することができない場合には、裁判所が翻訳人を手配し、前記書面の翻訳文の作成を依頼することになる。

相手方の審尋期日において通訳人を要すると判断した場合には、裁判所は通訳人を選任することになる。相手方の審尋期日呼出前に翻訳人を依頼している場合には、翻訳人は申立書等の翻訳を通して事件の概要等を理解していることもあり、相手方の審尋期日における通訳人も兼ねるよう依頼することが望ましい。

通訳の要否の判断基準となる日本語の能力については、審尋手続において、自分に対する説明や質問の意味を理解し、かつ、自分の言いたいことを大体において相手方に伝達し得る程度の日本語の能力で足り、法律用語を日本語で駆使できる程度の能力を有するまでの必要はないと解されている（刑事執務資料第一三号「特殊刑事事件の基礎知識―外国人事件編―」六一頁参照）。保護命令申立事件の審尋の内容は、主に、暴力の有無、その原因や程度に限られるので、さほど高度の会話能力は必要ではなく、日常会話ができる程度の能力があれば、基本的には通訳は不要である。ただし、相手方が一応は日本語を解する場合であっても、暴力の有無について強く争うような事案で意思疎通に不安が残るような場合には、相手方の手続保障の観点から通訳人を付するのが相当な場合もある。

仮に通訳人を付さないまま相手方の審尋期日を実施した場合に、相手方が日本語の読解力及び会話能力が乏しく、申立書等の記載内容、裁判官からの質問を理解できないときに、手続保障の観点からは、手続を進めることができず、改めて通訳人を付して審尋期日を続行せざるを得ないこととなるから、迅速処理の観点からも通訳人の要否については慎重に判断する必要がある。

イ　決定の告知

(ア)　保護命令の告知

決定書を送達できなかった場合の不都合や送達されるまでの被害者の保護の観点から、言渡しによる告知を行うのが有益であることは、当事者が日本語を解する場合と同様である。

特に、相手方が日本語を解さない場合、命令の内容や効力等について通訳人を介して説明することができ、命令の実効性の確保の点からも、言渡しによる告知を行うメリットがかなり大きい。

なお、法律上、決定書に翻訳文を添付する必要はなく、審尋時の言渡しであれば、通訳人を介して、保護命令の内容を説明することができる。また、審尋期日に出頭しないで発令し、決定書を特別送達による方法で告知する場合であっても、審尋期日の呼出時に申立書の翻訳文を添付し、申立書記載の申立ての趣旨と保護命令の主文とが同じであれば、保護命令に翻訳文を添付しなくても事実上の不都合はないものと考えるが、相手方の態様等によっては保護命令の内容を確実に伝えるために、母国語の翻訳文を添付して決定書を特別送達による方法で告知することもある。

(イ) 却下決定の告知

審尋期日等の呼出しを受けた相手方に対し、相当と認める方法で告知する。通常は、決定謄本を普通郵便で送付することになろう。

4 DV防止法一四条二項による書面提出請求について

DVセンターの職員又は警察職員に対して、加害者からの身体に対する暴力を受けた状況、及び加害者からの更なる身体に対する暴力により生命又は身体に重大な危害を受けるおそれが大きいと認めるに足りる申立ての時における事情について相談し、又は援助若しくは保護（以下「相談等」という。）を求めた場合に、ＤＶセンター又は警察署の名称及び相談等の日時などを申立書に記載することになるが、詳細については**第三回「保護命令の申立て」三1(7)**を参照されたい。

そして、裁判所は申立書に記載されたＤＶセンター又は警察署の長に対して書面提出請求をすることになる（ＤＶ防止一四Ⅱ）。

各地方裁判所では、ＤＶセンター等との間で、提出期限等について申合せなどをしていると思われるが、東京地裁民事第九部では、相手方審尋期日との兼ね合いもあって、請求から三日以内に回答することを依頼し、実際もおおむね期限内にＤＶセンター等からの回答を得ている。

実務においては、裁判所から申立書に記載されたＤＶセンター等に書面提出請求を行ったところ、請求したＤＶセンター等から相談等の事実がない旨の回答が提出される場合がある。一般的に、申立人が相談等をしたと思っていたＤＶセンター等と実際に相談等をしたＤＶセンター等が異なっている場合や、警察署は申立人から被害届を受理しているもののＤＶ相談等としては処理していない場合などがある。また、ＤＶ相談等をしているが、被害者以外の子や親族等への接近禁止を求めることの相談等がされていない場合もある。それらの場合には、申立人に改めてＤＶ相談等をしてもらった上、裁判所は申立人が相談等をしたＤＶセンター等に対する書面提出請求をやり直すことになる。そのため、指定した相手方の審尋期日までに回答が間に合わない場合には、相手方が立ち会うことができる審尋期日を続行又は変更することになるなど、迅速な手続の進行が困難になるので、申立人は、申立前に、どの機関にどのような相談がされているのかを十分に確認することが必要である。また、保護命令の申立てに近接した時期に申立人がＤＶ相談等をしていることが望まれるが、ＤＶ相談等から保護命令の申立てまでに相当程度時間を要している場合には、申立人においてＤＶセンター等の担当者にＤＶ相談票が作成されていることを確認した上で、申立書に記載することが必要である。

上記のとおり、ＤＶセンター等の回答内容が、ＤＶ相談等がされていないなど手続の進行に支障がある場合には、申立人は速やかにＤＶ相談等を行い、裁判所に対して上申書により申立書の訂正を求めたりするなど追加的に相談等をした旨を連絡する必要がある。

5　保護命令発令後の被害者の保護

保護命令発令後の関係機関への通知に関する概要については、第六回「保護命令の発令」六１を参照されたい。

警視庁又は道府県警察本部のストーカー対策室との関係では、警察が保護命令の効力発生後、被害者を保護し、速やかに相手方に対する説明や取締を行い得る態勢を整えられるよう、書面提出請求書に付記する等適宜の方法で、相手方が立ち会うことができる審尋期日をあらかじめ連絡している。また、保護命令の発令通知を行う際に、裁判所が知り得る申立人及び相手方の連絡先等を適宜の方法で通知し、所轄の警察署が速やかに被害者を保護するための支援を行っている。

また、書面提出請求を行ったDVセンターに対しても、裁判所から保護命令が発令されたことを連絡しており、その情報がDVセンターによる申立人のその後の自立支援等に活用されることになる。

二　職務関係者による配慮と秘匿事項の管理について

1　職務関係者による配慮（DV防止二三）

DV防止法二三条は、「配偶者からの暴力に係る被害者の保護、捜査、裁判等に職務上関係のある者……は、その職務を行うに当たり被害者の心身の状況、その置かれている環境等を踏まえ、被害者の……人権を尊重するとともに、その安全の確保及び秘密の保持に十分な配慮をしなければならない。」と規定している。保護命令の申立人は、既に相手方の暴力及びその対処で肉体的にも精神的にも傷つき、裁判所に迅速な救済を求めている者が多いと思われ、しかも、その申立てに際しては、本来秘匿したい夫婦の私生活等についても説明をしなければならないことから、その受付においては、この点に十分配慮した対応が不可欠である。また、保護命令に代わるものとして利用されている民事保全事件としての接近禁止の仮処分の申立て等とは制度趣旨等を異にするものであるから、その申立てに際しては、申立人及びその代理人に、こうしたＤＶ防止法の趣旨を十分に理解してもらう必要がある。

２　申立ての留意事項

保護命令の申立書の記載事項については、保護命令規則一条に記載があり、その詳細は本講座第三回「保護命令の申立て」を参考にされたい。

保護命令を申し立てる被害者は、相手方からの更なる暴力におびえ、ＤＶセンターが紹介する一時保護施設や親族、友人宅に身を隠している事案が少なからずあり、保護命令の発令前にその所在が判明すると、申立人が更なる被害に遭遇することも懸念される。このような場合は、従来、申立人は自らの住所として住民票上の住所や相手方と共に生活の本拠としていた住居を記載してもらうことで足りるとし、申立人代理人の事務所住所等相手方に知られても不都合のない送達場所を指定してもらうこともある。

申立書や証拠資料を相手方に交付する際には、当事者から提出された「写し」によると定められており（保護命令規則四Ⅲ）、裁判所に提出された申立書や証拠資料の写しとして、それらの書面と異なる内容の書面（一部にマスキングをした書面を含む。）を相手方に交付することを認める規定はない。また、相手方から閲覧等の申請があった場合には、記録に該当する書面について、閲覧等の際に裁判所がマスキングをしたりすることを認める規定も存在しない。そこで、申立人及び申立人代理人は、申立てに際して、申立書、陳述書等の証拠資料及びその他の附属書類の記録となる一切の書類について相手方に秘匿している事項（避難先・電話番号等）の記載がないか、一時避難中の生活状況が分かる記載がないか、診断書（被害者の住所のみならず、病院や医師名により通院先や避難地域を推認される可能性がある。）や委任状の住所に避難先を窺わせる記載がないか、格別の注意を持って点検する必要があるし、被害者本人ばかりではなく、相手方に知られていない親族等の住所を秘匿するかどうかも十分に検討する必要がある。

なお、申立人に代理人が付かず、申立人本人が申し立てる場合には、申立人の連絡先を聴取することがあるが、相手方に秘匿している連絡先を申立書等に記載させることはしない。また、接近禁止の対象となる親族等については、その住所を申立書に記載することは要求されていない（保護命令規則一Ｉ⑤）ので、接近禁止を求める当該親族等の氏名及び被害者との関係を記載するだけでは、その親族等が特定されない場合でも生年月日等を記載して特定させ、接近禁止を求める親族等が提出する同意書（ＤＶ防止一〇Ｖ参照）にも住所を記載しない取扱いとしている。申立人又は親族等の住所や勤務先を申立書に記載しないこととした場合には、相手方が接近禁止の対象となる住居を具体的に認識できずにその親族等の住居や勤務先に接近してしまうこと、及び相手方の保護命令違反について刑事罰が問題となったときに、相手方の故意が認定されない可能性があることについて、申立人及び申立人代理人は留意しなくてはならない。

申立書や被害者本人の陳述書には、「更なる配偶者からの暴力により生命又は身体に重大な危害を受けるおそれが大きいと認めるに足りる事情」というDV防止法一二条一項二号の要件を立証するために、被害者のこれまでのDVセンター等への相談状況、一時避難に至るまでの支援、一時避難後の生活状況などを克明に記しているものも散見されるが、事案の理解のためには、暴力を受けるに至った経緯や申立人が避難した後の相手方の言動等が簡潔に記載されていることで足り、被害者の避難状況等の周辺事情を克明に記すことは、被害者の支援態勢を相手方に知らしめることになり相当ではない。また、申立書には、事前に相談したDVセンター等の記載を要するが、相談先から避難先が推知されてしまうこともある。申立書及び証拠資料の写しは、相手方に送付する審尋期日の呼出状に同封することから、相手方は保護命令を発令する前に申立人の様々な情報を入手することになる。そのことも念頭に置きながら、前記事項に留意して、申立人又は申立人代理人は申立書及び証拠資料等の裁判所に提出する書面の内容を適切に取捨選択することが必要である。

裁判所においても、申立ての段階で、相手方には記録の閲覧謄写請求権が認められているほか、提出書面の中には相手方に送付されるものもあることから、秘匿情報が記載されている書面を不必要に提出させず、提出するときは申立人の責任においてマスキングを行うよう促している。ただし、証拠資料については、マスキング処理をした箇所に関して証拠価値は無いことから、事実認定におけるリスクは申立人が負うことになることも教示している。

東京地裁民事第九部では、保護命令事件の手続に迅速性を要求され、申立て当日に申立人審尋を行っていることから、個々の事件で秘匿情報に関する申出書を提出させることはせずに、前記の手続教示をした上で保護命令事件担当書記官が口頭で避難先又は避難先を推認させる情報などを申立人本人から口頭で確認をして、申立人及び申立人代理人に申立書及び提出書類の内容を再度点検するよう注意を促している。また、担当裁判官においても申立人との面接において避難状況等を確認して、申立書などの提出書類に秘匿情報が含まれていないかを確認して、秘匿情報が現れないように申立人に確認することを励行している。

3　事件記録の閲覧等（ＤＶ防止一九）

(1)　保護命令申立事件記録の閲覧権限

保護命令に関する手続について、事件記録の閲覧等の請求権を有する者を当事者に限定している（DV防止一九本文）。

これは、民事訴訟法の原則に従えば、何人も訴訟記録の閲覧を請求することができることになるが（民訴九一Ⅰ）、保護命令事件の場合、事件の記録中に夫婦の私生活など至極プライバシーに関わる記載が多数含まれることが想定され、当事者のプライバシーを保護する必要があるためである。

次に、相手方がする事件記録の閲覧等の請求について、保護命令の申立てに関する口頭弁論若しくは相手方を呼び出す審尋の期日の指定があり、又は相手方に対する保護命令の送達があるまでの間は請求することができないという時的制限がある（DV防止一九ただし書）。

これは、保護命令に関する手続の進行が相手方に判明するまでの間は、被害者保護の観点から、保護命令に関する手続についてその密行性が要請されることに基づくものである（南野ほか一九二頁参照）。

(2)　事件記録上の秘匿情報の扱い

当事者から事件記録の閲覧等の請求があると、裁判所書記官がその許否について処分することになる。裁判所書記官としては、相手方の閲覧等の申請の際には、その趣旨を確認して必要な部分のみを申請させるなど、秘匿情報の流出を防ぐための配慮が考えられる。

それでも、秘匿情報を含めた閲覧等の申請がされた場合には、秘匿情報の部分について閲覧等を許可しないことが考えられる。その理由とするところは、DV防止法二三条の規定が、配偶者からの暴力の防止及び被害者の保護等に関する法律の立法趣旨の根幹となる被害者保護についての配慮を職務関係者に求めるものであり、裁判所が行う保護命令の手続においてもその旨の配慮をしなければならないのであるから、民訴法を準用せずにDV防止法一九条が特に設けている閲覧謄写手続においても、その理念に則した運用、例えば、明示的な制限規定がなくても、実施上の制約を加え、被害者の安全確保及び秘密の保持に十分な配慮をするための運用上の工夫を行うことが許される、あるいは求められていると考えられるのではないか。

【例題に対する解答】

一　小問⑴、⑶及び⑷について

事件の性質上、申立人が早急に申立てをして保護命令の発令を求めたいと考えることもやむを得ないところであり、また、被害を免れるために自宅から避難しているような場合には、申立書の作成や証拠資料の収集・整理などの事前準備をすることが困難な場合があり得るところであるが、準備が不十分なまま申立てをしても、申立後に必要書類や証拠の収集、相手方の所在調査等をしなければならなくなり、結果として迅速な保護命令の発令につながらないのであって、申立前に必要な準備をしておくことが迅速な審理判断のためには必要であるといえる。

申立人代理人としては、証拠について、診断書やけがの写真、又は暴力前後や避難後の相手方からのメールなどの客観的な証拠を申立人から収集し、裁判所に提出するために整理することが重要である。そして、作成した申立書及び申立人や親族等の陳述書・診断書等の提出書類に相手方に知られたくない秘匿事項に関する記載が現れていないか確認することが重要である。

また、保護命令発令後の被害者の保護や援助の側面からも、申立前にＤＶセンター等に相手方からの暴力等に関する相談や子又は親族等への接近禁止に関する相談を行い、保護命令申立事件の手続につなげることが必要である。申立人自身は、ＤＶセンター等に相談した認識であっても、実際は警察署に暴力に関する被害届を提出したに止まっていることが散見されるので、申立人代理人からも改めて申立人が相談したＤＶセンター等にＤＶ相談等の有無、申立人以外の子や親族等への接近禁止に関する相談の有無を確認することが望ましい。

二　小問(2)について

申立人代理人は、相手方が外国人である場合に、申立人から相手方の日本語による会話力や文章理解力を詳細に聴取するなどして、日本語能力を的確に把握した上で、翻訳文又は通訳人の要否について見通しを立てた上で、申立てをする必要がある。

本問においては、相手方が日本語の文書を解さないものであるから翻訳文を用意する必要がある。そして、日常会話はできる程度の日本語能力を有するものであることから、審尋期日における通訳人は不要であろう。

なお、本問とは場合が異なるが、申立人が外国人である場合において申立人に通訳人を要すると判断した場合には、日本語に通訳することができる知人等の同行支援が得られるか等を確認して、迅速な審理に有効な手立てを検討する必要がある。

人身保護手続関係

第八回　人身保護手続の概要

【例題】

X（妻）とY（夫）は離婚し、現在は別居している。家庭裁判所においてXY間の子であるA（一二歳）及びB（五歳）の親権者をXと定める審判が確定したが、YはAとBを自宅で監護しXに引き渡すことを拒んでいる。そこで、Xは、自らA及びBの監護をすべく、東京地方裁判所に対し、Xを請求者、Yを拘束者、A及びBを被拘束者とする人身保護請求の申立てを行った。

1　Xの人身保護請求は認められるか。Yが、A及びBをYの両親が住む実家に預けていることが判明した場合はどうか。

2　親権者をXと定めたのが家庭裁判所の審判ではなく、裁判所外でのXY間の協議によるものであった場合、結論は異なるか。

【解説】

一　はじめに

人身保護法（以下第八回ないし第一二回において「法」という。）は、英米法のヘイビアス・コーパス（habeas corpus）を模範とし、「基本的人権を保障する日本国憲法の精神に従い、国民をして、現に、不当に奪われている人身の自由を、司法裁判により、迅速、且つ、容易に回復せしめること」を目的として（法一）、昭和二三年に制定された（田中英夫「人身保護手続」『新・実務民事訴訟講座八』（日本評論社）四一五頁以下）。

法の定める人身保護請求権とは、法律上正当な手続によらないで身体の自由を拘束されている者が、その救済を請求する権利であり（法二Ⅰ）、私法上の人格権に基づく回復請求権ないしは妨害排除請求権と解されている。法及び人身保護規則（以下第八回ないし第一二回において「規則」という。）の定めるところによってのみ行使することができる権利であり（法二Ⅰ、規則一）、何人も被拘束者のために行使できる（法二Ⅱ）。ここでいう救済とは、裁判所が決定で、拘束者に対し、人身保護命令（被拘束者の利益のためにする釈放その他適当であると認める処分を受忍し又は実行させるために、被拘束者を一定の日時及び場所に出頭させるとともに、審問期日までに答弁書を提出することを命じること）を発し（法一二Ⅱ）、かつ、判決で、釈放その他適当であると認める処分（法一六Ⅲ、規則三七）をすることを内容とする（規則二）。

手続の詳細は第一〇回「人身保護請求の申立て」以降で解説するが、法は、人身保護請求について、原則として、弁護士を代理人としてしなければならないものとし（法三Ⅰ）、高等裁判所及び地方裁判所のいずれにも管轄を認め（法四）、事実の立証を疎明で足りるものとし（法五、一五）、裁判所に迅速な裁判を義務付け（法六）、仮釈放（法一〇）や人身保護命令（法一二Ⅱ）といった独特の制度を設ける一方で、最終的な救済を命じるためには公開の法廷において審問期日を開き（法一四）、救済を命じるのは判決によることとしている（法一六）。また、この請求を受けた裁判所は最高裁判所にその旨と事件処理の経過及び結果を通知するものとし（法二〇）、下級裁判所の判決に対しては直接最高裁判所に上訴するものとし（法二一）、更には最高裁判所の自判権をも認めている（法二二）。このような特別な規定の在り方をみると、この制度が念頭においているものは、公権力やこれに準じるような強大な権力を持った機関や施設による拘束であると思われる。しかし、現実にはそのような事例は必ずしも多くなく、従前から、夫婦間の紛争等に起因する子の引渡請求事件が多数を占めているところである。

本稿では、まず人身保護請求の類型と近時の動向を概観した上（二）、例題のような子の引渡請求事件を念頭におきつつ人身保護請求の実体的要件について解説し（三及び四）、例題に対する一応の解答を示したい。

二　人身保護請求の類型と近時の動向

人身保護請求事件は大別すると、①：未成年者である子の引渡しを請求する事案、②：矯正施設の収容者等の釈（解）放を請求する事案、の二つに分類できる。最近では、前記①の分類が多数を占めていることは前述したとおりである。そして、前記①の分類は更に、①―一：離婚訴訟中の夫婦や離婚後の元夫婦間における子の取り合いのケースにおける一方の親から他方の親に対する請求の事案、①―二：子の親と当該親の父母又は義父母（子にとっての祖父母＝非監護権者）との間の子の取り合いのケースにおける子の監護権者である親からの請求の事案に分けられる。

なお、前記①―一の類型の事件においては、人身保護請求に先立ち事前に家庭裁判所の手続を経ていることも多く、執行官による子の引渡しの強制執行手続が試みられたものの不能に帰したケースも散見される。前記①―二の類型の事件については、事前に他の裁判手続を経ることなく、いきなり人身保護請求がされるケースも比較的多い。

ところで、東京地裁本庁における人身保護請求事件の事件数の動向は、別表のとおりであ

別表　東京地裁（本庁）の人身保護請求事件

		平成22年度	平成23年度	平成24年度	平成25年度	平成26年度	平成27年度
新受総数		14	23	14	13	11	12
	子の引渡し事件（内数）	5	7	4	10	7	6

るが、最近四年間を見ると、平成二四年度は全一四件中四件、平成二五年度は全一三件中一〇件、平成二六年度は全一一件中七件、平成二七年度は全一二件中六件が子（幼児以外の意思能力のある子を含む。）の引渡しを求めるものとなっている。ちなみに、その余の事件の内のほとんどは矯正施設収容者の事例である。そのほか、親族間における高齢者の引渡しを求める事案や宗教施設等からの解放を求める事案も散見されるものの、実質的には子の引渡しを求める事案が大部分を占めるといってよいであろう。

三　人身保護請求の実体的要件

人身保護請求権の実体的要件は、法律上は、身体の自由を拘束されていること及びその拘束が法律上正当な手続によらないことである（法二Ⅰ）。規則は、法二条の請求について、拘束又は拘束に関する裁判若しくは処分がその権限なしにされ又は法令の定める方式若しくは手続に著しく違反していることが顕著である場合に限りすることができるものとし（規則四本文。顕著な違法性の要件）、かつ、他に救済の目的を達するのに適当な方法があるときは、その方法によって相当の期間内に救済の目的が達せられないことが明白でなければすることができないものとしている（規則四ただし書。補充性の要件）。この点、法が定めた請求の要件を、規則によって限定するのは、規則制定権の範囲を超えており無効であるとする見解や（前掲田中英夫四二三頁等）、規則四条は請求を適法ならしめる要件に関する規定であり、主張するところから見て根拠薄弱な請求を門前払いする趣旨のものであると解する限りにおいて有効であるとする見解もあるが（後掲最判昭和三〇・九・二八の藤田裁判官、池田裁判官の少数意見等）、規則四条は、法二条の意義を明らかにしたものに過ぎず有効とする見解もある（人身保護法解説三二頁）。最高裁判所の多数意見は、一貫して、規則四条を実体的要件、すなわち請求を理由あらしめる要件であると解し、そう解したとしても法二条に反するものではなく有効であるとしている（最決昭和二九・四・二六民集八巻四号八四八頁、最判昭和三〇・九・二八民集九巻一〇号一四五三頁、最判昭和三三・五・二八民集一二巻八号一二二四頁参照）。前掲最判昭和三〇・九・二八は、「人身保護の制度は事実及び法律の問題に深く立ち入って審理するところの、民事又は刑事の裁判とは異なった非常応急的な特別の救済方法である。」との前提のもと、規則四条の制約について「人身保護法の目的とするところが、司法裁判による被拘束者の自由の回復が迅速且つ容易に実現されなければならぬことに存することからして理解できる」旨判示しているところである。

以下、規則四条も実体的要件を定めるものとの前提に立ち、①身体の自由の拘束、②顕著な違法性、③補充性の各要件について説明を加える。

1 身体の自由の拘束

(1) 意義

身体の自由とは、身体の安全をいうのではなく、行動の自由をいう。意思能力の有無は問わないので、幼児についても身体の自由は存在する（人身保護法解説二七頁）。もっとも、後述するとおり、被拘束者に意思能力がある場合には、その自由に表示した意思に反して人身保護請求をすることはできない（規則五）。拘束とは、逮捕、抑留、拘禁等身体の自由を奪い、又は制限する行為をいう（規則三）。拘束は現実に行われていることを要する（法一参照）。心理的あるいは間接的に自由が圧迫されているというだけでは足りず、直接に、人の行為、設備等によって実際に身体の自由が拘束されていることを要する。

(2) 被拘束者の意思

人身保護請求は、被拘束者の自由に表示した意思に反してこれをすることができない（規則五）。これは請求の消極的要件を定めたものである。法二条二項により何人も被拘束者のために救済の請求をすることができるが、それは訴訟追行権を有するに過ぎず、実質上の当事者は被拘束者であるから、被拘束者の意思に反しては、これをすることができないとしたのである。人が任意に拘束状態を受け入れている場合には、それが公序良俗に反しない限り、違法な拘束とはいえないから、規則五条は当然のことを規定したものともいえる。

規則五条は被拘束者が意思能力を有している場合に関する規定である（最判昭和四四・九・三〇集民九六号六七九頁、最判昭和四六・二・九集民一〇二号一五七頁）。したがって、被拘束者が意思能力を有しない幼児の場合、人身保護請求が当該幼児の当面の希望に沿わないことになるとしても、同条違反の問題は生じない。

人身保護請求事件において問題となる被拘束者の意思能力について、判例は「自己の境遇を認識し、かつ将来を予測して適切な判断をするにつき十分な能力」と表現し（前掲最判昭和四六・二・九）、その有無は、一〇歳程度を一応のメルクマールとしてとらえ、これに諸般の事情を考慮した上で決すべきとする見解が多く、判例及び下級審裁判例の動向もおおむねこれに沿ったものとなっている（『最高裁判所判例解説・民事篇・昭和六一年度』〔田中壮太〕三七一頁、前掲田中英夫四五四頁等）。

被拘束者に意思能力が認められる場合にも、拘束が自由な意思に基づくかどうかを決するには慎重を期す必要がある。そこで規則五条は、被拘束者がその意思を自由に表示したことを要件としている。脅迫によってした意思表示は、これに含まれない。被拘束者が、第三者の人身保護請求に対し、自己の意思に反すると述べた場合には、それが自由意思に基づくかどうかを慎重に確かめる必要がある（人身保護法解説四一頁）。

(3) 子の監護の拘束該当性

子を手元において監護する行為は拘束に当たるか。意思能力のない幼児を監護する場合には、監護という事柄の性質上、当然幼児の身体の自由を制限する行為が伴うものであり、その監護自体が拘束に当たると解してよく、監護の方法の当不当や愛情に基づくかどうかにかかわらない（最判昭和二四・一・一八民集三巻一号一〇頁、最判昭和三三・五・二八民集一二巻八号一二二四頁、最判昭和四三・七・四民集二二巻七号一四四一頁）。一方、子に意思能力が認められる場合には、子がその自由な意思に基づいて拘束者の下で監護を受けていると認められる限り、人身保護請求は認められない。

もっとも、前述のとおり、子が拘束者の下で監護を受けているのが自由な意思に基づくかどうかは慎重に判断する必要がある。判例（最判昭和六一・七・一八民集四〇巻五号九九一頁）は、子に意思能力がある場合であっても、当該子が自由意思に基づいて監護者のもとにとどまっているとはいえない特段の事情のあるときには、監護者による当該子に対する監護は、なお拘束に当たるものと解するのが相当であるとしている。

前記特段の事情としてどのようなものが考えられるか。前掲最判昭和六一・七・一八は、一応意思能力を有すると認める状況に達した子（当時一一歳一〇か月）が非監護権者の監護に服することを受容するとともに、監護権者の監護に服することに反対の意思を表示しているとしても、非監護権者による監護養育が子の意思能力の全くない当時から引き続きされてきたものであり、その間、非監護権者が、監護権者に子を引き渡すことを拒絶するとともに、子において監護権者に対する嫌悪と畏怖の念を抱かざるをえないように教え込んできた結果、子が前記のような意思を形成するに至ったといえるような場合には、当該子が自由意思に基づいて監護権を有しない者のもとにとどまっているとはいえない特段の事情があるものというべきであるとした。また、最判平成二・一二・六集民一六一号二九一頁は、一応意思能力の認められる状況に達した児童（当時一二歳八か月）が、新興宗教の信者となった拘束者の影響の下、必ずしも十分な意思能力が備わっていたとはいえない一一歳四か月のころ同教に入信してその道場に通い、その後拘束者らと共に同教の施設において社会から隔離された集団生活を続けていた事案で、共同親権者である父母の一方の監護に服し、他方の監護を拒絶する旨の明確な意思を表明しているとしても、その児童に意思能力が十分備わっていない当時から、共同親権者の他方を完全に排除する現在の監護状況と同じか、これに準ずるような監護状況が継続していたため、自らの監護者を選択するについて必要な資料情報を持たないまま右のような意向を表明するに至ったものと認められる場合には、その児童は自らの監護者を選択するについて自由な意思の形成が妨げられていたというべきであり、このような状況下で、一方の監護に服する意向が表明されたとしても、これをもって、児童の自由な意思の表明とみるべきではないとし、特段の事情を肯定した原審（大阪地判平成二・九・七判タ七三九号二二三頁）を正当として是認した（なお、原審は同様の状況にあった当該児童の姉妹のうち当時八歳四か月の妹については意思能力が認められないとし、当時一四歳九か月の姉（一三歳五か月頃に入信）については意思能力を肯定し、請求者側及び拘束者側の諸事情を認識した上、自らの自由意思により拘束者を監護者として選択しているものと認められるから拘束にあたらないとしている。）。

前記二判例によれば、子に意思能力が備わっていたとしても、意思能力を備える以前から、自己の監護者を適切に選択するのに必要な情報が提供されず、または、歪められた情報が提供されてきたという場合には、子の意思表明をもって自由意思に基づくものといえない特段の事情があるものといえよう。

(4) 拘束の主体

拘束は、公権力による場合と、私人による場合とを問わない。拘束者とは、拘束が官公署、病院等の施設において行われている場合には、その施設の管理者をいい、その他の場合には、現実に拘束を行っている者をいう（規則三）。裁判所は、拘束者に対し、被拘束者の身体を携えて出頭するよう命じ（法一二Ⅱ）、命令に従わないときは、勾引し又は命令に従うまで勾留すること並びに過料に処することで命令の実効性を担保しているのであるから（法一八）、拘束者は被拘束者の身体を携えて出頭できる地位にあることを要するものと解される。拘束が命令者の指揮のもとに行われる場合には、命令者と現実に拘束を行う者との間に区別を設けることが困難な場合があるが、何人が現実に拘束するかに疑いのある場合は、拘束を命じた者につき法による救済を請求することが認められるべきであるし、同一の拘束の事実につき数名の者が関与する場合には数名の拘束者につき、同時に同法による救済を求めることができる（小林一郎・人身保護法概論九九頁）。

最判昭和五六・一一・一九集民一三四号二三七頁は、離婚した夫が堺市の妻の実家から幼児を連れ出し北海道に住む実兄夫婦に預け、自らは大阪に居住して、幼児の監護養育を実兄夫婦に委ねていたところ、妻が、夫、実兄夫婦の三名を拘束者、幼児を被拘束者として人身保護請求した事案である。原審（大阪高判昭和五六・八・五公刊物未掲載）は、上記三名を拘束者として人身保護請求を認容した。最高裁は、原審の適法に確定した事実関係のもとにおいて、実兄夫婦が被拘束者を監護する行為が法及び規則にいう拘束にあたり、かつ、夫が被拘束者を拘束しているとした原審の判断を正当として、夫らの上告を棄却した。被拘束者を現実に監護しているのは実兄夫婦であっても、それが夫の委託によるもので、夫の指示がない限り、実兄夫婦が被拘束者の現実の拘束を解いたり引き渡したりすることができない関係にあるとみられるような場合には、夫も実兄夫婦とともに拘束者と解することができるとしたものと思われる。

2 顕著な違法性

(1) 違法性

拘束又は拘束に関する裁判若しくは処分がその権限なしにされるか、方式又は手続に著しく違反している場合である。裁判若しくは処分が権限なしにされた場合とは、裁判又は行政処分等が権限のない裁判所又は行政官署等によってされた場合をいう。裁判についていえば、裁判権のみならず管轄権のない場合も含む。形式的に権限があっても、権限の濫用の場合には、権限がないのと同様である。

方式違反とは、例えば裁判書に裁判官の署名、捺印が欠けている場合、有罪の言渡しをする裁判書に法令の適用が記載されていない場合等である。手続違反とは、勾留質問をしないで勾留した場合、法定合議事件を単独裁判官が裁判した場合、非公開で裁判をした場合等である（人身保護法解説三六頁）。なお、裁判によって行われている拘束は、適法なものと推定される（規則二九Ⅳ）。

⑵　顕著性

法による救済手続は、迅速かつ容易であることを本質とし、すべて証明は疎明の方法によることになっている。そこで、法による救済が認められるのは、拘束又は拘束に関する裁判若しくは処分が無効であるかあるいは著しい違法があるだけでなく、それが顕著な場合に限られる。

顕著とは、一見して明白という意味であり、原則として記録又は書面上明白に無効又は著しい違法があることが分かるような場合をいうが、常に記録上又は書面上明白である場合に限られるわけではなく、迅速かつ容易な疎明方法によって裁判所が直ちに判断できる程度に顕著であればよく、結局、社会通念によって定められることになる（人身保護法解説三七頁）。

⑶　以上は、顕著な違法性の要件についての一般的な説明であるが、子の引渡しを巡る人身保護請求事件では、子の監護権を有する者（監護権者）と有しない者（非監護権者）との間での紛争と、監護権者間の紛争の二つの類型があり、判例は、類型によって顕著な違法性の判断基準を異にしている。監護権者対非監護権者の類型における判断基準については後記四で解説し、監護権者対監護権者の類型については第九回「人身保護請求の実体的要件」で詳述する。

3 補充性

他に救済の目的を達する方法とは、訴訟、上訴、再審、勾留取消請求など法律上の救済手段のことを意味する。これらの手段がないか、これらの手段によって相当の期間内に救済の目的が達せられないことが明白な場合に、法による救済を求めることができる。人身保護請求が非常応急的な特別の救済手段である以上、他の法的手続でこれと同様の目的を達することができる可能性があるのであれば、まずその手続によることが相当であるという、人身保護手続の性格に内在する要件といえる。「相当の期間内に」というのは、請求者の主観によるのではなく、客観的にその救済方法として通常の状態において当然に行われるべき期間の意味であり、具体的な事件に応じて判断するほかない（前掲民事裁判資料三九頁）。例えば、他の法律上の救済を求めたが、その手続が裁判所の怠慢等で遅延していて、到底救済の目的が達せられないことが明白であれば法による救済を求めることができる。

補充性の要件は、子の引渡し事案では家庭裁判所における審判前の保全処分との関係が問題となる。主として請求者と拘束者が共同親権者の類型で問題となり、**第九回「人身保護請求の実体的要件」**で解説をするが、監護権者と非監護権者との間の紛争においても、事案の適切な解決の観点から、人身保護手続によることの相当性、家庭裁判所の調停等の手続による解決の可能性や実効性についても十分に考慮する必要があるとの指摘がある（東京地方裁判所民事第九部人身保護研究会「東京地裁における最近の人身保護請求事件の処理状況」判時一九六一号一〇頁)。

四　監護権者対非監護権者の場合の顕著な違法性の判断基準

1　判例の紹介

非監護権者が子を監護してこれを拘束していて、監護権者が人身保護請求をする場合、非監護権者による子の拘束は、原則として権限なしにされていることが顕著な場合に当たる。最判平成六・一一・八民集四八巻七号一三三七号は、「法律上監護権を有しない者が幼児をその監護の下において拘束している場合に、監護権を有する者が人身保護法に基づいて幼児の引渡しを請求するときは、請求者による監護が親権等に基づくものとして特段の事情のない限り適法であるのに対して、拘束者による監護は権限なしにされているものであるから、被拘束者を監護権者である請求者の監護の下に置くことが拘束者の監護の下に置くことに比べて子の幸福の観点から著しく不当なものでない限り、非監護権者による拘束は権限なしにされていることが顕著である場合（規則四）に該当し、監護権者の請求を認容すべきものとするのが相当である。」と判示している（最判昭和四七・七・二五集民一〇六号六一七頁、最判昭和四七・九・二六集民一〇六号七三五頁同旨)。判例は、例外として、「被拘束者を監護権者である請求者の監護の下に置くことが拘束者の監護の下に置くことに比べて子の幸福の観点から著しく不当なもの」である場合には顕著な違法性を欠くものとし、極めて限定的な場合にしか非監護権者による監護を是認していないものといえる。例えば、前掲最判昭和四七・七・二五は、「拘束者において自己を監護者とすることを求める審判を申し立てまたは訴を提起している場合であり、しかも、拘束者の監護が平穏に開始され、かつ、現在の監護の方法が一応妥当なものであっても、当該拘束はなお顕著な違法性を失わない。」とし、前掲最判昭和四七・九・二六は「拘束者が子の実親として養育するものであることの一事をもってその拘束を正当とすることができるものではな（い）。」とし、最判平成一一・五・二五家月五一巻一〇号一一八頁は「本件においては、上告人の被拘束者に対する愛情及び監護意欲には欠けるところがなく、監護の客観的態勢も整っているということができるから、上告人の監護の下に置くことが被拘束者の幸福の観点から著しく不当ということは到底できない。原判決の挙げる被上告人の監護が平穏に開始され、被上告人の愛情の下にその監護が長時間続いていること、被拘束者が現在の生活環境に慣れ、安定した生活をしていること等の事情は、上告人による監護が著しく不当なものであることを基礎付けるものではない。」としている。

なお、非監護権者から監護権者に対する人身保護請求による子の引渡しを求める事案において、判例は顕著な違法性の判断基準を明確に示していないが、上記判例の判断基準に照らせば、監護権者による監護が著しく不当なときに限って請求を認容すべきとの見解を採るものと思われる（『最高裁判所判例解説・民事篇・平成六年度』〔三村量一〕五五〇頁）。やや特殊な例であるが、非監護権者からの請求を認容したものとして最判昭和四九・二・二六裁判集一一一号一八一頁がある。

以上のとおり、監護権者対非監護権者の人身保護請求事件については、裁判所は、原則として監護権の有無によって判断するという枠組みを採用しているものである。このような裁判所の姿勢に対しては、子の福祉の観点からではなく監護権の有無という観点から一刀両断に判断し、一定期間慣れ親しんだ環境から子を引き離すこともやむなしとすることが果たしてよいのかという批判が考えられるところである。しかし、仮に裁判所が子の福祉を重視して判断するとなれば、本来、家庭裁判所の専権に属する親権者・監護者の指定・変更を、人身保護請求を受けた通常裁判所が家庭裁判所に代わって事実上行う結果となるが、果たして通常裁判所にその適格があるのかという疑問が生じるところである（吉田彩「子の引渡しをめぐる人身保護請求と家裁における保全処分の関係について」判タ一〇三八号四二頁参照）。前記判例の背景には以上のような考えがあるものと思われる。

2　監護権が当事者の合意に基づく場合

判例は、家庭裁判所の手続を経て親権者の指定がされたような場合と、裁判所外で当事者間の協議により親権者が指定された場合とを区別していない。

ただし、協議離婚の際の親権者の届出の中には、十分な協議に基づかず、一方の当事者の意思によってされ、必ずしも子の福祉や監護養育に配慮したとはいえないものや、協議の有効性自体が争われる場合も少なくないことから、このような場合にも一律に前記判断基準を当てはめることを疑問とする見解もある（前掲人身保護研究会八頁）。また、家庭裁判所の手続を経て親権者の指定がされたような場合であれば、通常裁判所は基本的に家庭裁判所の判断を尊重するとしても、一方を親権者と指定して協議離婚した夫婦間において、非親権者が親権者のもとから子を連れ去ったというような事案では、いきなり人身保護請求を認めるのではなく、まず家庭裁判所において子の引渡しの審判ないしはその保全処分を申し立てるように促し、そこで申立てが認められたのに相手がこれに従わない場合に初めて人身保護の請求を認めるべきではないかとの指摘もある（前掲吉田四三頁）。

【例題に対する解答】

YはAとBを自宅で監護している。Aに意思能力が認められるかどうかは年齢以外の諸般の事情をも考慮するが、一二歳であれば意思能力が肯定されることが多いであろう。よって、Aが任意にYのもとで監護を受けている場合には、それが自由意思に基づくものと認められない特段の事情がない限り、身体の自由の拘束があったものと認められず、人身保護請求は認められない。一方で、五歳のBについては通常意思能力はないであろうから、身体の自由の拘束があるものと認められる。そして、XはBの監護権者であり、Yは非監護権者であるから、BをXの監護の下に置くことがYの監護の下に置くことに比べて子の幸福の観点から著しく不当なものでない限り、顕著な違法性も肯定され、人身保護請求は認められることになろう。

YがBをYの両親が住む実家に預けていることが判明した場合においては、前記三1(4)のとおり、拘束者は被拘束者の身体を携えて出頭できる地位にあることを要するものと解されるところ、Yの両親による監護がYの委託によるものであれば、Yの指示により両親がBを期日に出頭させるものと考えられるから、Yを拘束者とする請求は適法である。もっとも、慎重を期して、Y及びその両親の三名を拘束者として請求することは妨げられない。

親権者をXと定めたのが家庭裁判所の審判ではなく、XY間の協議によるものであった場合には、前記のように家庭裁判所の手続を経ない限り顕著な違法性がないものとすべきという見解もあるが、判例はこれらの場合を区別していないため、やはりXのBを被拘束者とする請求は認められることになろう。

第九回　人身保護請求の実体的要件

【例題】

X（妻）は、YがXY間の子であるA（一二歳）及びB（五歳）を連れてXと別居を開始したため、自らA及びBの監護をすべく、東京地方裁判所に対し、Xを請求者、Yを拘束者、A及びBを被拘束者とする人身保護請求の申立てを行った。次の各段階において、人身保護請求の許否の実体的要件はどのように判断すべきか。

(1) 家庭裁判所に対し審判前の保全処分の申立てを行っていない段階
(2) 家庭裁判所において審判前の保全処分が出された段階
(3) 監護者についての審判が確定した段階

【解説】

一　はじめに

人身保護の制度は、法律上正当な手続によらないで身体の自由を拘束されている者のための非常応急的な特別の救済方法であり（最大判昭和三三年五月二八日民集一二巻八号一二二四頁）、この請求が認められるためには、①身体の自由が拘束されていること（拘束性）、②その拘束が違法であることが顕著であること（顕著な違法性）、③他に目的を達するための方法がないこと（補充性）の三つの要件が必要とされる（法二、規則三、四。各要件の概説については第八回「人身保護手続の概要」参照。）。本解説においては、共同親権者間における子の引渡しをめぐる人身保護請求事件を例題として、前記要件の②及び③について解説する。

二　家庭裁判所に対し、審判前の保全処分の申立てを行っていない段階

1　顕著な違法性

(1)　意義

人身保護請求による救済手続は、迅速かつ容易であることを本質とするため、違法性は顕著であることを要する（最大決昭和二九年四月二六日民集八巻四号八四八頁参照）。違法性が顕

著であるとは、書面等の迅速かつ容易な疎明方法による取調べがされれば、裁判所がすぐに判断できるような場合である。

(2)　従前の実務

最判昭和二四年一月一八日民集三巻一号一〇頁は、母が暴力をもって満二歳に達しない幼児を連れ去ったとしても、その子が現在平穏に養育され幸福である場合には、現在の状態をもって不法の拘束として、法を適用する必要はない旨判示し、拘束開始の態様よりも、現在の監護状態を重視する傾向を示していた。

最判昭和四三年七月四日民集二二巻七号一四四一頁は、「夫婦関係が破綻に瀕しているときに、夫婦の一方が他方に対し、人身保護法にもとづきその共同親権に服する幼児の引渡を請求することができる場合のあること、および右の場合、裁判所は、子を拘束する夫婦の一方が法律上監護権を有することのみを理由としてその請求を排斥すべきものでなく、子に対する現在の拘束状態が実質的に不当であるか否かをも考慮して、その請求の許否を決すべきであることは、当裁判所の判例とするところであり（昭和二三年（オ）第一三〇号同二四年一月一八日第二小法廷判決民集三巻一号一〇頁参照）、右拘束状態の当、不当を決するについては、夫婦のいずれに監護せしめるのが子の幸福に適するかを主眼として定めるのを相当とする」と判示した。以後、実務においては、相対的な比較の問題として、請求者と拘束者のいずれに監護させることが子にとって幸福であるかを判断する傾向が見られた。

(3) 最判平成五年一〇月一九日民集四七巻八号五〇九九頁（以下「平成五年最判」という。）と最判平成六年四月二六日民集四八巻三号九九二頁（以下「平成六年最判」という。）

平成五年最判は、「夫婦の一方（請求者）が他方（拘束者）に対し、人身保護法に基づき、共同親権に服する幼児の引渡しを請求した場合には、夫婦のいずれに監護させるのが子の幸福に適するかを主眼として子に対する拘束状態の当不当を定め、その請求の許否を決すべきである（最高裁昭和四三年（オ）第一四五五号同四三年七月四日第一小法廷判決・民集二二巻七号一四四一頁）。そして、この場合において、拘束者による幼児に対する監護・拘束が権限なしにされていることが顕著である（人身保護規則四条参照）ということができるためには、右幼児が拘束者の監護の下に置かれるよりも、請求者に監護されることが子の幸福に適することが明白であることを要するもの、いいかえれば、拘束者が右幼児を監護することが子の幸福に反することが明白であることを要するものというべきである（前記判決参照）。けだし、夫婦がその間の子である幼児に対して共同で親権を行使している場合には、夫婦の一方による右幼児に対する監護は、親権に基づくものとして、特段の事情がない限り、適法というべきであるから、右監護・拘束が人身保護規則四条にいう顕著な違法性があるというためには、右監護が子の幸福に反することが明白であることを要するものといわなければならないからである。」と判示した。この判決は、ともすればそれ以前の下級審裁判例では単に請求者と拘束者による子の監護状態を相対的に比較して人身保護請求の許否を決すべきものとする理解ないし運用がみられたことに対し、共同親権者間における子の引渡しの事案でも非常応急的な特別の救済手続であるという人身保護請求の枠内で判断する以上は顕著な違法性が要求されることを明示し、その判断基準としていわゆる明白性の要件を示したものと解されている。この判決において、可部恒雄裁判官は、「本件にみられるような共に親権を有する別居中の夫婦（幼児の父母）の間における監護権を巡る紛争は、本来、家庭裁判所の専属的守備範囲に属し、家事審判の制度、家庭裁判所の人的・物的の機構・設備は、このような問題の調査・審判のためにこそ存在する」との補足意見を付しており、子の引渡しをめぐる事案においては、本来人身保護手続よりも家庭裁判所の手続が適当であり、これを優先すべきであるとの考え方を示している。

そして、平成六年最判は、明白性の要件を満たす場合として、「夫婦のいずれか一方による幼児に対する監護は、親権に基づくものとして、特段の事情のない限り適法であることを考えると、右の要件を満たす場合としては、拘束者に対し、家事審判規則五二条の二又は五三条に基づく幼児引渡しを命ずる仮処分又は審判が出され、その親権行使が実質上制限されているのに拘束者が右仮処分等に従わない場合がこれに当たると考えられるが、更には、また、幼児にとって、請求者の監護の下では安定した生活を送ることができるのに、拘束者の監護の下においては著しくその健康が損なわれたり、満足な義務教育を受けることができないなど、拘束者の幼児に対する処遇が親権行使という観点からみてもこれを容認することができないような例外的な場合がこれに当たるというべきである。」と判示した。これにより、明白性の要件を充足する場合として、差し当たり、①拘束者の親権行使が実質上制限されている場合（以下「明白性の要件①」という。）と、②親権行使が濫用に当たる場合（以下「明白性の要件②」という。）とに限定していると解される（『最高裁判所判例解説・民事篇・平成六年度』〔西謙二〕三四六頁以下参照）。

2　補充性の要件

(1)　人身保護請求は、「他に救済の目的を達するのに適当な方法があるときは、その方法によって相当の期間内に救済の目的が達せられないことが明白でなければでき」（規則四ただし書）ないとされている。これを補充性の要件という。救済の目的を達する方法とは、法律上の救済手段とされ、例えば、訴訟、上訴、再審及び特別上告などであり、相当の期間とは、請求者の主観ではなく、客観的にその救済方法として通常の状態において当然に行われるべき期間とされている。

審判前の保全処分制度創設前のリーディングケースである最判昭和四三年七月四日民集二

二巻七号一四四一頁は、補充性の要件を特段問題とすることなく、人身保護請求を認容した原判決に対する上告を棄却している。

そして、審判前の保全処分制度が創設された後の最判昭和五九年三月二九日集民一四一号四九九頁は、「被拘束者を上告人による拘束から救済するために、被上告人が家庭裁判所に被拘束者の監護者の指定の審判を申し立て、家事審判規則五二条の二に従い被拘束者の引渡の仮処分を申請する方法によることができるとしても、一般的には、そのような方法によっては、人身保護法によるほどに迅速かつ効果的に被拘束者の救済の目的を達することができないことが明白である」と判示し、審判前の保全処分制度があるからといって人身保護請求が直ちに否定されないことを明らかにした（家事審判法は、家事事件手続法（平成二三年五月二五日法律第五二号）の施行に伴い廃止され、現在においては同法一〇五条以下が審判前の保全処分を規定しているが、前記の趣旨は同法においても同様と解される。）。

(2)　もっとも、子の引渡しを認容する審判前の保全処分については、平成五年最判以降の取組みにより、申立てから保全命令が出るまでに早ければ二週間、通常でも一か月あれば可能であり、一概に、審判前の保全処分が、迅速性及び実効性の点で人身保護手続に劣るということはできない状況となっている。

平成五年最判及び平成六年最判が、明白性の要件を定立し、実際上これを充足すると認められるのは明白性の要件①の場合であると考えられることを踏まえると、子の引渡しを求める者は、まずは家庭裁判所に対して審判前の保全処分を申し立てるべきであり、これを経ていない限り補充性の要件を満たさないと解すべきであるとの見解が有力となっている。

3　小括

以上の諸点を考慮すると、共同親権者間における子の引渡しの事案については、原則的に家事事件手続法に基づく保全処分をはじめとする家庭裁判所の手続を優先すべきことが判例によって示されているということができ、これを経ずに人身保護請求をしても、補充性の要件を欠くか、少なくとも顕著な違法性に関する明白性の要件を満たさないとして棄却に終わる公算が強いと思われる。東京地裁民事第九部においては、この種の事案につき、請求者が家庭裁判所の手続を経ていない場合には、裁判所においてその旨を指摘し、申立ての取下げを促している。

三　家庭裁判所において審判前の保全処分が出された段階

1　審判前の保全処分が却下された場合

前記二1のとおり、共同親権者間における子の引渡しには明白性の要件が必要とされるところ、審判前の保全処分が却下されている場合には、拘束者の下での監護が子の福祉に適合しているとの一応の公権的判断がされていることとなる。そうすると、その後の事情の変更により明白性の要件②を充足するような場合でない限り、顕著な違法性が認められる余地はなく、そのような場合は極めて限定的であると考えられる。

2　審判前の保全処分に基づく強制執行が行われていない場合

(1)　問題の所在

審判前の保全処分が出されているにもかかわらず、義務者が子を権利者に引き渡さない場合には、通常は顕著な違法性が認められることとなろう（明白性の要件①）。もっとも、審判前の保全処分に基づく強制執行を経ずに人身保護請求を申し立てた場合、補充性の要件を満たすかという問題が生じ得る。

(2)　審判前の保全処分に基づく強制執行

子の引渡しの保全処分が認容されたにもかかわらず、当事者が任意に引渡しに応じない場合には、法的手段により履行を確保する必要がある。もっとも、子の引渡しの保全処分の場合には、子の福祉を図るため、可能な限り義務者の自発的な履行を求めることが望ましい。そこで、保全処分をした家庭裁判所は、権利者の申出を受けて、義務の履行状況を調査し、義務者に対して、その義務の履行を勧告することができる（家庭裁判所が行う履行勧告　家事手続二八九Ⅰ）。この調査、勧告は家庭裁判所調査官により行われるのが通常である。

かかる履行勧告を経ても義務者の自発的な履行がされない場合には、権利者は、審判前の保全処分に基づく強制執行の申立てを検討することとなる。

(3)　補充性の要件についての検討

法は、人身保護命令に従わない拘束者に対して、勾引、勾留、過料（法一八、一二Ⅰ）さらには刑事罰（法二六）といった強制手段を設けている。こうした強制手段をできる限り発動しないで済むように補充性の要件が要求されていることからすると、権利者としては、まず、審判前の保全処分に基づいて、履行勧告の申立て、そして強制執行の申立てを行うべきであり、これらを経ていない場合には、補充性の要件を満たさないと考えられる。なお、保全処分を債務名義とする場合には、二週間の執行期間の制約（家事手続一〇九Ⅲ、民保四三Ⅱ）があることから、何らかの理由でこれが経過している場合には、補充性は問題とならない。

3　審判前の保全処分に基づく強制執行が行われた場合

(1)　子の引渡しの強制執行の方法

審判前の保全処分に限らず、本案審判や民事訴訟の判決において子の引渡しが命じられた場合、一般に子の引渡しの強制執行の方法については学説及び裁判例は分かれる（詳細については第一三回「子の引渡しの強制執行」参照。なお、子の引渡しの強制執行については最高裁判

所事務総局民事局監修『執行官提要第五版』（法曹会）三〇八頁も参照）。

直接強制説は、意思能力のない幼児の引渡しについては、動産の引渡執行に準じた方法により（民執一六九）、執行官が取り上げて債権者に引き渡す直接強制によることができるとの説である。この説は、例えば、幼児を実力で奪い去られたような場合においては、正当な権利を有する者が直接的な手段でその引渡しを求めることができないというのはかえって正義に反する結果となり、直接強制によることがむしろ子の福祉に合致することもあること等を考慮して、直接強制によることができると解するものである。

間接強制説は、子の引渡請求は親権行使妨害排除請求であるが、作為請求であると解して差し支えなく、ただ親権行使妨害排除請求の性質に照らし、非代替的なものと解すべきであるから、意思能力のない幼児の引渡しであっても、その執行方法は間接強制（民執一七二）によるべきであり、動産に準じて執行官が債務者からこれを取り上げて債権者に引き渡す方法によることはできないとの説である。

(2)　東京地裁の執行実務

従前、執行実務の多くは間接強制説を採用してきたように思われるが、現在では、直接強制を肯定する事例が集積してきているようである。東京地裁民事第二一部及び執行官室においても、現在、子の引渡しを命ずる裁判の実効性を確保し、子の利益を保護するために、子の引渡しの強制執行の方法として、意思能力のない子については一定の要件のもとで直接強制が可能であると解して、執行実務の運用に当たることとしている（ただし、いわゆる子奪取条約実施法施行後においては、子の引渡しの執行実務に関して従前の実務から変化がみられるところであり、その詳細については、第一三回「子の引渡しの強制執行」参照）。

(3) 補充性の要件についての検討

人身保護請求は、他に目的を達するための方法がないこと（補充性の要件）が必要であることからすると、意思能力のない子については審判前の保全処分に基づく直接強制を経ていなければ、これを満たさないというのが原則論である。

しかしながら、直接強制の実施により、義務者の抵抗に遭うなどした際に、子に心的外傷が伴う危険が多いとの指摘があり、直接強制を必ず経ていなければ補充性の要件を満たさないとの考えは、硬直的にすぎると考えられる。具体的な事案において、直接強制を経ずとも「他に目的を達するための方法がない」と認められる場合には、補充性ありとすることも可能であると考えられる。

4 顕著な違法性を認め得るその他の場合

ところで、審判前の保全処分が出されていないときに、顕著な違法性を認め得る場合はあるだろうか。

この点について、最判平成六年七月八日集民一七二号七五一頁は、共同親権者間で調停手続においてされた合意に基づき、請求者（母）が拘束者（父）に対して子を預けたにもかかわらず、夫が約束の日になっても妻の元に子を返さず、無断で住民票を夫の住所地に移転させてしまったという事案において、明白性の要件に言及することなく、拘束の顕著な違法性を認めた。

また、最判平成一一年四月二六日判時一六七九号三三頁は、調停手続において、夫が子らとの面接を強く希望し、調停委員会もこれを勧めたため、請求者（母）がこれを承諾したところ、拘束者（父）が弁護士事務所において行われた面接の場から二人の子のうち、一人を強引に連れ去ってしまったという事案において、明白性の要件を充足しないとして請求を棄却した原判決を破棄し、調停手続において形成された合意を実力で破ったことを重視して顕著な違法性を認めた。

これらの事案は、拘束者が離婚調停において調停委員会の面前でその勧めによってされた合意に反して子を拘束しているという点で共通しており、拘束者が裁判所の関与した合意に反する明白な手続違反を犯しているということ自体に、規則四条に規定する拘束の顕著な違法性があるとしたものと解することが可能である（『最高裁判所判例解説・民事篇・平成六年度』〔三村量一〕五六六頁）。ここでは、平成五年最判及び平成六年最判の判断基準を用いて顕著な違法性を判断していないことに注意を要する。

四　監護者についての審判が確定した段階

1　確定審判に基づく強制執行が行われていない場合

補充性についての考え方は、前記三2と同様であり、権利者としては、まず、確定審判に基づいて、履行勧告の申立て、そして強制執行の申立てを行うべきであり、これらを経ていない場合には、補充性の要件を満たさないと考えられる。なお、確定審判を債務名義とする場合には、執行期間の制約という問題は生じない。

2　確定審判に基づく強制執行が行われた場合

補充性についての考え方は、前記三3と同様である。

【例題に対する解答】

一　小問(1)（審判前の保全処分の申立てを行っていない段階）について

前記二のとおり、子の引渡しを求める者は、まずは家庭裁判所に対して審判前の保全処分を申し立てるべきであり、これを経ていない限り補充性の要件を満たさず、また通常は拘束の顕著な違法性も認められないと考えられる。

二　小問(2)（審判前の保全処分が出された段階）について

まず、審判前の保全処分が却下された場合には、通常は拘束の顕著な違法性が認められないと考えられる。次に、審判前の保全処分に基づく強制執行が行われていない場合には、補充性の要件を満たさないことが多いと考えられるが、例外的に「他に目的を達するための方法がない」といえるかは具体的事案に応じて検討することとなろう。さらに、審判前の保全処分に基づく強制執行が行われたが不奏功に終わった場合には、まさに補充性の要件を満たし、人身保護請求にふさわしい事案といえる。もっとも、A（一二歳）については、拘束の要件を満たさないのが通常であろう（第八回「人身保護手続の概要」参照）。

三　小問(3)（監護者についての審判が確定した段階）について

まず、Xは、Yに対し、確定審判に基づく強制執行を申し立てることが可能であるから、当該申立てをしていない場合にはこれを経ていない限り補充性の要件を満たさないことが多いと考えられるが、例外的に「他に目的を達するための方法がない」といえるかは具体的事案に応じて検討することとなろう。次に、確定審判に基づく強制執行が行われたが不奏功に終わった場合には、まさに補充性の要件を満たし、人身保護請求にふさわしい事案といえる。もっとも、A（一二歳）については、拘束の要件を満たさないのが通常であろう（第八回「人身保護手続の概要」参照）。

第一〇回　人身保護請求の申立て

【例題】

Yは、妻であるXとの間の子A（一二歳）及びB（五歳）を連れて東京都二三区内の住居を離れ、千葉市において新たな生活を開始した。そこで、Xは、自らA及びBの監護をすべく、東京地方裁判所に対し、Xを請求者、Yを拘束者、A及びBを被拘束者とする人身保護請求をしようとしている。この申立てをするに当たり、どのような点に留意すべきか。

【解説】

一　はじめに

本解説においては、前記設例により、人身保護請求の手続に関する事項のうち、主に、法に基づく請求、事件受理に当たって問題となる事項について説明する。なお、本解説の末尾

（二三九頁〜二三七頁）に請求書の記載例を掲げたので、参考とされたい。

二　当事者

1　請求者

人身保護請求の手続においては、その請求をした者を「請求者」という。

まず、「法律上正当な手続によらないで、身体の自由を拘束されている者」（法二Ⅰ）、すなわち「被拘束者」が請求者となり得る。しかしながら、実際は、身体の自由を拘束されている者が自ら請求することは困難なことが多いと考えられることから、法は、「何人」も被拘束者のために、請求者となることを認めている（法二Ⅱ）。請求者と被拘束者との間の身分関係や利害関係は要件とされていない。子の引渡しを目的とする人身保護請求の場合は、ほぼ例外なく、被拘束者本人ではなく、それ以外の者から請求がされている。なお、請求者の当事者能力については、自然人に限ると解されている（伊藤修『人身保護法論』（良書普及会）九五頁）。

被拘束者以外の者から請求がされた場合は、その請求が、「被拘束者の自由に表示した意思に反してこれをすることはできない」とされている（規則五）ことに留意する必要がある。請求が被拘束者の自由に表示した意思に反してされたときは、裁判所は、決定で請求を却下することになる（規則二一Ⅰ②）。したがって、裁判所は、被拘束者以外の者が請求者となっている人身保護請求の審理においては、請求が被拘束者の自由な意思に反しないことを確認しておかなければならないが、実務上は、疎明の難易性を考慮し、拘束者において、請求が被拘束者の自由な意思に反するものであることを疎明させることになる（須藤典明「人身保護請求の申立てと管轄」『新・裁判実務体系一三民事保全法』（青林書院）四〇一頁）。ただし、拘束者から、被拘束者の意思に反する請求であるとの主張がされたとしても、請求が被拘束者の自由な意思に基づくものであるかどうかの判断については慎重を期すべきである。子の引渡しを目的とする人身保護請求の場合、被拘束者たる子は、現に一緒に生活をしている拘束者の意向に与しやすい傾向にある上、そもそも、自己の置かれた状況、境遇を認識し、かつ将来を予測して適切な判断をする能力が十分に備わっているか否かの判断（一般的な意思能力と同様の基準でその有無を判断してよいのか、それとも別個の判断基準によるべきなのかも問題となる。前掲須藤四〇二頁も同様の問題提起をする。）にも困難を伴うことから、特に注意が必要である。実務上は、多少の個人差はあるものの、小学五、六年生以上であれば前記の能力が備わっていると考えられるが、その点を含め、請求が被拘束者の自由な意思に反するか否かについては、被拘束者の（国選）代理人による調査の対象とすることを検討すべきであろう。なお、近時、東京地裁民事第九部では、被拘束者が一四歳（中学二年生）と一一歳（小学六年生）の二つの事例において、各被拘束者に前記の能力が備わっていることを前提に、請求が被拘束者の自由な意思に反するものであると認め、請求を却下した。

人身保護請求をするに当たっては、原則として、弁護士を代理人としなければならない（法三本文）。これは、人身保護命令は強力な効果を有するものであるから、その濫用を防止するために、拘束が違法であるかどうかについて法律上及び事実上の判断能力を有する弁護士を代理人とすべきこととされたものである（人身保護法解説四二頁）。ただし、法は、「特別の事情がある場合には、請求者がみずからすることを妨げない」（法三ただし書）と規定し、例外を認めている。この「特別の事情がある場合」とは、例えば、弁護士に依頼している時間的な余裕がないほど差し迫った事態になっている場合や、弁護士が自ら請求者となる場合が考え得る。弁護士に依頼する資力がない場合もこの「特別の事情がある場合」に当たるといい得るが、人身保護請求の重大性、その手続の厳格性等に照らすと、日本司法支援センター（法テラス）の立替金制度を利用するなどして、できる限り弁護士である代理人を選任すべきである。被拘束者本人が自ら請求者となる場合は、身体の自由を制限されていて弁護士に接触することも容易でないことが多いと考えられるため、比較的緩やかに特別の事情の有無を判断すべき場合が少なくないだろうが、前記の趣旨に鑑みると、被拘束者以外の者が請求する場合には、比較的厳格に理解されるべきであろう（前掲須藤四〇三頁）。なお、弁護士である代理人を選任せずに自ら請求しようとする者は、この「特別の事情」を疎明しなければならず（規則六）、この疎明がない場合、請求は、決定で却下されることになる（法七）。

被拘束者以外の者が請求をする場合は、その者が被拘束者のために請求をするのであるから、その権能は手続追行権であると解され、判決の既判力については、民事訴訟法一一五条一項二号が適用されると解される（人身保護法解説二三頁）。

2　拘束者

「拘束者」とは、拘束（逮捕、抑留、拘禁等身体の自由を奪い、又は制限する行為をいう。）が官公署、病院等の施設において行われている場合には、その施設の管理者をいい、その他の場合には、現実に拘束を行っている者をいう（規則三）。「管理者」とは、その施設の管理について責任を有している者をいい（人身保護法解説二九頁）、通常はその施設の長であることが多いが、病院のように管理者が決まっている場合（医療法一〇条）はその者である。子の引渡しを目的とする人身保護請求においては、拘束者に同居の親族がいる場合が少なからずあるが、常にその全員を拘束者として請求をする必要があるとまではいえないように思われる。なお、拘束者の当事者能力については、拘束が事実行為であることから、自然人に限ると解されている（前掲伊藤九五頁）。

拘束者に代理人を要するか否かについては、特に規定は設けられていない。法一四条一項の「その代理人」は、同条項が憲法三四条後段に対応した規定であることを根拠に被拘束者の代理人を意味すると解されていること（人身保護法解説一〇四頁）、被拘束者以外の者に裁判所が代理人を選任しなければならない旨の規定もないことから、拘束者には代理人の選任は要求されていないものと考えられる。しかしながら、拘束者にも代理人による手続の追行が認められていること（規則二七Ⅰ、二九Ⅰ、三〇Ⅰ参照）から自ら代理人を選任することは妨げられないし、むしろ、人身保護請求の重大性、その手続の厳格性等に照らすと、代理人を選任することが望ましいといえる。なお、その場合、代理人は、弁護士でなければならない（規則四六、民訴五四Ⅰ）。

官公署の施設の管理者は、その施設の職員を代理人に指定し、訴訟行為をさせることができる（規則一六Ⅰ）。この場合、国の利害に関係のある訴訟についての法務大臣の権限等に関する法律五条ないし七条の規定が準用されるものと考えられる。この代理人は、復代理人の選任以外の一切の裁判上の行為をする権限を有するものとされている（規則一六Ⅱ）。

人身保護請求がされた後に拘束者が交替したときは、民訴法の義務承継人の訴訟引受けに関する規定（民訴五〇等）が準用される。官公署の施設の管理者が拘束者となっている場合において、その管理者が転任等によって交替したときは、民訴法の中断、受継に関する規定

（民訴一二四Ⅰ⑤、Ⅱ）が準用される（人身保護法解説五二頁）。

3　被拘束者

「被拘束者」とは、法律上正当な手続によらないで、身体の自由を拘束されている者をいい（法二Ⅰ）、その性質上、自然人に限ると解されている（前掲伊藤九五頁）。

被拘束者が人身保護請求の手続において当事者たる地位を与えられているか否かについては考え方が分かれ得るが、被拘束者は、法による救済を受ける当の本人であり、その意思に反する請求はできないこととされているほか（規則五参照）、手続面においても、請求書には必ず被拘束者の氏名を明記しなければならず（法五①、規則七③）、審問期日にはその出頭が必要とされ（法一二Ⅰ、一四Ⅰ、規則三〇Ⅰ本文）、請求について、被拘束者の自由な意思に基づき、攻撃防御方法の提出、異議の申立て、上訴の提起、請求の取下げその他一切の訴訟行為をすることができる（規則三四Ⅰ）だけでなく、その訴訟行為は請求者の訴訟行為に優先することとされている（規則三四Ⅱ）ことに鑑みると、実務上は、独立した当事者たる地位が与えられているものとして取り扱うことが相当であると考えられる（前掲須藤四〇四頁。同旨の裁判例として、東京地判昭和四八・六・一四判時七〇五号三一頁）。

なお、被拘束者には、弁護士たる代理人の選任が例外なく要求されていると解されるが（憲法三四後段、法一四、規則三一参照）、この点については、国選代理人に関する事項と併せて、第一一回「人身保護請求事件の審理」において解説する。

三　裁判所

1　管轄、移送

人身保護請求は、被拘束者、拘束者又は請求者の所在地を管轄する高等裁判所又は地方裁判所にすることができる（法四）。高等裁判所又は地方裁判所の支部もこれに含まれる（前掲民事裁判資料四五頁）。法は、人身保護請求の重大性に鑑み、地方裁判所に加えて高等裁判所にも管轄を認めたものと考えられるが、さらに、下級裁判所に係属中の事件につき、それがいかなる程度にあるかにかかわらず、最高裁判所が特に必要があると認めたときは下級裁判所に事件を送致させて自ら処理することができる旨を定めている（法二二Ⅰ、規則四三Ⅰ）。実務上、高等裁判所で審理されることは一定数あるようであるが、法二二条に基づいて最高裁判所が審理した例は極めて少ない。

土地管轄は、被拘束者、拘束者又は請求者の所在地を管轄する裁判所とされている。人身保護請求の趣旨に照らすと、法による救済を受ける被拘束者の所在地を管轄する裁判所が審理すべきであるが、必ずしも請求時において被拘束者の所在地が判明していない場合もあり得るため、人身保護請求を容易にするために広く土地管轄を認めたものと考えられる。しかしながら、子の引渡しを目的とする人身保護請求においては、拘束者と被拘束者の所在地は同一である場合がほとんどであり、拘束者及び被拘束者の所在地が不明であることは通常想定し難い上、請求者の所在地により土地管轄が認められる場合であっても、拘束者及び被拘束者の所在地がその地方裁判所の管轄区域にない場合には、審問期日や準備調査期日への拘束者及び被拘束者の出頭を確保する必要性が高いこと、仮に拘束者の出頭を確保するために勾引等の手続（法一八）を執る際は拘束者の所在地を管轄する地方検察庁との連携が不可欠となることなどを考慮すると、審理の迅速性（規則一一）の見地から、拘束者及び被拘束者の所在地を管轄する地方裁判所に人身保護請求をすべきである。また、事件を受理した裁判所は、請求者の申立て又は職権により、適当と認める他の管轄裁判所に事件を移送することができるから（法八）、拘束者及び被拘束者の所在地がその管轄区域にない場合は、職権で、拘束者及び被拘束者の所在地を管轄する地方裁判所に対して事件を移送すべきである（前掲須藤四〇五頁以下）。なお、管轄のない裁判所に人身保護請求があった場合には、民訴法一六条により、管轄裁判所に事件を移送することができる（人身保護法解説六二頁）。

移送の裁判及び移送の申立てを却下した裁判に対しては、独立して不服を申し立てることはできない（規則一四Ⅰ）。これは、人身保護請求の迅速性を重視する趣旨であると考えられる。ただし、移送の裁判及び移送の申立てを却下した裁判が法令に違反しているときは、上告裁判所の判断を受けることとされている（規則一四Ⅱ）。したがって、法令違反があれば、その点で原判決が破棄されることとなる。

国際的な子の連れ去りについても、我が国の裁判所が国際裁判管轄を有するときは、人身保護法に基づき子の引渡しを求めることが可能である。この点、大阪地決昭和五五・六・一六判タ四一七号一二九頁は、拘束者が我が国の主権の及ぶ範囲内に現住し、我が国の裁判権に服すべき場合に限り人身保護請求ができるとして、ハワイ在住の者を拘束者とする人身保護請求を不適法として棄却している。この裁判例に関しては、当事者間の便宜公平や子の福祉の観点等から、例外的に請求者の住所地が我が国にあれば、我が国の裁判所に国際裁判管轄を認める余地があるとの見解があるが（南敏文「国際的な子の奪取と人身保護請求」国際私法の争点〈新版〉（ジュリスト増刊　法律学の争点シリーズ八）一八七頁、尾立美子「外国人父母間の子の奪い合いと日本の裁判所の裁判管轄と準拠法」判タ七四七号四八〇頁、櫻田嘉章「日本人父と帰国した子の人身保護請求と外国裁判所の暫定的監護命令の効力」昭和六〇年度重要判例解説（ジュリスト八六二号）二五七頁）、審理の迅速性、身柄解放の実効性の見地からは、拘束者及び被拘束者が我が国に現住していないのであれば、我が国の裁判所に国際裁判管轄を肯定することには慎重であるべきであろう。

2　裁判体の構成、裁判官の除斥・忌避

人身保護請求に係る事件は、法定合議事件とはされていない（法九Ⅱの規定により法定合議事件に当たると解することはできない。人身保護法解説六九頁）。そのため、単独体の一人の裁判官で事件を取り扱うことができる。ただし、東京地裁民事第九部では、子の引渡しを目的とする請求はより慎重な審理及び判断をする必要があるとの理解の下、合議体で審理及び裁判をすることとしている（地方裁判所が事件を受理した場合は、合議体で審理及び裁判をする旨の決定（裁判所法二六Ⅰ）が必要であるが、高等裁判所が事件を受理した場合は、その事件は、当然に合議体で審理及び判断される（裁判所法一八Ⅰ本文））。

裁判官の除斥、忌避については、民訴法二三条ないし二六条の規定が準用されるが、規則には次のような特則が設けられている。

まず、人身保護請求で救済の対象となっている拘束が裁判の執行として行われている場合は、その裁判に関与した裁判官は、法律上職務の執行から除斥されるものとされている（規則一〇）。

次に、審理の迅速性（規則一一）を徹底するため、除斥又は忌避の申立てが手続を遅延させる目的のみでされたことが明らかであるとき、又はその申立てに手続違背がある場合は、裁判所は、決定でその申立てを却下しなければならないとされている（規則一二Ⅰ）。なお、

この決定には、除斥又は忌避を申し立てられた裁判官も関与することができることとされている（規則一二Ⅱ）。

さらに、前記同様の趣旨から、人身保護請求の審理中に除斥又は忌避の申立てがあった場合においても、原則として審理手続は停止しないこととされている（規則一三本文）。ただし、例外的に、合議体の裁判官が除斥又は忌避されたときはその合議体が、単独体の一人の裁判官が除斥又は忌避されたときはその裁判官が、申立てを理由があると認めたときは、審理手続は停止することとされている（規則一三ただし書）。

四　請求の手続

1　請求の方式

人身保護請求は、書面又は口頭ですることができる（法四）。拘束状態を一時的に逃れて人身保護請求をするような緊急の場合にまで書面の作成を要求することは請求者に困難を強いることになるから、法は、口頭による請求の余地を認めている。口頭により請求しようとするときは、裁判所書記官の面前で陳述をしなければならず、事件を受理した裁判所の裁判所書記官は、申立調書を作成しなければならない（規則四六、民訴規一Ⅱ）。

しかしながら、**第八回「人身保護手続の概要」**、**第九回「人身保護請求の実体的要件」**で解説したとおり、人身保護請求が認められるためには、①身体の自由が拘束されていること（法二Ⅰ）、②拘束が違法であり、かつその違法が顕著であること（法二Ⅰ、規則四本文）、③他に救済の目的を達するための適当な方法がないこと（規則四ただし書）の三つの要件が必要とされているところ、口頭による請求がされる場合は、これらの要件を基礎付ける事実が未整理のまま請求がされたり、必要な主張が漏れていたりするおそれが高く、申立後に補正や求釈明が必要となるなど、かえって審理の迅速性（規則一一）に反することになりかねない。

そこで、請求の当初から、審理の対象及び事案の概要を明確にし、迅速かつ円滑に手続を進行させるため、人身保護請求は書面によるべきであり、東京地裁においても、必ず書面によって請求させることとしている。

2　請求書記載事項

請求書の必要的記載事項は、次のとおりである（法五、規則七）。

①　請求者又はその代理人の氏名及び住所
②　拘束者の氏名、住所その他拘束者を特定するに足りる事項
③　被拘束者の氏名
④　請求の趣旨

⑤　拘束の日時、場所、方法その他拘束の事情の概要

⑥　拘束が法律上正当な手続によらない理由

⑦　規則四条ただし書の規定により請求するときは、同条ただし書に当たる事由（他に適当な救済方法があるときは、その方法では相当期間内に救済の目的が達せられないことが明白であること）

ここで、被拘束者の住所は必要的記載事項とされてはいないが、前記のとおり、原則として被拘束者の所在地を管轄する裁判所が審理すべきであるから、できる限り被拘束者の住所を記載することが望ましい。

このほか、請求者が弁護士を代理人としないで自ら請求する場合には、その特別の事情（法三ただし書）を記載することになる。

また、攻撃又は防御の方法及びこれらに対する拘束者の陳述（規則四六、民訴一六一Ⅱ）の記載があると、争点が明確になり、審理の迅速性（規則一一）に資するため、非常に有益である。

なお、請求書には、請求者又はその代理人の記名押印を要し、その他、附属書類の表示、年月日、裁判所の表示等の記載も必要である（規則四六、民訴規二Ⅰ）。

3　手数料の納付

人身保護請求の手数料は、二〇〇〇円である（規則九Ⅰ）。この手数料は、請求書又は申立調書に収入印紙を貼って納めなければならない（規則九Ⅱ）。なお、人身保護請求は被拘束者の救済を目的とするものであるから、この手数料の額は、請求者、拘束者の数に関係なく、被拘束者一人につき二〇〇〇円の割合によるものと考えるのが相当である。

請求の手数料のほかに請求者が納付すべきものとして、被拘束者の国選代理人に支給する報酬等がある（規則三八Ⅰ）。東京地裁民事第九部では、二〇万円ないし三〇万円程度を予納させる例が多い。請求の時点で予納を命じられるものではないが、請求をするに当たっては留意が必要である。

4　不備の補正、請求の却下

請求書に前記2の必要的記載事項が記載されていない場合（それらしい記載はあるものの、記載が意味不明の場合を含む。）、必要な疎明方法の提出がない場合、前記3の手数料の納付がない場合（不足している場合も含む。）は、裁判所は、これらの不備を三日以内に補正すべきことを命じなければならない（規則八Ⅰ）。

補正を命じられたにもかかわらず、請求者が期間内に不備を補正しないときは、裁判所は、決定で請求を却下しなければならない（規則八Ⅱ）。この決定は、請求者に対してのみ告知すれば足りる。告知の方法は相当と認める方法（規則四六、民訴一一九）でよいが、この決定に対しては、告知を受けた日から五日の不変期間内に特別抗告（規則四六、民訴三三六）をすることができると解されているため、その起算日を明らかにするために、決定謄本を送達する方法によることが望ましい。

東京地裁民事第九部における近時の事例を見ても、刑事施設収容中の受刑者等からの請求については、現実に却下に至ったものが散見される。

5　併合、重複する請求

人身保護請求は、他の訴えと併合して提起することはできない（規則一五）。これは、人身保護請求の手続と同種の手続とはいえない他の訴えと併合すると、審理の迅速性（規則一一）が妨げられることになるからである（人身保護法解説六四頁）。したがって、違法な拘束を理由として損害賠償を求める訴え等を併せて提起することはできない。

しかしながら、人身保護法による数個の請求は、併合して差し支えないとされており（前掲民事裁判資料六四頁）、東京地裁でも、一つの請求で複数の被拘束者に対する救済を求めることを認める取扱いとしている。これに対し、通常は被拘束者ごとに拘束の理由や違法の理由が異なるはずであり、人身保護請求の重大性、迅速性、個別性に反するものとして、一つの請求ですることは許されないとの見解がある（前掲須藤四〇四頁）。確かに、被拘束者ごとに事情が異なる場合があることは否定できないが、そのような事情が判明した時点で審理を分離すること（規則四六、民訴一五二Ⅰ）が可能であることのほか、請求書等の書面の作成、必要な疎明資料等の準備などの請求者に要する負担等に鑑みると、一律に併合提起を禁止するとの取扱いは相当でないと思われる。

人身保護請求は誰でもできる上、管轄も広く認められているため、同一の被拘束者についての請求が、時期及び請求者を異にして複数されることが考えられる。このような場合、たとえ請求者が異なっていても重複する請求に当たると考えられることから、裁判所は、民事訴訟法一四二条により、原則として時間的に後にされた請求を不適法なものとして却下すべきであろう（規則二一Ⅰ①）。

6　受理後の面接

東京地裁民事第九部では、子の引渡しを目的とする人身保護請求の事件を受理した場合、担当裁判官が直ちに記録を検討し、原則として受理の当日に請求者代理人と面接し、事案の概要を確認して処理の緊急性の度合いを把握するとともに、手続の進行についての意見聴取を行っている。

なお、第九回「人身保護請求の実体的要件」の解説でも触れたが、共同親権者間における子の引渡しを目的とする請求については、判例（最三小判平成五年一〇月一九日・民集四七巻八号五〇九九頁、最三小判平成六年四月二六日・民集四八巻三号九九二頁）により、原則として、家庭裁判所の手続によるべきであり、人身保護請求は認められないことが示されたにもかかわらず、依然として人身保護請求がされる事案も皆無ではない。このような事案では、面接の際に裁判所からその旨を指摘し、その結果、実質的審理に入る前に請求が取り下げられる例が多い。

【例題に対する解答】

まず、法は、何人も被拘束者のために請求者となることを認めていることから、Xは、その子であるA及びBの救済を求めて、人身保護請求をすることができる。この場合、原則として、弁護士を代理人としなければならない。ただし、A及びBは、Yと共に千葉市において新たな生活を開始したというのであるから、その住所地を管轄する千葉地方裁判所に対して人身保護請求をすべきである。仮に、東京地方裁判所に対して請求がされた場合は、事件を受理した裁判所は、千葉地方裁判所への移送を検討することになるが、審理の迅速性の観点からは、請求者に対し、請求の取下げと千葉地方裁判所への請求を促すことが望ましい。

人身保護請求は書面で行うべきであり、請求書の記載事項は解説で述べたとおりであるほか、本書（二三九頁～二三七頁）の記載例も参考とされたい。なお、例題においては、被拘束者は二人であるので、請求書に貼る収入印紙の額は四〇〇〇円となる。また、請求の時点においてXとYの婚姻関係が継続しているのであれば、Xの請求は、共同親権者間における子の引渡しを目的とする請求となり、この場合、判例によれば、原則として家庭裁判所の手続によるべきであって、人身保護請求は認められないことになるから、請求書においてはこの点を意識した記載が求められる。

また、原則として、一つの請求で複数の被拘束者に対する救済を求めることを認めてよいと考えられるが、Aは一二歳であることから、自己の置かれた状況、境遇を認識し、かつ将来を予測して適切な判断をする能力が備わっており、そのAが自己の自由な意思に基づいてYの監護下にいる可能性が考えられるところ、そのような事情が認められる場合には、Xによる請求がAの自由に表示した意思に反してされたものに当たり、決定で請求を却下すべきことになるから、事件を受理した裁判所は、そのような進行となる可能性があることを考慮し、受理後の面接において、請求者と手続の進行について協議する必要があろう。

わない。加えて，本件審判に基づく強制執行を行っても功を奏さなかったのであるから，請求者が拘束者による被拘束者Ａ及びＢの拘束を解くためには人身保護請求によるほかなく，他に適当な方法はない。

６　結語

よって，請求者は，人身保護法２条及び人身保護規則４条に基づき，被拘束者Ａ及びＢの救済のため本件請求に及んだ次第である。

附　属　書　類

委任状　　　　１通

疎　明　方　法

甲第１号証　戸籍謄本

甲第２号証　住民票

甲第３号証　陳述書（Ｘ）

甲第４号証　審判書

甲第５号証　強制執行申立書

甲第６号証　執行調書（不能）

3

者が請求者と被拘束者Aとの連絡を妨害し，被拘束者を自己の精神的支配下に置いていることからすると，被拘束者A自身が自由な意思で拘束者の下にとどまっているものではない。

また，被拘束者Bは現在5歳であり，およそ意思能力があるということはできない。意思能力のない子の監護は，人身保護法2条所定の「拘束」に当たるものと解すべきである（最高裁昭和43年7月4日第一小法廷判決・民集22巻7号1441頁参照）。

したがって，拘束者が被拘束者A及びBを監護下に置いていることは，人身保護法及び同規則にいう「拘束」に該当する。

3　請求に至る経緯

(1)　拘束者は，平成23年7月15日，請求者，被拘束者A及びBと同居していた家（請求者の肩書地）から被拘束者Bを連れて出て，千葉市内での生活を始めた。また，拘束者は，同月22日に被拘束者Aが通う小学校を訪れ，被拘束者Aを連れ去り，以後，現在に至るまで，被拘束者A及びBと同居している。

(2)　請求者は，拘束者を相手方として，被拘束者A及びBの監護者の指定と二人の引渡しを求める審判及び審判前の保全処分を千葉家庭裁判所に申し立てたところ，平成27年6月26日，審判前の保全処分として，拘束者は請求者に対し被拘束者A及びBを引き渡せとの審判（以下「本件審判」という。）がされた（甲4）。

(3)　請求者は，本件審判が出たことを受け，拘束者に対して被拘束者A及びBの任意の引渡しを求めたが，拘束者はこれを無視した。

そこで，請求者は，本件審判を債務名義として，千葉地方裁判所に対し，被拘束者A及びBの引渡しの強制執行を申し立てたが（甲5），拘束者は，同裁判所執行官の説得に応じることなく強制執行は不能に終わったため（甲6），現在においてもなお，拘束者は被拘束者A及びBの引渡しを履行していない。

4　拘束の顕著な違法性

拘束者による被拘束者A及びBの拘束は，裁判所による本件審判を無視するものであって極めて不当であり，法律上正当な手続によらない顕著な違法性があることは明らかである。

5　救済目的を達するのに他に適当な方法がないこと

上記のとおり，拘束者は任意の引渡しはおろか，裁判所による本件審判にも従

2

人身保護請求書

平成 27 年 10 月 1 日

東京地方裁判所御中

請求者代理人弁護士　○　○　○　○　㊞

当事者の表示　　別紙当事者目録（省略）記載のとおり

人身保護請求事件
手数料の額　4000 円

第１　請求の趣旨

１　被拘束者Ａ及びＢのため，拘束者に対し人身保護命令を発付し，被拘束者Ａ及びＢを釈放し，請求者に引き渡す。

２　手続費用は拘束者の負担とする。

との裁判を求める。

第２　請求の理由

１　当事者

請求者と拘束者とは，平成14年10月１日婚姻の届出をした夫婦であり，被拘束者Ａはその間に生まれた長女（平成 15 年８月15日生，現在 12 歳），被拘束者Ｂは長男（平成 22 年４月11日生，現在５歳）である（甲１）。なお，請求者と拘束者との間の離婚は，いまだ成立していない。

２　拘束の事実

被拘束者Ａ及びＢは，平成 23 年７月から今日に至るまで，拘束者と共に千葉市内において生活し，拘束者の監護下に置かれている（甲２）。

被拘束者Ａは現在 12 歳（小学６年生）であるが，今後の自身の生活，教育の安定性，中学校・高校への進学等の将来を見据えた概括的な判断など，将来を予測して適切な判断をする十分な能力はない。仮に，現時点では被拘束者Ａにそのような能力があるとしても，拘束者による被拘束者Ａの監護は，被拘束者Ａが７歳11 か月の時点で開始され，以後，現在まで違法な態様で継続されている上，拘束

第一一回　人身保護請求事件の審理(1)

【例題】

妻Xは、夫Yが、両名の間の子であるA（一二歳）及びB（五歳）を連れて住居を離れ、Yの実家で生活を始めたことから、A及びBの引渡しを求めるべく、裁判所に人身保護請求の申立てをした。

1　Xは、申立書において、YはA及びBを日常的に虐待しており、監護者として不適当であると主張している。裁判所は、A及びBの従前及び現在の監護状況を調査するため、準備調査期日を指定し、A及びBの国選代理人を選任することができるか。

2　Yは、準備調査期日において、一か月後にA及びBを任意にXに引渡したい旨述べた。Xも任意の引渡しによる解決を希望している場合、Xの人身保護請求はどのような手続により終了させることができるか。

【解説及び例題への解答】

一　はじめに

人身保護請求を受理した管轄裁判所（法四）は、形式的要件（規則七、九）に不備がない場合には、実体的要件（規則三、四。その詳細は**第八回「人身保護手続の概要」**、**第九回「人身保護請求の実体的要件」**の解説を参照のこと。）の審理に入る。実体的要件の審理に当たり、裁判所は、審問期日を指定して請求者又はその代理人、被拘束者及び拘束者を召喚する（法一二Ⅰ）とともに、拘束者に人身保護命令を発令する（法一二Ⅱ）。被拘束者に代理人がないときは、裁判所が弁護士の中から代理人を選任する（法一四Ⅱ、規則三一Ⅱ）。これを国選代理人という。主張と疎明資料を明瞭にするため、審問手続に入る前に拘束者、被拘束者、請求者やその代理人その他関係者の陳述を聞く調査が行われることがある。これを準備調査手続という（法九、規則一七）。また、審理を進めていく中で当事者間の合意が成立し、本案判決に至らずに紛争が解決することもある。今回は、例題を題材に、準備調査手続及び国選代理人について解説するとともに、人身保護請求の本案判決以外の終了原因（取下げ、和解）についても解説を行い、審問以降の手続は、次回において解説する。

二　小問1について

1　準備調査手続

(1)　準備調査手続の意義・趣旨

人身保護請求を受けた裁判所は、請求の形式的要件を欠いて決定で却下する場合（法七、規則七～九）又は他の管轄裁判所へ移送する場合（法八）のほかは、人身保護請求の当否について審理しなければならない。人身保護請求の審理は、拘束者に対して人身保護命令を発令した上（法一二Ⅱ）、請求者又はその代理人、拘束者及び被拘束者を召喚して審問期日を開き（法一二）、これらの者が出席する公開法廷で（法一四Ⅰ、なお規則三〇参照）、拘束者の答弁及び請求者の陳述を聴き、疎明資料の取調べをする（法一五Ⅰ、規則二九Ⅰ～Ⅲ）ことにより行うのが原則とされている。しかし、人身保護命令は、拘束者に対し、被拘束者を審問期日に出頭させる義務を課し（法一二Ⅱ）、これに違反した場合、拘束者は、勾引、勾留や過料の制裁を受ける場合がある（法一八）という強大な効力を持つものであり、請求や疎明資料の内容が不明瞭のまま、審問手続に入るのは相当ではない。そこで、法は、人身保護請求の審理手続を二段階に分け、審問手続に入る前の段階で、審問期日における取調べの準備のため、すなわち、人身保護命令を発令して審問期日を開くか否かを決めるため、裁判所は、拘束の事由その他の事項について必要な調査を行うことができるものとした（法九）。この準備のための手続は、準備調査手続と呼ばれている。そして、準備調査手続の結果、請求に理由がないことが明白になれば、審問手続を経ることなく、決定で請求が棄却される（法一一Ⅰ）。このように準備調査手続は、人身保護請求の審理の第一段階として、審問手続に入る事件を選別する役割を有している。

(2)　準備調査手続の要否

前記のとおり、準備調査手続は、事案を明瞭にするための手続であるから、請求や疎明資料の内容に不明瞭な点がない場合には、準備調査手続を省略することができることは当然であり、法九条一項も「裁判所は、前二条の場合を除く外、審問期日における取調の準備のために、……必要な調査をすることができる。」（傍点は筆者）と規定して、準備調査手続を行うか否かは裁判所の裁量に委ねている。

ところで、本問のような夫婦間等の親族間での子の引渡し（離婚した夫婦間のものも含む。以下同じ。）を目的とする人身保護請求事件は、類型的に見て、請求者と拘束者の主張が激しく対立し、主張や疎明資料を整理する必要が大きい。また、子の福祉の観点から見た場合、実体的要件の存否について速やかに審理を遂げた上、判決によって解決するよりも、紛争を巡る人間関係や環境を調整し、紛争の実情に応じた円満な解決を図ることが望ましい場合も多い。そこで、審問期日は、原則として人身保護請求のあった日から一週間以内に開く必要があるが、特別の事情のあるときは、その期間を短縮又は伸張することができる（法一二Ⅳ）ことも踏まえ、東京地裁民事第九部においては、実質的審理に入るのが相当と認められる事案では、積極的に準備調査手続を活用している。具体的には、請求のあった当日あるいはそれに近接した日に請求者代理人と面接を行い（性質は準備調査における審尋の一種と解される。）、紛争の実情等の必要な情報を聴取し、実質的審理に入るのが相当と認められる場合には、直ちに拘束者を審尋すべき準備調査期日を指定している。他方、請求書の記載内容や請求者から提出された疎明資料自体から、実体的要件を欠くなどして請求に理由がないことが明らかな事案では、請求者代理人との面接時に取下げを勧告することもある（東京地裁民事第九部人身保護研究会「東京地裁における人身保護事件の処理状況」判時一四三一号一四頁以下、同一九六一号一二頁）。

(3)　準備調査手続の方法

準備調査手続は、拘束者、被拘束者、請求者及びその代理人その他事件関係者のうち、拘束の事由その他の事項の調査について必要と認められる者を審尋して行う（法九Ⅰ、規則一七）。この審尋は、民訴法上の審尋（民訴八七Ⅱ）であって、口頭又は書面によって陳述させることができ、手続の公開も要請されない。また、準備調査手続は、合議体の構成員（受命裁判官）に行わせることができる（法九Ⅱ）。東京地裁民事第九部においては、子の引渡しを目的とする人身保護請求事件は合議体で審理する運用であるが、受命裁判官に準備調査手続を行わせることもある。

⑷　準備調査期日の指定、呼出し

準備調査の方法として、口頭による審尋を行う場合には、準備調査期日を指定して対象者の呼出しをする。呼出しは、対象者に呼出状を送達して行うのが通常であるが、準備調査手続における対象者の審尋は必要的とされていないことから、裁判所が自由に定める相当な方法によってできるとの指摘もある（人身保護法解説七〇頁）。なお、準備調査期日の指定に当たっては、審問期日は請求のあった日から一週間以内に開き、かつ人身保護命令の送達と審問期日との間には三日の期間をおかなければならないとされている（法一二Ⅳ）ことに留意する必要がある。

もっとも東京地裁民事第九部では、法一二条四項の定めにかかわらず、子の引渡しを目的とする人身保護請求事件について準備調査期日を指定して審尋を行う場合、請求者代理人との面接終了後、一週間ないし一〇日前後の日に当該準備調査期日を指定することが多く、準備調査期日には、原則として請求者及び拘束者双方を呼び出している。また、拘束者に呼出状を送達するに当たり、人身保護請求書副本及び請求者が提出した疎明資料を同封する扱いである。

(5)　準備調査期日における手続、調査事項

準備調査手続における調査対象は、拘束の事由その他の事項である（法九Ⅰ）。先に述べたように、準備調査手続は、事案を明瞭にして、人身保護命令を発令し、審問手続に入るか否かを判断するための手続であるから、準備調査手続における調査はその判断に必要な限度で行うべきであり、その限度を超えて、本案判決（法一六Ⅰ）をなし得る程度の徹底した調査を行うことは、公開の法廷において拘束の理由を開示することを要求する憲法三四条後段の精神に反して許されないといわれている（伊藤修『人身保護法論』（良書普及会　昭和二四年）一一二頁）。この点、拘束の事実や拘束についての正当な理由の有無に関する当事者の主張を明確にして争点を明らかにし、当事者から提出される疎明資料を整理することは、本案判決をするための心証を得ることを目的とする証拠調べとは異なり、審問期日における取調べの準備行為に他ならないし、その整理の過程において自ずと請求に理由がないことが明らかであるか、あるいは人身保護命令を発令して審問手続に入るべきか否かの心証も形成されるのであるから、法が想定する調査であるといえる。

子の引渡しを目的とする人身保護請求事件の審理においても、拘束の経緯や監護養育の状況や環境等の紛争の実情に関する主張やそれを裏付ける疎明資料の提出を受けて、主張や疎

明資料を整理し、争点を明確にすることにより、審問期日においていかなる疎明資料を取り調べるか、その審理計画を策定することになる。また、調査の結果明らかになった紛争の実情や、当事者の意向等も踏まえ、紛争を話合いによって解決するのが相当であると判断される事案においては、後述するように、紛争の円満解決に向けての環境調整を図るべく、請求者や拘束者に対して一定の働きかけが行われる場合がある。

(6) 準備調査手続の結果

先に述べたとおり、準備調査手続は、事案を明瞭にして、人身保護命令を発令し審問手続に入るか否かを判断することを目的とする手続であって、本案判決のための心証を得ることを目的とする手続ではない。したがって、準備調査手続でなされた主張や提出された疎明資料は、当然には本案判決のための判断資料にはならないから、これを本案判決の判断資料とするため、当事者は、審問期日において、準備調査手続の結果を陳述する必要がある（前掲判時一九六一号一四頁）。

2 国選代理人

(1) 選任の要件

被拘束者に代理人がないときは、裁判所は、弁護士の中から代理人を選任しなければならない（法一四Ⅱ、規則三一Ⅰ、Ⅱ）。被拘束者に代理人が選任されているか否かを定める時期は、審問期日の呼出状の送達時である（人身保護法解説一一一頁）。被拘束者は、自ら代理人を選任することもできるが、被拘束者の代理人は、弁護士でなければならない（規則三一Ⅰ）。また、被告人又は被疑者である被拘束者が、私選弁護人を選任している場合には、その弁護人が被拘束者の代理人とみなされる（規則三一Ⅲ）。

(2)　選任手続

刑事事件における国選弁護人と異なり（刑事訴訟規則二九Ⅰ、Ⅱ）、人身保護請求手続においては、選任する弁護士の範囲は、法定されていないものの、実務上、弁護士会に対して推薦依頼をし、推薦のあった弁護士を国選代理人に選任していることが多いと思われる。具体的には、裁判所が、弁護士会に対し、代理人推薦依頼書と人身保護請求書の写しを送付して推薦を依頼し、弁護士会から推薦の通知を受けた弁護士を国選代理人に選任するというものである。

(3)　国選代理人による調査等

国選代理人は、審問期日において拘束者の答弁書に基づく陳述に対して陳述ができる（規則二九Ⅰ）ほか、被拘束者に代わり、攻撃防御方法の提出（規則三四Ⅰ）ができると解される。人身保護請求手続においては、請求者と拘束者の主張が真っ向から対立しているにもかかわらず、主張を裏付けるだけの客観的資料が十分に提出されているとは言い難く、請求者及び拘束者から独立した第三者的立場にある被拘束者代理人の活動は、裁判所が事案に関する資料を獲得し、事案を把握するための貴重な存在であるとの指摘もある（中田昭孝・斎藤聡「民事実務研究　子の監護をめぐる人身保護請求事件の諸問題」判タ九五〇号八六、八七頁）。

子の引渡しを目的とする人身保護請求事件では、年少の被拘束者が自ら代理人を選任することは事実上不可能であり、被拘束者には国選代理人が選任されることになる。そして、選任後、国選代理人は、請求者、拘束者方等への訪問や請求者、拘束者、被拘束者への面接等を行い、拘束の経緯、拘束者による現在の監護養育状況、請求者による従前の監護養育状況、被拘束者の現在の心身の状態のほか、請求者、拘束者の意向、被拘束者の心情などを調査する。その結果は、適宜、口頭あるいは書面にて報告され、調査結果の報告書は、審問期日において疎明資料として提出されている。中立性のある国選代理人から提出される調査報告書は、裁判所が人身保護請求事件の審理をするに当たっての重要な資料になっている。このような国選代理人の活動の重要性に鑑み、東京地裁民事第九部では、国選代理人選任後、国選代理人と速やかに面接を行い、国選代理人に事案の概要や問題点を伝え、今後の調査活動についての打合せを行っている。

3　例題への解答

(1)　先に述べたとおり、準備調査手続は、請求者の人身保護請求が、申立時において実体的要件を欠いていることが明白とはいえないが、事案を明瞭にするため主張と疎明資料を整理し、人身保護命令を発令して審問手続に入るか否か判断するための調査が必要な場合に行うものである。

また、被拘束者に代理人が選任されているか否かを判断する時期は、審問期日の呼出状送達時であると考えられるところ、本問のように準備調査手続の段階で被拘束者に国選代理人を選任できるかが問題となる。子の引渡しを目的とする人身保護請求事件では、被拘束者の監護養育状況等の調査や環境調整を行うため、国選代理人を早期に選任する必要性が高く、法が、被拘束者の権利保護のため、審問期日における弁護士たる代理人の立会いを求める趣旨からすれば、審問期日を開く蓋然性が高いことを前提として、準備調査手続段階において被拘束者に国選代理人を選任することは、法の許容するところであると解される。実際、東京地裁民事第九部においても、相当数の事案において、準備調査手続段階で被拘束者の国選代理人が選任されている。

(2)　このように準備調査手続を行うか否か、国選代理人を選任するか否かは、審問期日を開く蓋然性がどれだけ高いといえるかにかかっているといえる。本問のような夫婦間の子の引渡しを目的とする人身保護請求事件では、拘束者による監護も親権に基づくものとして、特段の事情のない限り適法であり、その監護に顕著な違法性があるというためには、その監護が子の福祉に反することが明白であることを要する（最判平成五年一〇月一九日民集四七巻八号五〇九九頁）。そして、この要件を満たす場合としては、子の引渡しを命じる家事審判法（現在の家事事件手続法）上の仮処分又は審判が出されているのに、拘束者がこれに従わない場合や、拘束者の監護の下では著しくその健康が損なわれたり、満足な義務教育を受けることができないなど、拘束者の被拘束者に対する処遇が親権行使という観点からみてもこれを容認することができないような例外的な場合が考えられるという（最判平成六年四月二六日民集四八巻三号九九二頁）。

これらの判例によって示された要件は、明白性の要件と呼ばれるが（詳細については**第九回「人身保護請求の実体的要件」**の解説を参照）、本問においては、請求者は、拘束者による虐待を主張しており、申立時において、明白性の要件を欠くことが明らかであるとまでいえるかは微妙である。もっとも、夫婦間の子の引渡しは、家事事件手続法上の審判又は審判前の保全処分の対象となり、その紛争の解決は、人身保護請求事件の手続よりも、心理学等の専門的知識を有する家庭裁判所調査官による調整、調査が行われる家事事件手続法上の処理になじみ、かつそれによることが相当であって、家事事件手続法上の審判又は審判前の保全処分等の手続を経ずに申し立てられた人身保護請求は、補充性の要件（規則四ただし書）を欠く場合が多いと考えられる（**第九回「人身保護請求の実体的要件」**の解説参照）。

(3)　したがって、本問においても、人身保護請求の前に、平成六年最判で示されているように、Yが家事事件手続法上の審判、あるいは審判前の保全処分でAやBの引渡しを命じられながらこれに従わないといった事情があれば、A及びBの従前及び現在の監護状況を調査するため、準備調査期日を指定し、国選代理人の選任を検討することになると思われるが（本問ではAは一二歳であって、一応意思能力を有すると考えられることから、Aに対する拘束があるか否かも問題となる。）、Xが前記のような家事事件手続法上の手続をしていない場合には、補充性の要件を充足せず、実体的要件を欠くことが明白であるとして、準備調査期日の指定や国選代理人の選任はせず、請求者に対して、人身保護請求を取り下げ、家庭裁判所に子の引渡しの審判、審判前の保全処分の申立てをするよう促すことになる（取下げに応じなければ、法一一条一項の規定により決定で請求を棄却する（規則一八）。）と思われる。

三　小問2について

1　請求の取下げ

(1)　請求者（規則三五Ⅰ）及び被拘束者（規則三四Ⅰ）は、人身保護請求を取り下げることができる。

(2)　人身保護請求の取下げは、原則として書面でしなければならない。ただし、審問期日においては、口頭で取り下げることができる（規則三三Ⅱ）。

(3) 人身保護請求は、判決があるまで、拘束者の同意を得ないで取り下げることができる（規則三五Ⅰ）。ただし、請求者の人身保護請求の取下げは、被拘束者が、拘束が違法であるとして争っている場合には、その効力を生じない（規則三四Ⅱ参照）。

2 和解

(1) 人身保護法には、和解に関する規定はなく、性質上許されないという見解（前掲伊藤一四〇頁）もあるが、親族間における子の引渡しを目的とする人身保護請求事件は、親族間の感情的対立に根ざした紛争であり、請求者、拘束者ともに被拘束者に対して一定の人間関係を形成している場合が多く、被拘束者である子の福祉の観点から見た場合、本案判決によって被拘束者の拘束を解放するだけでは紛争の十分な解決とはいえない場合があり、紛争の実情に応じた柔軟な解決が要請される。したがって、人身保護請求事件において、和解が一切許されないと解することは疑問があり（注1）、東京地裁民事第九部において取り扱う子の引渡しを目的とする人身保護請求事件も、和解によって終局することが珍しくない。

(2) 先に述べたとおり、親族間の子の引渡しを目的とする人身保護請求事件は、当事者の感情的対立に根ざした紛争であって、その解決には、紛争をめぐる人間関係や環境を調整することが必要であるところ、裁判所が和解による解決が相当であると考える事案においては、準備調査期日等において和解勧試を行うほか、裁判所の関与の下、期日外において請求者と被拘束者である子との面会交流を試みることがある。このような人間関係や環境の調整の結果、当事者間に信頼関係が生まれ、子の引渡しや面会交流を含む子をめぐる紛争を終局的、自律的に解決しようとする機運が生じて、期日において和解が成立し、あるいは期日外において当事者間の合意が成立して人身保護請求が取り下げられたり、紛争の終局的な解決に至らない場合でも、子をめぐる紛争の終局的解決は家庭裁判所の手続に委ね、それまでの間の子の監護や面会交流の条件について合意をする、暫定的な和解が成立することもある。(注2)

(3)　もっとも、人身保護請求手続は、被拘束者を違法な身体的拘束から迅速に解放することを目的とする手続であり（法一、一二Ⅳ）、人間関係や環境の調整を目的とする手続ではなく、家庭裁判所調査官のような心理学等の専門的知識を有する者の関与も予定されていない手続であるから、子の引渡しをめぐる紛争を自律的に解決することを目指して、審理を進めるにしても、事案の見極めが必要であることに注意しなければならないだろう。

3　例題への解答

本問において、Xが一か月後のA及びBの任意の引渡しに同意できれば、準備調査期日において、その旨の和解を成立させることができよう。もっとも、XがYによる任意の引渡しに不安を抱くようであれば、A及びBの引渡しを待って、Xが人身保護請求を取り下げることになるだろう。

（注1） 前掲判時一九六一号一四、一五頁は、人身保護請求事件において和解ができる法的根拠として、「規則三三条にいう『民事訴訟に関する法令中の口頭弁論の方式に関する規定』には、裁判所は訴訟のいかなる段階においても和解を勧試できるとする民事訴訟法八九条が含まれると解することとなろうか。」と示唆している。

（注2） 具体的な紛争の解決事例は、前掲判時一四三一号二〇頁以下、同一九六一号一五頁以下の事例報告及び永末秀伸＝境博英「人身保護請求の実務―子の引渡しを求める事例を中心として―」新民事執行実務一三号一七一頁の事例紹介を参照されたい。

第一二回　人身保護請求事件の審理(2)

【例題】

XとYとはかつて婚姻関係にあり、両名の間には、子A（五歳）がいたが、協議離婚し、その際に、Aの親権者をXと定め、XとAは同居していた。しかし、YはAとの面会交流の際に、Aを自宅に連れ去り、Xからの引渡しの求めに応じていない。

1　Xは、Yを拘束者、Aを被拘束者として、裁判所に対し人身保護請求の申立てをした。Yは、拘束の事実及び自己に親権、監護権がないことは争わない旨の書面を提出したが、準備調査期日に出頭せず、AをXに引き渡すことも拒否した。裁判所は、この後、審問期日までにどのような手続をとることになるか。

2　裁判所が前記1の手続をとった結果、YはAとともに審問期日に出頭した。審問手続及び判決について説明せよ。

3　Yが準備調査期日に出頭せず、人身保護命令の送達を受けたにもかかわらず、審問期日にも出頭しなかった場合、裁判所はどのような手続をとることができるか。

【解説及び例題に対する解答】

人身保護請求があると、裁判所は、請求が形式的要件を欠くために決定で却下する場合又は事件を他の裁判所に移送する場合を除き、審問期日における取調べの準備のために準備調査を行う（法九Ⅰ）。準備調査の目的や内容、東京地裁民事第九部における現在の運用状況については第一一回「**人身保護請求の審理(1)**」で説明したとおりである。今回は、例題の解説を通して、人身保護請求事件における準備調査期日後の手続についての説明を行う。

一　小問1

人身保護請求手続の実体的要件は、身体の自由の不当な拘束である。監護権者から非監護権者に対する子の引渡請求の事案については、監護権者である請求者の監護の下に置くことが、拘束者の監護の下に置くことに比べて子の福祉の観点から著しく不当なものでない限りは請求を認容すべきものとされている（最判昭和四七年七月二五日集民一〇六号六一七頁、最判昭和四七年九月二六日集民一〇六号七三五頁、最判平成六年一一月八日民集四八巻七号一三三七頁等参照）。拘束者であるYが拘束の事実及び自己に親権、監護権がないことを争わない小問

1の場合には、被拘束者Aを請求者Xの監護の下に置くことが拘束者Yの下に置くことに比して著しく不当と認められる特別の事情がない限りは、Xの人身保護請求は、実体的要件を充足しているものと思われる。このような事案において拘束者が代理人を選任した上で準備調査のための期日に出頭する場合には、当該期日で裁判所から拘束者に対し、被拘束者の請求者への任意の引渡しを促すことにより解決する事案も少なからずある。しかし、小問1のように、拘束者が準備調査のための期日に出頭しない場合には、裁判所が任意の引渡しを促す機会もないことから、裁判所は、審問期日を指定し、拘束者に対し人身保護命令を発することとなる。

1　審問期日の指定

法一二条四項は、審問期日は人身保護命令書の送達から三日の期間を置かなければならないと規定するが、他方で審問期日を人身保護請求のあった日から一週間以内に開かなければならないとも規定しており、迅速な手続を要求している。しかし、子の引渡しが問題となる事件について、東京地裁民事第九部では、準備調査のための期日を複数回開き、その間に任意の引渡しを促すなどの運用上の工夫をしており、必ずしも人身保護請求のあった日から一週間以内に審問期日が開かれてはいないのが実情である（東京地裁民事第九部人身保護研究会「東京地裁における人身保護事件の処理状況」判時一四三一号一五頁参照）。

審問期日の指定に当たっては、後述するように、審問期日終結後に即日、判決が言い渡され、子の引渡しが行われることもあることから、実力での子の奪取など不測の事態が生じることを防止するため、法廷警備態勢を整える必要もある。裁判所は、法廷警備が実施可能な日時・場所を確保し、請求者及び拘束者の予定を調整し、適切な時期に期日を指定することとなる。法六条は裁判所に裁判速行の義務を課し、規則一一条は、人身保護請求の審理及び裁判は、他の事件に優先して、迅速にこれをしなければならない旨を定めている。人身保護請求手続の性質上、請求者、拘束者及びこれらの者の代理人その他関係者も当然に、迅速な裁判の遂行に協力しなければならない。

2　人身保護命令

裁判所は、人身保護請求が形式的要件を欠く場合及び請求に理由がないことが明白な場合を除き、拘束者に対し、被拘束者を審問期日に出頭させること、審問期日までに拘束の日時、場所及び拘束の事由について、答弁書を提出することを命じる（法一二Ⅱ）。裁判所のこの命令を人身保護命令というが、この命令書には、拘束者が命令に従わないときは、勾引し又は命令に従うまで勾留することがある旨及び遅延について過料に処することがある旨が記載される（法一二Ⅲ）。

人身保護命令書は、これを拘束者に送達しなければならないが、この送達については、民事訴訟の公示送達の方法によることができない（規則二四）。人身保護命令書が拘束者に送達されたときは、被拘束者は、その送達の時から人身保護命令を発した裁判所によって当該拘束の場所において監護されることとなり、拘束者は当該裁判所の指揮の下に引き続き被拘束者の監護を行うものとされる（規則二五Ⅰ）。拘束者が、人身保護命令を無視し、被拘束者を移動、蔵匿、隠避した場合、又は答弁書にことさらに虚偽の記載をした場合には、二年以下の懲役又は五万円以下の罰金に処せられる（法二六）。

本問では、準備調査の結果、裁判所が拘束者Yに対し人身保護命令を発した場合、Yによる被拘束者Aの拘束は、観念的には裁判所の指揮の下での監護となり、Yは、被拘束者Aの監護義務を負い、Aを裁判所が指定する審問期日に出頭させる義務及び答弁書を提出する義務を負う。

3　答弁書

人身保護命令書が送達されると拘束者は、審問期日までに答弁書を提出しなければならない。この答弁書は、請求者の人身保護請求に対する答弁書ではなく、裁判所の発した人身保護命令に対する答弁である。答弁書には、次の事項を記載し、拘束者又はその代理人が記名押印しなければならない（規則二七Ⅰ）。

①　拘束者又はその代理人の氏名及び住所

② 人身保護命令に対する答弁の趣旨
③ 拘束の日時、場所及びその事由
④ 被拘束者を出頭させることができないときは、その理由

なお、被拘束者は、人身保護命令により裁判所の支配下にあるため、人身保護請求に理由がないと考えるときには、②として、「請求者の請求を棄却し、被拘束者を拘束者に引き渡すとの判決を求める。」とするのが通例である。

この答弁書は、人身保護命令に対する答弁であるため、請求者に対し送達等を行う必要はない。しかし、答弁書の記載内容からして人身保護請求に対する答弁及び攻撃防御方法の記載がある場合には、準備書面に準じて扱うのが相当である。

4 関係者の召喚

裁判所は指定した審問期日に請求者又はその代理人、被拘束者及び拘束者を召喚する。前述したとおり、拘束者に対しては人身保護命令を発し、これを送達する必要があるが、他の関係者の期日への召喚は、民事訴訟の期日における呼出の方式によってこれを行うこととされている（規則二三）。

5 仮釈放その他仮の処分

人身保護手続による救済は迅速にされなければならないが、終局判決まで相当の期日を要

する。法一〇条一項は、裁判所が必要と認めるときは、本案判決をする前に、決定で、仮に、被拘束者を拘束から免れしめるために、何時でも呼出しに応じて出頭することを誓約させ、又は適当と認める条件を付して、被拘束者を釈放し、その他適当な処分をすることができると規定している。拘束の手続が明白に不当であるときや、被拘束者の病気その他の理由で被拘束者を拘束の状態に置くことが不適当であるとき等にはこの決定がされることが考えられる。もっとも、この決定は直接強制ができないことから、子の引渡しが問題となる事案で、この決定がされた例は、東京地裁民事第九部では、多くはない。

6　国選代理人の選任

被拘束者の代理人は、弁護士でなければならず、代理人が選任されていないときは、裁判所は、国選代理人を選任しなければならない（規則三一）。被拘束者に代理人が選任されているか否かを定める基準時は、審問期日呼出状の送達の時である（人身保護法解説一一一頁）。しかし、子の引渡しが問題となる事案では、被拘束者が幼児であり、任意代理人が選任される可能性が低く、国選代理人の後見的な役割も重視されるため、東京地裁民事第九部では、審問手続に移行する蓋然性が高いことを前提に、準備調査の段階から国選代理人選任の手続を開始する場合が多い。

準備調査における国選代理人の活動内容等については、第一一回「人身保護請求の審理

(1)」の解説を参照されたい。

二　小問2

1　審問期日における手続

小問2では、審問期日における手続及び判決について説明する。

(1)　総論

人身保護請求手続の審問期日における取調べは、被拘束者、拘束者、請求者及びその代理人の出席する公開の法廷で行い（法一四Ⅰ）、その性質に反しない限り、民事訴訟の口頭弁論の方式に従う（規則三三）。法は、審問を手続の中心に位置付けているが、東京地裁民事第九部では、準備調査のための期日で争点を絞り、事件関係者に陳述書等を提出させた上で、審問期日における立証計画を明らかにさせていることが多く、その場合には、第一回の審問期日で人証を含むすべての疎明資料の取調べを行い、審理を終結することが多い。もっとも、小問2の事案のように、拘束者が準備調査のための期日に出頭せず、人身保護命令書の送達を受けて初めて審問期日に出頭したような場合には、拘束者の主張及び立証は、最初の審問期日で明らかにされることとなり、最初の審問期日ですべての疎明資料の取調べを行うことができない結果、やむを得ず、続行期日を指定することもある。

⑵　出頭者

規則三〇条一項は、人身保護命令に対する答弁書の陳述が行われるべき審問期日（通常は、最初の審問期日である。）には、同項各号のいずれかに該当する場合を除いて、被拘束者及びその代理人双方と拘束者及び請求者又はこれらの者の代理人が出頭しなければならないと規定している。そのため、拘束者及び請求者については、代理人のみの出頭でも足りるが、被拘束者については原則としてその本人及び代理人双方の出頭が審問期日開始の要件となる。

規則三〇条一項各号は、その例外的場合として、次のとおり規定している。

① 被拘束者の出頭については、その代理人が出頭している場合において、被拘束者が病気その他やむを得ない事由によって出頭することができず、かつ、被拘束者に異議がないとき（一号）。

② 被拘束者の代理人の出頭については、被拘束者が出頭している場合において、被拘束者に異議がないとき（二号）。

③ 請求者又はその代理人の出頭については、請求者及びその代理人の出頭がない場合において、裁判所が請求書に記載した事項はこれを陳述したものとみなすのを相当と認めるとき（三号）。

子の引渡しが問題となる事案においては、被拘束者に国選代理人が選任されることが通常であり、国選代理人選任の際に審問期日の調整を行うため、被拘束者の代理人が不出頭となることは、まずない。しかし、拘束者本人が出頭しない場合や、拘束者本人が出頭しても、拘束者の監護下にある被拘束者を裁判所に出頭させないことも少なくない。拘束者が出頭せず、拘束者に代理人が選任されていない場合には、審問期日は開けないため、**小問3**で解説する出頭確保の手続をとることとなる。拘束者が出頭するものの、被拘束者を出頭させない場合には、規則三〇条一項一号（前記①）に該当すると裁判所が判断すれば、審問期日自体は開くことができる。しかし、東京地裁民事第九部では、請求認容判決の場合、判決の言渡し後に、被拘束者を裁判所の庁舎内で請求者に直接引き渡すことによって法による救済の実効性を確保しており、被拘束者が不出頭のまま、審理を行い、審問を終結することは通常行っていない。そのため、被拘束者が出頭しない場合、審問期日自体を延期し、又は続行期日を指定し、次回期日に被拘束者を出頭させるように拘束者を説得している。

小問2では、人身保護命令書の送達を受けた結果、拘束者であるYが被拘束者Aとともに審問期日に出頭したことから、裁判所が、審問期日を開くことに問題はない。

(3)　審問手続

ア　審問期日の開始の要件

最初の審問期日を開始するに当たっては、①関係人の召喚が適式に行われていること（法一二Ⅰ）、②人身保護命令書が拘束者に適法に送達されていること（規則二四Ⅰ）、③出頭すべき関係人が出頭していること（詳細は、二1(2)参照。）である。答弁書の陳述とこれに対する陳述がされた後の審問期日（続行期日）は、関係人のうち出頭しない者があっても、裁判所が相当と認めるときは開くことができる（規則三〇Ⅱ）。

イ　審問の原則

審問は、その性質に反しない限り、民事訴訟の口頭弁論の方式に関する規定に従って行われる（規則三三）。ここで準用される民事訴訟の口頭弁論の方式に関する規定とは、例えば、弁論の公開及び場所、裁判官及び裁判所書記官の出席、事件の呼上げ、証人尋問の順序及び方法、判決の言渡し等が挙げられる（民裁資料一一七頁）。また、民事訴訟法の個別の規定のみならず、口頭弁論の方式に関する原則も当然に準用される。例えば、公開主義、双方審問主義、口頭審理主義、直接審理主義、自由心証主義などである（民裁資料一一七頁）。もっとも、法は、すべての証明について疎明方法によっている点に注意が必要である（法五、一五、規則七、二九等）。

ウ　審問期日における手続等

審問期日は、事件の呼上げにより開廷し、まず、拘束者又はその代理人が答弁書に基づいて陳述し、これに対し、被拘束者若しくは請求者又はこれらの者の代理人が陳述する（規則二九Ⅰ）。**小問1**で解説したように、この答弁書は、人身保護請求に対する答弁ではなく、裁判所の発した人身保護命令に対する答弁であり、答弁書には、拘束の日時、場所及び拘束の事由についても記載しなければならない。憲法三四条後段は、被拘束者が拘束の理由の開示を求める場合には、直ちに公開の法廷で示されなければならない旨を規定しているが、審問手続は、この趣旨に照応して、拘束者がまず、答弁書に基づいて、拘束の事由を示すことから始まるのである。規則二九条は、答弁書に基づく陳述を要求しており、答弁書以外の方法で陳述することはできない。拘束者は、拘束の事実がない場合には、拘束の事実がない旨を述べれば足り、拘束の事由を述べる必要はない。これに対し、請求者側で認否及び反論を行うことにより、争点が確定することとなるが、東京地裁民事第九部では、準備調査のための期日において実質的な争点を確定させていることは前述のとおりである。

被拘束者が拘束者によって拘束されている事実は、請求者又は被拘束者側で立証しなければならないが、その拘束が適法であることは、拘束者側が立証責任を負う（法一五Ⅱ、規則二九Ⅲ）。

答弁書及びこれに対する陳述の後、裁判所は疎明方法の取調べを行う（規則二九Ⅱ）。疎明方法は、文書の提出及び事件関係者の尋問（証人及び当事者尋問）が中心であるが、陳述書を期日前に提出させ、人証の取調べは行わないか、短時間に留めることもある。国選代理人は、被拘束者との面接等を行った上で、報告書を作成し、裁判所に提出することが多いが、この報告書のうち、意見に関する部分は主張書面とし、事実関係に関する部分は書証（丙号証）とするのが東京地裁民事第九部の取扱いである（前掲判時一四三一号一七頁）。もっとも、国選代理人の報告書を意見に関する部分と事実に関する部分に明確に分けることが難しい場合には、すべて書証とする取扱いをすることもある。

証拠調べについては弁論主義が支配する（規則四六）ことから、職権証拠調べは行われない（人身保護法解説一一三頁）。

準備調査の結果を疎明方法として利用する場合は、審問期日において、証拠として提出することを要する。なお、準備調査期日を争点整理の場として活用する場合には、準備調査段階から関係人より疎明資料としての文書が提出され、裁判官がこれらを見ることによって事実上の心証形成をすることとなるが、準備調査のための期日は証拠調べのための期日ではないため、証拠調べそのものは、審問期日で行われることに留意する必要がある。

疎明方法の取調べは、審問期日における公開の法廷で行うべきであるが、審理の迅速性の要請に反しない限りは、検証、臨床尋問等の期日外の証拠調べも必要やむを得ない場合にはできると解されている（人身保護法解説一一三頁）。

エ　手続における被拘束者の地位

人身保護請求手続上、被拘束者は、当該請求の当事者ではないと解される。しかし、人身保護請求は、被拘束者の利益のためになされるものであり（法二Ⅱ）、被拘束者には実質的に当事者と同様の地位が与えられる。被拘束者の意思に反する人身保護請求はできず（規則五）、被拘束者は、審問期日において、請求者から独立した地位で攻撃防御方法の提出、異議の申立て、上訴の提起、請求の取下げその他一切の訴訟行為をすることができ、請求者の訴訟行為と被拘束者の訴訟行為が矛盾する場合には、被拘束者の訴訟行為は、請求者の訴訟行為に優先する（規則三四）。

2　本案判決

(1)　言渡期日

規則三六条は、判決の言渡しは特別の事情がある場合を除いて、審問終結の日から五日以内にしなければならないとする。これは、人身保護請求手続の迅速性からの要請である。しかし、後に説明するように人身保護請求の認容判決は、これ自体には執行力がないことから、判決言渡期日を審問期日とは別に指定すると、認容判決の後に、裁判所が被拘束者を請求者に引き渡すことができず、法による救済の実現が困難となる。そこで、東京地裁民事第九部では、事案によっては、拘束者とともに出頭した被拘束者を書記官室等で預かり、審問終結後、同日中に判決を言い渡し、判決の内容に従って、請求者又は拘束者に被拘束者を引き渡すことがある。

審問終結後、時間を置かずに判決を言い渡す場合であっても、いわゆる調書判決によることはできないため、裁判所は、判決書の原本を作成し、これに基づいて判決を言い渡す必要がある。そのため、裁判所としては、審問終結後に速やかに判決を言い渡すことができるように十分な準備をした上で、期日に臨む必要がある。

(2)　請求棄却の判決

裁判所は、審問の結果、人身保護の請求を理由なしとするときは、判決をもってこれを棄却し、被拘束者を拘束者に引き渡す（法一六Ⅰ）。判決の主文は、通常、「請求者の請求を棄却する。被拘束者を拘束者に引き渡す。」となる。請求の棄却に加えて、被拘束者を拘束者に引き渡す旨の判決をするのは、判決に先立ち発した人身保護命令の効力により被拘束者が観念的には、裁判所の支配下にあるためである。

裁判所が請求を棄却する場合において、仮釈放等の仮の処分の決定を行っているときは、裁判所は、この処分を取り消し、被拘束者に出頭を命じ、これを拘束者に引き渡さなければならない（法一六Ⅱ、一一Ⅱ）。

⑶　請求認容の判決

裁判所は、審問の結果、人身保護の請求を理由ありとするときは、判決をもって被拘束者を直ちに釈放する（法一六Ⅲ）。判決の主文は、通常、「被拘束者を釈放する。」となる。請求を認容する判決の場合、被拘束者が幼児若しくは精神病者であるときその他被拘束者につき特別の事情があると認められるときは、被拘束者の利益のために適当であると認める処分ができる（規則三七）。子の引渡しの事案で、被拘束者が幼児である場合には、幼児を監護者である請求者に引き渡して監護させる処分を加え、「被拘束者を釈放し、請求者に引き渡す。」との判決をすることが通例である。この適当な処分は、拘束者に対する命令の性質を有し、それを実行しないときには、拘束者は、法による救済を妨げたものとして刑罰に処せられることになる（法二六）。東京地裁民事第九部では、子の引渡しが問題となる事案で、請求認容判決の場合、裁判所が請求者に対して被拘束者を引き渡すことによって、この処分の実効性の確保に努めていることは先に触れたとおりである。

⑷　判決の送達

判決は、当事者（請求者及び拘束者）に正本をもって送達される。被拘束者に対し、送達すべきであるかについては、被拘束者が当事者ではないことから否定的に解することもできるが、人身保護請求の利益の帰属主体であり、実質的には当事者と同視できることから、送達すべきであろう。

(5) 判決の効力

ア　確定時期

人身保護請求に係る下級裁判所の判決に対しては、控訴はできないが、最高裁判所に上告をすることができる。上告期間は、判決の言渡しの日から三日である（法二一、規則四一Ⅰ）。この期間内に不服の申立てがないと、判決は確定する。不服申立ての起算日が、判決送達の日ではないことに注意を要する。なお、判決の確定時期は言渡しの日から三日であるが、裁判所が判決主文で被拘束者を釈放する場合や、被拘束者を請求者又は拘束者に引き渡すことを命じる場合、この裁判の効力は、直ちに生じる（法一六Ⅲ参照）。

イ　形成力

人身保護請求に対する認容判決は、裁判所が拘束者に対し、被拘束者の釈放を命じるのではなく、裁判所自らの責任で、被拘束者の釈放の状態を形成するのであるから、一種の形成判決である（民裁資料一二七頁）。

ウ　既判力

形成判決に一般に既判力が認められるかは議論のあるところである。しかし、法二五条は、法による救済を受けた者は、裁判所の判決によらなければ、同一の事由によって重ねて拘束されないと規定しており、また、規則二四条は、法に基づく判決が他の裁判に優先する旨を定めている。

請求棄却の判決の場合には、人身保護請求の実体的要件の不存在につき既判力が生じる。既判力は、通常の民事訴訟と同じく当事者（請求者と拘束者）間においてのみ生じ、被拘束者は民訴法一一五条一項二号によって既判力が拡張される。人身保護請求は、その特質として何人でもできるが、請求者には被拘束者のために訴訟追行権が与えられるに過ぎないから、前訴判決によって被拘束者に既判力が生じた以上は、その限度で一般第三者の訴訟追行権も消滅すると解される（人身保護法解説一二八頁）。

エ　執行力

法及び規則には、人身保護請求の認容判決の内容を実現するための執行方法について、何ら定めがない。また、民事執行法の強制執行に関する規定も、人身保護請求に関しては性質上親しまないと解され（人身保護法解説一二四頁）、請求認容判決には、執行力がない。被拘束者の釈放と請求者への引渡しは、裁判所が、人身保護命令により、被拘束者をその支配下に置き、判決によって、自ら釈放の状態を形成することによって行うことが予定されており、他の執行機関による判決の執行ということが観念し得ないといえる。しかし、人身保護命令によって被拘束者が裁判所の支配下に入り、拘束者は裁判所の指揮に基づいて被拘束者を監護するといっても、拘束者が被拘束者を裁判所に出頭させない場合や、引渡しの命令に従わない場合は、法による救済の実現が困難となることも事実である。東京地裁民事第九部の取り扱いについては先に触れたが、運用上の工夫を含め、法による救済の実現を確保する方法が更に検討されるべきであろう。

三　小問3

小問3では、人身保護命令に従わない拘束者の召喚について説明する。

拘束者が審問期日に被拘束者を出頭させず、又は答弁書の提出をしないなど、人身保護命令に従わないときは、裁判所は、拘束者を勾引し、又は命令に従うまで勾留し、併せて遅延一日につき五〇〇円以下の割合による過料に処することができる（法一八）。

勾引又は勾留の手続には、刑事訴訟法の被告人の勾引又は勾留に関する規定が準用される（規則三九）ことから、勾引状又は勾留状は検察官の指揮によって、検察事務官又は司法警察職員がこれを執行する（刑事訴訟法七〇Ⅰ）。

1　拘束者の勾引

勾引は、拘束者が審問期日に出頭しない場合に、拘束者を実力行使により裁判所に出頭させる手段である。具体的には、裁判所が勾引状を発付し、検察官の指揮の下、検察事務官等が拘束者をその自宅等で拘束し、法廷に引致し、審問期日を開始することになる。人身保護請求手続における勾引という性質及び被拘束者である子の面前で手続を実施することが子に与える影響を考慮して、検察事務官等は勾引状の執行に当たり、まずは、任意での出頭を説得することが多いと思われる。しかし、拘束者がこれに応じない場合には、必要かつ相当な実力行使を行うことも当然に予定されている。

2 拘束者の勾留

勾留は、勾引状の執行により引致された拘束者又は任意で出頭した拘束者が、人身保護命令に反して被拘束者を審問期日に出頭させない場合に、拘束者の身体の自由を奪うことによって、被拘束者を審問期日に出頭させるという人身保護命令の目的を強制的に実現する手段である。審問期日において、拘束者が人身保護命令に従わない旨を明確にしており、後述の説得等によっても功を奏しないと判断されるときは、裁判所は、勾留質問（刑事訴訟法六一）を行った上で、勾留状を発付し、これを検察官に交付し、その指揮の下、検察事務官等が勾留状を執行し、拘束者を勾留する。法一八条は、拘束者が命令に従うまで勾留できるとするが、人身保護請求手続における勾留という性質から、勾留の期間は相当な期間に限られる。

3　任意出頭

以上が、法定の手続であるが、人身保護請求手続の性質及び子の面前での実力行使はできる限り避けることが望ましいという観点から、拘束者が、準備調査段階から、審問期日に被拘束者を出頭させない意思を明確にしているような場合を除いて、裁判所は、直ちに拘束者の勾引又は勾留という実力行使手続をとるのではなく、拘束者が期日に出頭している場合には、拘束者に対し、被拘束者を出頭させるように説得し、拘束者が期日に出頭しない場合であっても、裁判官又は書記官から、拘束者の代理人、被拘束者の（国選）代理人等を通じて出頭を促すことが通常であり、勾引又は勾留は、これらの手段を尽くしても功を奏しない場合にのみ行われるものである。

4　被拘束者の出頭確保

被拘束者は、勾引の対象ではないことから、拘束者が勾留されてもなお、人身保護命令に従わず、被拘束者を裁判所に出頭させない場合には、拘束者の勾留の他に、被拘束者の出頭を直接的に実現する方法は基本的にない。もっとも、被拘束者が拘束者の現実の支配下にあるような場合には、勾引の際に、被拘束者の（国選）代理人等が現場に立ち会うなどして、被拘束者の出頭を事実上確保することは、被拘束者の意思に反せず、被拘束者が任意で応じる場合であれば、許容されよう。（なお、東京地裁民事第九部における勾引又は勾留の手順の詳細については、永末・境「人身保護請求手続の実務—子の引渡しを求める事例を中心として—」新民事執行実務一三号一六九頁以下を参照されたい。）

子の引渡し関係

第一三回　子の引渡しの強制執行

【例題】

Xは、夫Yが、Xの留守中にXY間の子A（一二歳）及びB（五歳）を連れてXと別居したため、A及びBの引渡しを求める家事審判を申し立て、家庭裁判所において、Yに対し、Xに A及びBを引き渡せとの審判がされ、同審判は確定した。しかし、Yは、XにA及びBを引き渡さない。

1　XがYに対しA及びBの引渡しを強制する手段として、どのようなものが考えられるか。直接強制（直接A及びBをYから取り上げXに引き渡す方法による強制執行）の方法によることはできるか。

2　1において、A、Bのいずれかにつき直接強制の方法によることができると解した場合に、X（代理人）は、どのような点に気を付けて執行申立てをしたらよいか。Yに対する債務名義が確定審判ではなく、審判前の保全処分である場合に、特に気を付けるべき点があるか。

3　2の直接強制は、実際にどのようにして行われるか。X（代理人）は、どのような準備を行うべきか。また、執行に当たり注意すべき点は何か。

【解説及び例題に対する解答】

一　子の引渡しの強制執行に関する理論と問題点

1　子の引渡しに関する事件類型

子の奪い合い、子の引渡しをめぐる紛争（以下「子の引渡しをめぐる紛争」という。）は、例題のように夫婦の破綻的別居により、夫婦の一方が、子を連れて別居する、又は単身家出して他方が一人で子の監護を行うようになったことに端を発するのが典型的である。離婚前ばかりでなく、離婚後に生じることもある。また、妻が子を連れて実家に帰ったこと、あるいは妻が単身家出して夫が子の監護を両親に委ねたことなどが原因で、子の祖父母や伯（叔）父伯（叔）母その他の親族が子を監護していることも多く、これらの第三者が子の引渡しをめぐる紛争の当事者になることも珍しくない。更に、近時、ひとり親の実親（子から見れば祖父母）が自ら子を監護すると言って子を返さず、実の親子間で子の引渡しが問題となる事案も散見される。

このように、子の引渡しをめぐる紛争には様々な事案があるため、このような紛争が裁判に持ち込まれた場合に、どの裁判所でいかなる手続によって審理されるべきかが問題となる。この点については、第一に民事訴訟と家事審判の役割分担が、第二に家事審判と人身保護請求手続との役割分担が問題とされている。(注1)

第一の問題については、その類型ごとに、子の引渡し請求の法的性質及び裁判管轄が定まるものと解されており、①親権者から非親権者に対する請求については、(ア)相手方が一方の親である場合には、子の監護に関する処分として家事審判事項になるが、(イ)相手方が第三者である場合には親権に基づく妨害排除請求権の行使として民事訴訟事項になる、②親権者から親権者(監護者)に対する請求については、(ア)別居中の夫婦間の場合、(イ)相手方が監護の委託を受けた第三者である場合共に家事審判事項になる、③非親権者から非親権者に対する請求については、いずれも民事訴訟事項になる、④非親権者から親権者に対する請求については、親権者・監護者の変更申立ての家事審判に付随して子の引渡しを求めることになるから家事審判事項になる、と理解するのが一般的である。(注2)

第二の問題については、第九回で検討したとおり、例題のような共同親権者間における子の引渡しの事案については、原則的に家事事件手続法に基づく保全処分をはじめとする家庭裁判所の手続を優先すべきであり、人身保護請求によるべき事案は、子を現に監護する者に対し、既に家庭裁判所において子の引渡しを命ずる仮処分又は審判が出され、その親権行使が実質上制限されているのにこの仮処分又は審判に従わない場合や、子が、これを現に監護する者の下では、著しくその健康が損なわれる、又は満足な義務教育を受けることができないなど、子に対する処遇が親権行使という観点からみてもこれを容認することができないような例外的な場合に限られると解されている。（注3）

2　子の引渡しの強制執行

1にみた事件類型のうち、人身保護請求による場合には、人身保護請求認容の判決には執行力がなく、裁判所が自ら釈放の状態を形成するものと解されているが、（注4）家事審判又は民事訴訟の手続による場合には、子の引渡しを命ずる裁判が家事審判、民事訴訟判決、家事事件手続法に基づく審判前の保全処分、民事保全法に基づく保全処分のいずれであっても、民事執行法又はその規定を準用する民事保全法等の規定に基づき強制執行をすることができる。

しかし、その執行方法については、間接強制が認められることには異論がないが、直接強制その他の間接強制以外の執行方法によることができるか否かについて、大別して四つの見解に分かれている。（注5）

(1) 間接強制説

直接強制は許されず、間接強制だけが許されるという見解である。[注6] 根拠となる条文がないこと、幼児であっても子は人格を有するところ、子の引渡執行を認めることは、子に対する親の占有ないし支配関係を認めるのと同一の結果をもたらすことになり相当でなく、物と子とを同一視することはできないこと、などを理由とする。

間接強制とは、引渡しの義務を負う者が権利者に対して、その履行を確保するために相当と認める金銭を支払うべきであることを、裁判所が命ずるものである。この支払命令は、金銭支払が任意にされないときには、他の金銭給付の債務名義と同様に強制執行手続により、その財産、例えば、給与債権の差押えなどを行うことができる。金銭の支払いを命じられた引渡義務者は、子の引渡しをしなければならないという心理的な強制を受け、これにより間接的に債務の実現が図られることになる。

かつての実務は間接強制説に立ち、[注7] 子の引渡しの直接強制が申し立てられた場合、これを却下するなどの扱いがされていた。[注8]

しかし、間接強制は、子の引渡しを命じられた債務者にとって心理的圧迫にならないことが少なくない。差し押さえるべき財産を持たない債務者については、差押執行を行っても差し押さえるべきものがないか、剰余を生ずる見込みがない（民執一二九Ⅰ）ために執行不能となり意味がないし、そもそも、間接強制、すなわち、金銭賠償をさせることによって子の引渡しを強制することは、子の引渡しを命じられた債務者が、お金が惜しくてやむを得ず子を渡すことがあり得るという前提に立つことになるが、少なくとも主観的には子に対する愛情があって子を任意に引き渡さない債務者に対する執行方法としては適切でないし、効果があるとも思えないからである。(注9)

したがって、子の引渡しについて間接強制以外の方法が許されないとすると、子を実力で奪取された場合に、正当な権利者が正当な手続により引渡執行をすることができない事態、皮肉なことにも自力救済をした者が有利になる結果を招くものであり、間接強制によらない直接強制での執行の必要性があると解される。(注10)

(2)　直接強制説

子の引渡しについて直接強制、すなわち、民事執行法一六九条一項を類推適用し、動産の引渡執行に準じた方法により、子を執行官が引渡義務者から取り上げて引渡権利者に渡すことが可能であるという見解である。(注11)

この見解は、意思能力のない子に対してのみ直接強制を認める後記(3)の①の見解に対して、子の意思能力の有無の判断は困難であり、その判断を執行官に担当させるのは適当ではないとし、意思能力の有無は債務名義成立の裁判手続の中で、子の引渡請求権の具体的内容を確定する段階で問題とすべきであって、執行段階で問題とすべきではない、債務名義の主文で「子を引き渡せ」と命じている以上、直接強制を行うべきであるとする。

ただし、この見解によると、直接強制の方法としては、説得により、相手方が自ら子を執行官又は権利者に引き渡すようにさせることを基本とすべきで、相手方が引き渡さない場合、無理強いする形の人身に対する現実の有形力の行使は、対象となる子に対しても、相手方その他の監護者に対しても、すべきではない[注12]とか、執行官が、場合によっては警察官の援助を求めながら、ともかくも債務者宅に赴いて、引渡しの任意履行を促すことが重要なのである[注13]、などと指摘され、同じ直接強制であっても動産引渡執行（民執一六九）におけるそれとは、その中身が相当異なることに注意が必要である。

具体的には、①相手方が戸口を施錠している場合に強制解錠が可能かについては、強制執行である以上可能であるが、現実に行うかはそのときの状況により、子に恐怖心を与えるなど子の福祉の観点から避けるべき場合もある、②子に対する対応の仕方としては、その子の年齢に応じて、執行の意味や経過を簡単に説明したうえで債権者方に行くことに向けての方向性を出して意思の確認をし、子が泣き出したり、口では嫌がっていたりしても執行官や債権者にさしたる抵抗もなく従うときは執行が可能であるが、子が逃げ出すときに追い回すことは適当でなく、子が明確に拒否した場合には、債権者に確認させて執行不能とすることでよい。③相手方や他の同居者などが子を抱えて引き渡さないときは、執行不能となることが多く、当事者が興奮して争ったり、子や関係人に危害が加えられそうになったりしたときには、執行官は、執行現場の責任者としてこれを制し、その限度で実力の行使も許されるが、執行の続行が無理との判断であれば執行不能で終了させるし、あらかじめ債権者に対し執行不能とする要件などの説明をして了解させておくべきである、と説明されている。(注14)

⑶　折衷説

一定の限られた条件下でのみ直接強制を認める見解であり、①意思能力のない子に対しては直接強制を認める見解、(注15)②子が奪い去られた場合には直接強制を認める見解、(注16)③間接強制の実効性がないときに直接強制を認める見解、(注17)④類型的に執行方法を分ける見解(注18)がある。

前記のうち①の見解は、民事訴訟法の研究者を中心として有力な見解であり、現在の執行実務も、基本的にはこの見解に拠っているということができる。この見解の中にも直接強制が可能な子の年齢としては、乳児の段階に限るという立場、二、三歳まで可能とする立場などがあるが、概ね八歳から一〇歳程度、小学校の低学年までくらいを直接強制による執行可能な年齢であるとする立場が有力であり、現在の執行実務でも、この立場を前提として運用されている。

これに対し、②、③の見解は、むしろ間接強制説を基本とする見解であり、②は、債務者による子に対する支配開始の原因の違法性が高い場合に、③は、債務者が間接強制による経済的出捐の犠牲に耐えても、長期間にわたって子を引き渡さないために子の福祉が甚だしく害される結果になる場合や、債務者が無資力であり間接強制により経済的出捐が実効性を持たない場合に、それぞれ例外的に直接強制を認めるものである。②の見解では、例えば別居中の夫婦どうしの紛争で、子に対する支配開始が平穏になされている限りは、家事審判や人事訴訟の判決において子の引渡しが命じられた場合にも直接強制が一切認められないことになってしまうという不都合が、③の見解では、間接強制による実現が困難であることが明白でない限りは、まず間接強制を先にしなければならず、緊急性の高い事案に対応できないという不都合がある。

④の見解は、債権者と債務者の組み合わせや幼児と債務者の組み合わせについて、複数の類型があり、この種の事件について何が最も適切な強制執行の方法であるかは一義的に割り切ることができず、子の福祉の観点から場合分けが必要であるというものであるが、(注19)直接強制の許否の判断基準が必ずしも一義的に明確でないため、具体的な場面で、執行官が直接強制を行い得るか否かの困難な判断を迫られるという問題がある。(注20)

(4)　不作為を目的とする債権執行説

不作為義務を負う相手方が権利者の権限行使を妨害する場合に、裁判所が民法四一四条三項、民事執行法一七一条一項の決定により、将来の妨害行為の反復継続を予防するため、妨害行為の差止め、妨害行為の排除、賠償金の支払その他の適当な処分を命じることができ、場合により執行官の援助を求め、これらの方法により子の引渡しを強制するという見解である。(注21)

この見解は、執行裁判所の裁量による柔軟な対応が可能である等の点で利点があるとするが、直接強制を否定しておきながら不作為債権執行の方法として、実質的に直接強制を肯定する結果となる点について理論的な矛盾を含んでいるのではないかとの指摘があり(注22)、実務家が執筆した公刊物の中で、この立場によるものはない。もっとも、国際的な子の奪取の民事上の側面に関する条約の実施に関する法律（平成二五年法律第四八号。以下「実施法」という。）は、同法による子の返還の執行手続を代替執行と規定したため、（国内における）子の引渡しの強制執行もこれと平仄を合わせるという意味で、今後の立法論としては採用の余地があるという見方もあろうか。

(5)　検討

以上の検討を踏まえると、現行法のもとにおける実務としては、間接強制説、直接強制説、折衷説のうちの①の見解のいずれかを採るのが相当であるが、間接強制説に対しては、前記(1)にみたとおり、間接強制の実効性に疑問があることから、これを貫くことは難しいと考える。

したがって、直接強制説と折衷説のうちの①の見解のいずれを採るべきかを検討することになるが、両説の最も根本的な相違点は、執行官による威力の行使の可否である。直接強制説によれば、子に対する有形力の行使はほとんど認められず、債務者など子を現実に監護する者への威力の行使も相当制限されることになる。子が泣き出したり、口では嫌がっていたりしても執行官や債権者にさしたる抵抗もなく従うときは執行が可能であるとはいうものの、子が明確に拒否した場合には、債権者に確認させて執行不能とすることでよいというのであるから、子に対する説得行為も相当の制約を受けている。また、相手方が戸口を施錠している場合には執行官がこれを強制的に解錠することも許される場合があるが、状況によっては許されないというのである。

ところで、実施法に基づく解放実施は代替執行であり（実施法一三四Ⅰ）、子の引渡しの直接強制とは、強制執行の種別を異にし、その根拠規定も異なるけれども、執行官が債務者による子の監護を強制的に解く、という点では解放実施も国内執行も共通しており、また、執行の場面において、子の福祉の観点から実力行使の限界が問題とされるという意味でも、両手続には共通する要素も多い。実施法では、執行官の権限についての規定が整備されており、子の監護を強制的に解く場面における執行の在り方について一定の立法者意思が示されているといってよいであろう。そして、実際にはかなり共通する部分の多い国内執行と解放実施とが相互に影響を与え合う、具体的には、整備された規定の面では解放実施が国内執行に対し、蓄積された実務の面では国内執行が解放実施に対し、それぞれ影響を与えて同調していく方向性にあるといえる。

そこで、実施法に基づく子の解放実施における執行官による威力の行使の可否の点についてみると、子に対する威力の行使が禁じられているうえ、子以外の者に対して威力を用いることが子の心身に有害な影響を及ぼすおそれがある場合には、子以外の者に対しても威力を行使することができないこと（実施法一四〇Ｖ）、債務者の住居その他債務者の占有する場所に立ち入るなどの必要があるときは、閉鎖した戸を開くため必要な処分をすることができるものの（同条Ｉ①）、これは子が債務者と共にいる場合に限りすることができること（同条Ⅲ）、対象となる子は一六歳未満とされており（実施法一三五Ｉ）、一般に意思能力があるとされる年齢の子も解放実施の対象となり得ることに照らすと、実施法に基づく解放実施は、直接強制説がイメージする直接強制に近いものになることも考えられる。

そうすると、子の引渡しの直接強制についても、直接強制説を採用すべきであるようにもみえる。

しかし、解放実施に関する実施法の規定から、直接強制説がイメージする直接強制と同様のものが導き出されることが必然であるとまではいえない。なぜなら、解放実施においても、子に対する威力に当たらない程度の有形力の行使に許されると解されるし（第一四回参照）、子以外の者に対しては、原則として威力を用いることができ、警察上の援助を求めることも可能とされている（実施法一四〇Ⅳ）。また、子が常居所地国に返還されることを拒絶しているか否かは、返還命令などの債務名義が作られる過程で考慮される（同法二八Ⅰ⑤）ので、そのような過程を経て債務名義が成立している以上、子が常居所地国への返還を拒絶していることは、解放実施の障害事由にはならない（国際的な子の奪取の民事上の側面に関する条約の実施に関する法律による子の返還に関する事件の手続等に関する規則（以下「実施法規則」という。）八九参照）。このような実施法の規定は、直接強制説が説く直接強制のイメージとは相当異質であるということができる。対象となる子に年齢制限があること（実施法一三五Ⅰ）も、実施法が必ずしも直接強制説と同様の執行をイメージしたものではないことを裏付けるものであるともいえる。

そして、実施法に基づく解放実施が、まず、債務者に対する説得を基本として行われる（同法一四〇Ⅰ柱書）ものとはいえ、以上にみた有形力の行使のほか、債務者の住居その他債務者の占有する場所への立入り、子の捜索、これに伴う閉鎖した戸を開くために必要な行為（同法一四〇Ⅰ①）、返還実施者を債務者の住居その他債務者の占有する場所に立ち入らせること（同項③）も可能とされていることも合わせ考慮すると、解放実施においても、一定の制約を受けるとはいえ、原則として動産引渡執行における と同様の威力の行使が予定されているといえるのではなかろうか。

そうすると、子の引渡しの直接強制についても、折衷説がイメージするような、威力の行使を含む執行官の行為が予定されていると解するのが相当であると思われるのである。

以上の検討をもとに、本稿では、折衷説のうち①の見解を採用することとしたい。

なお、子の引渡しの直接強制が認められる子の年齢、子に対する有形力の行使の可否とその限界については、以上の検討を前提として、後記二、三において詳しく検討することとしたい。

3　設問1に対する解答

2において検討したとおり、子の引渡しの強制執行の方法として、まず、間接強制によることができることは争いがなく、更に、直接強制によることもできるとする見解が実務上多数を占めているといえる。

本稿は、前記2(5)のとおり、折衷説のうちの①の見解に立つものであるが、この見解によっても、子の引渡しの直接強制が認められる。

ただし、前記2(3)のとおり、現在の執行実務は、子の引渡しの直接強制が可能な子の年齢は概ね八歳から一〇歳程度、小学校低学年までくらいとする立場（後記二2(2)で検討するとおり、私見もこれを支持する。）を前提として運用されているから、設問において子の引渡しの直接強制が許されるのは五歳であるBのみであって、一二歳であるAについては直接強制が許されず、間接強制のみが許されると判断されることが多いと思われる。

二　子の引渡しの直接強制の申立て

子の引渡しの強制執行の方法として直接強制によることができる場合には、先にみたとおり、動産引渡執行についての民事執行法一六九条が類推適用されるから、その執行は、執行官が執行機関となり、債務者から子を取り上げて債権者に引き渡す方法により行われる（民執一六九Ⅰ）ことになる。

1　民事執行法一六九条の強制執行の概要

(1)　強制執行の申立て

子の引渡し強制執行の申立ては、執行官に対する他の民事執行の申立てと同様、債権者、債務者、代理人の表示（氏名及び住所）、債務名義の表示、強制執行の目的である対象となる子の表示（氏名、性別、年齢など）と強制執行の方法を記載した書面に、執行力のある債務名義の正本を添付しなければならない（民執規二一）。

執行官は、職務を行う場所が所属の地方裁判所の管轄区域内と定められているので（執行官法四）、執行官に対する申立ては、当該事務に係る職務行為が実施されるべき地を管轄する地方裁判所の執行官に対して行われなければならない。子の引渡しの強制執行では、債務名義の出された裁判所の執行官の管轄になるとは限らず、執行する場所、すなわち、子の引渡しの強制執行の場所を管轄する地方裁判所の執行官への申立てとなる。

執行官は、債権者からの申立てを受けると、提出された強制執行申立書や添付書類等の適法要件を審査し、債権者に強制執行手数料等の費用を裁判所に予納させる（執行官法一五本文）。その後、執行方法や、立会人、執行補助者（解錠技術者や作業員等）の要否、執行期日の指定等の打ち合わせを執行債権者と行う。

(2)　強制執行の方法

執行官は、執行に際し債務者に出会ったときは、原則として執行に着手する前に任意の履行を促すことが相当であるとされているが、（注23）かかる履行を促すことについての明文の規定はないし、義務でもない（民執一六八条の二参照）。

執行官は、債務者が任意に執行の目的物を引き渡すときは、債権者のためにこれを受領することができ（民執一六九Ⅱ、一二二Ⅱ）、執行の目的物を第三者が占有している場合も、第三者が任意に引き渡した場合はこれを受領することができると解されている（同法一七〇参照）。

(3)　住居等への立入り、威力の行使、警察上の援助

執行官は、債務者から目的物を取り上げるに際し、債務者の住居その他の債務者の占有する場所に立ち入り、その場所において目的物を捜索することができ、職務の執行に際し抵抗を受けるときは、その抵抗を排除するために、威力を用い、又は警察上の援助を求めることができ（民執六Ⅰ）、必要があるときは、閉鎖した戸等を開くために必要な処分をすることができる（同法一六九Ⅱ、一二三Ⅱ）。民事執行に関する執行官の事務の中で、事実行為を中心とし、執行官が執行の目的物に対する債務者の支配領域に直接介入して、その意に反してでも執行することのできる権限を与えられているものについては、その職務の執行に際して債務者等の積極的・消極的抵抗を受けることが定型的に予想されるので、その抵抗を排除するために執行官の威力の行使が認められたのである。動産引渡しの強制執行は、執行官が執行の目的物に対する債務者の支配領域に直接介入して執行する権限を与えられていることが明らかなので、民事執行法六条一項が適用される。

ここでいう抵抗とは、執行官の職務の執行に対する実力による妨害をいい、有形力の行使による積極的な抵抗だけでなく、消極的なものも含む。執行官に対する暴力、脅迫行為はもちろん、バリケードの設置、戸扉の施錠による閉鎖等も抵抗に当たる。職務執行の妨害行為は、相手方だけでなく第三者がした場合も抵抗となる。(注24)

これらの抵抗に対しての威力の行使は、設置されたバリケードの撤去、閉鎖した戸を開くための必要な処分の実施、抵抗をする者の身体に触れて押し出す行為等であり、執行官自身の実力行使だけでなく補助者を用いた行為も含まれる(注25)。

また、執行官は、職務の執行に際し抵抗を受けることにより警察上の援助を求める必要を生ずるおそれがある場合には、あらかじめその事由を、執行場所を管轄する警察署の長に通知し、援助を請求する。ただし、事前に請求していない場合であっても緊急時には直接最寄りの警察官に対して援助請求をすることもできる。

(4)　立会人、執行補助者

(3)にみたとおり、動産引渡しの強制執行において、執行官は強制力の行使が許され、住居主の承諾の有無を問わず当該住居にも立ち入ることができる。住居への立入りは、住居の平穏を害する性質を持つので、執行の公正さを担保するために、市町村の職員、警察官その他証人として相当と認められる者(立会人)を立ち会わせなければならない(民執七)。これと同様の理由から、立会人は、威力を用いる場合、及び警察上の援助を得て職務を行う場合にも必要である(同条)。この立会人は、執行官の職務が公正に行われるようにその職務の状況を監視すると共に、後日その状況を証言できるようにして紛争を未然に防止する目的で立ち会うのであるから、債権者への説明、債務者への説得、子への対応等をさせることはできないが、立会人の上記目的に照らせば、執行官が債務者等に対し威力を行使する際などに、それが子の心身に有害な影響を及ぼすものであるか否かについての認識を述べることはできると解される。したがって、この立会人は、単に一般的な常識に照らして観察するにとどまらず、子の心身に有害な影響を及ぼすおそれがあるか否かという観点から、子の心理を的確に把握できる者であることが望ましく、したがって、児童心理の専門家を立会人に選任することが考えられる。

また、執行官は、例えば、建物引渡しの強制執行における、門扉を解錠するための解錠技術者、荷物を搬出・保管する業者などの執行補助者を利用することができる（執行官規則一二）。そして、執行官は、債務者の抵抗排除、子の引渡しに当たっての連絡・監視、債務者等の動向に関する情報収集などについても執行補助者を利用することができる。執行補助者の目的は、執行官の事務を実効的かつ円滑に実施することにあるから、立会人のような権限の制約はなく、上記目的に合致する限りにおいて、幅広い事務、具体的には、債権者への説明、債務者への説得、子への対応などを行わせることもできる。したがって、このような目的で執行補助者を利用する場合にも、児童心理の専門家を選任することが考えられる。

なお、専門家から、事案の性質上、子を抱きかかえたり、手をつないだりすることもあるので、保育士や看護師の資格を有する者が関与することが望ましいこと、初対面の子についいては、女性のほうが相対的に否定的な感情を持たれにくいことが指摘されている。女性の執行補助者を確保することが困難である場合には、債権者代理人事務所の女性職員に同行してもらうなどの工夫も考えられる。

(5)　債権者又は代理人の出頭

不動産引渡執行の場合（民執一六八Ⅲ）とは異なり、債権者又はその代理人が執行場所に出頭する必要はない。しかし、債権者らが不出頭の場合、執行官は、動産の種類・数量等を考慮しやむを得ないと認めるときは、執行の実施を留保することができる（民執規一五五Ⅰ）。また、執行官は、債権者らが不出頭の場合、債務者から動産を取り上げたときは、これを保管しなければならない（同条Ⅱ）。当該動産は、債権者に送付する必要はなく、その引き取りを待って保管場所で引き渡せば足りる。保管の費用は、債権者の不出頭のために要した費用であるから執行費用とはならず、債権者が負担する。

(6)　休日・時間外の執行

執行の目的を達成するために、執行が日曜日その他の一般の休日や、平日の夜間や早朝に行われることもある。休日及び夜間・早朝は、一般市民が休息する時間であることを考慮し、人の住居の平穏を保護するために、人の住居に立ち入って行う職務執行については執行裁判所の許可を受けなければならない（民執八Ⅰ）。休日又は夜間・早朝の執行においては、立入りについて住居主の承諾があっても執行裁判所の許可を要する。そして、執行官に、この許可を受けた場合には、執行に際し許可を受けたことを証する文書を提示しなければならない（同条Ⅱ）。

(7) 他の執行官の援助

執行官は、事案の内容により単独で職務の執行にあたるのが困難である場合、又は著しく非効率的である場合は、他の執行官の援助を求めることができる（執行官法一九Ⅰ）。

(8) 執行の終了

執行の終了時については、債権者らが出頭した場合は引渡時である。債権者らが不出頭の場合は執行官の保管開始時とする見解と引渡時とする見解とが対立している。(注26)

執行に着手して完了又は不能、臨場後中止など執行行為を停止した場合は、執行官は事件の表示、執行日時と場所、執行内容、調書作成年月日を記載した調書を作成し、記名押印する（執行官規則一七）。そのほか、①民事執行に着手した日時及びこれを終了した日時、②民事執行の場所及び目的物、③民事執行に立ち会った者の表示、④実施した民事執行の内容、⑤民事執行に着手した後これを停止したときは、その事由、⑥民事執行に際し抵抗を受けたときは、その旨及びこれに対してとった措置、⑦民事執行の目的を達することができなかったときはその事由、⑧民事執行を続行することとしたときは、その事由をも記載しなければならない（民執規一三Ⅰ①～⑧）。また、執行に立ち会った者には調書に署名押印をさせなければならない。この者が署名押印をしなかったときは、執行官はその事由を調書に記載しなければならない（民執規一三Ⅱ）。

2　子の引渡しの直接強制の実情

子の引渡執行は、民事執行法一六九条の動産引渡執行に関する規定を類推適用して、債務者の下にいる子を債権者に引き渡すという、（動産の引渡しと同様の作為義務であるところの）与える債務についての直接強制として行われる。したがって、その規律は、原則として1にみた動産引渡執行と同様であるが、以下の点に留意する必要がある。

なお、子の引渡しの強制執行においては、兄弟を同時に別の場所で確保する必要性のある事案ではもちろん、そうでない場合でも、多くの場合には債務者やその親族による執行妨害が予想されることから、前記1(7)の他の執行官の援助を求めることが多い（注27）。また、前記1(6)の休日・時間外の執行を想定する必要のあることも多い（注28）。

(1)　威力の行使

子の引渡しの直接強制は、前記のとおり動産引渡執行に関する規定を類推適用して行われるところ、**設問1**において検討したとおり、折衷説のうちの①の見解によれば、原則として、前記1(3)の民事執行法六条の規定による威力の行使も認められる。したがって、執行場所である住居の鍵の解錠、捜索、立入りなどが可能であり、また、座り込んでいる者を排除する必要があるときには、その者に手を掛けて屋外、あるいは公道上に搬出すること、執行目的外の物を公道上に搬出することができ、更に、抵抗を排除するための必要最小限の実力行使も許される。(注29)

しかし、子の引渡執行においては、子の人格を尊重し、強制執行にあたり子の心身に有害な影響を及ぼさないようにする必要があり、この点では、間接強制説からの批判や、直接強制を認めると言いながら威力の行使を極めて制限する直接強制説の立場にも一理ある。(注30) 加えて、子の引渡しの直接強制と、執行官が行う事実行為としての局面に大きな共通点を有する実施法に基づく解放実施において、**設問1**で検討したとおり、子に対する威力の行使が禁じられ、また、子以外の者に対して威力を用いることが子の心身に有害な影響を及ぼすおそれがある場合における威力の行使が禁じられていること、債務者の住居等への立入りや強制解錠などの行為は、子が債務者と共にいる場合に限り、することができるとされていることも考慮する必要がある。

したがって、子の引渡しの直接強制は、折衷説のうちの①の見解を前提としても、実施法に基づく解放実施と同様、まず執行官による債務者に対する説得を基本として行われるべきであって、原則として子に対する威力の行使は認められない。子以外の者に対する威力の行使は可能であるが、例えば、債務者が子を抱きかかえて離さない場合には、債務者に対する威力行使が子の心身に有害な影響を与える可能性もあるので、時間をかけて債務者を落ち着かせて子を離すように促すとか、当日はいったん中止として続行するなどといった工夫が必要となる。

なお、威力の行使の限界については、主に**設問3**において検討すべき問題であるから、後記**三**において詳しく取り上げる。

(2)　執行の対象となる子の年齢

子の引渡しの直接強制について折衷説をとる見解の中でも、子の引渡しの直接強制が可能な子の年齢の上限については、様々な見解に分かれている。現在の執行実務は、これを概ね小学校低学年くらいまで（八歳から一〇歳くらいまで）として運用されてきた。これは、子に意思能力がないようであれば、直接強制によっても子の心に傷を負わせることもなく執行できるのではないかという配慮に根ざしたものと考えられ、子の人格を尊重するという考え方と、子の引渡しの実効性との調和を図った対応であるということができる。

しかし、実施法に基づく解放実施及び返還実施の対象は、一六歳未満の子であると規定され（実施法一三五）、その中には通常意思能力を有する年齢に達した子も含まれることから、子の引渡しの直接強制についても、前記規定と平仄を合わせるべきかどうかを検討する必要がある。実施法においても、生活事情や子の心身の発達度合いには個人差があることを前提に、その心身に悪影響を及ぼすおそれのあるような執行は避けるべきであるという子の人格を尊重する考え方が根底にあるのは、子の引渡しの直接強制と同様である。したがって、まず、実施法一三五条により、一六歳に達した子については、返還命令等の債務名義があったとしても代替執行ができないとされたことに照らすと、今後の子の引渡しの直接強制においても、一六歳以上の子を対象とする直接強制の申立てがあった場合には、一定の指針になると解される。(注31)

これに対し、実施法一三五条の存在を理由として、子の引渡しの直接強制についても、一六歳未満であれば一律に執行可能と解することまでが必然であるとはいえない。前記一2(5)のとおり、子の引渡しの強制執行について折衷説のうちの①の見解を採る本稿の立場では、前記一2(3)のとおり概ね八歳から一〇歳程度、小学校低学年までくらいを直接強制による執行可能な年齢と解することになる。

もっとも、このように解すると、実施法一三五条との整合性が問題となるが、解放実施の債務名義である返還命令は、子を常居所地国に戻すところまでを内容とし、子の監護権の所在は、子が常居所地国に返還された後、同国で行われる裁判等で改めて決められることになる。言い換えれば、解放実施は、子が常居所地国で裁判等を受ける機会を保障するためのものであるから、子が、一般に自己の居所の選択につき明確な意思及び判断能力を有するとされる一六歳に達するまでは、これを、強制力をもって実現することが認められて良いと考えられる。これに対し、子の引渡しの強制執行は、子を、判決や家事審判等により定められた監護権者のもとに帰すためのものであるから、執行可能な年齢を解放実施の場合とは異なって解する余地もあるというべきである。以上のことから、子の引渡しの直接強制が可能である年齢については、現在の執行実務の運用と同様に解することとしたい。

(3)　債権者又は代理人の出頭

前記のとおり、動産引渡しの強制執行では、債権者又はその代理人の執行場所への出頭は必要的ではないのに対し、子の引渡執行では、執行官が引渡しを受けた子をすぐに申立債権者に引き渡すのが相当であることから、債権者本人又は少なくともその代理人が、執行場所の近くに待機して、執行官が子を債務者のもとから引き取った後、債権者本人又はその代理人への引渡しが速やかに完了できるようにしておくのが通常であり、また、望ましい(注32)。

(4)　執行官への情報提供、打合せ

子の引渡しの直接強制においては、後記三1のとおり、執行場所が原則として債務者の住居とされ、また、後記三2のとおり、子が債務者と共にいることが原則とするのがいずれも望ましいと考えられることから、執行場所において、子や債務者、その親族が執行官に対し抵抗することが十分に予想される。そこで、債権者代理人は、執行場所及びその周辺の状況（戸建てか集合住宅か、間取りなど）、債務者及び子の生活状況（一日の生活パターン、同居親族の有無など）、債務者及び子の性格、債権者と子との交流の状況、当事者間の対立の程度など、子の身体的特徴（身長、あざ、ほくろなど）などの情報を、申立てと同時に、又は少なくとも申立て後速やかに執行官に提供しておくことが望ましい。

また、債権者代理人は、執行期日より前に、執行官と打合せを行い、執行官に前記情報提供を行うと共に、執行現場での混乱を防ぐため、どのような場合に執行が中止又は不能となるか、待ち合わせ場所や執行完了後の交通手段の確認などについて確認しておくことが望ましい（注33）。

3　債務名義が審判前の保全処分である場合の注意点

債務名義が審判前の保全処分である場合は、債務名義が債権者へ送達されてから二週間以内に執行に着手しなければならない（家事手続一〇九Ⅲ、民保四三Ⅱ）。

4　設問2に対する解答

執行の申立ては、民事執行法一六九条に基づく動産引渡執行と同様、1(1)の方式により行えばよい。ただし、執行場所が原則として債務者の住居とされ、また、子が債務者と共にいることが原則とすることがいずれも望ましいと考えられることから、債権者代理人であるX

は、執行場所及びその周辺の状況（戸建てか集合住宅か、間取りなど）、債務者及び子の生活状況（一日の生活パターン、同居親族の有無など）、債務者及び子の性格、債権者と子との交流の状況、当事者間の対立の程度など、子の身体的特徴（身長、あざ、ほくろなど）などの情報を、申立てと同時に、又は少なくとも申立て後速やかに執行官に提供しておくことが望ましい。

また、子の引渡しの直接強制においては、前記1⑶〜⑺のとおり、住居等への立入り、警察上の援助、休日・時間外の執行、複数の執行官が執行現場に赴くことなどが必要となることもあるので、Xは、執行官が、これらの措置をとる必要があるかどうか判断するために必要な情報を、できれば申立てと同時に提供すべきである。

債務名義が審判前の保全処分である場合は、債務名義が債権者へ送達されてから二週間以内に執行に着手しなければならないことを考慮し、Xは、執行場所を管轄する執行官と事前によく打ち合わせて、執行期間の制限により執行に支障が生ずることのないように注意しておく必要がある。

三　執行官による子の引渡しの直接強制の実施

子の引渡しの直接強制の申立て及びその手続の概要は、前記二で検討したとおりであるが、その実施について検討しておくべき点は、以下のとおりである。

1　執行場所

かつて、子の引渡しの直接強制は、債務者の自宅で行われる場合以外に、債務者の親族の自宅、公道、保育園・幼稚園・小学校、面会交流場所、債権者代理人弁護士事務所内、債務者の自宅付近の公園などで実施されたこともあった(注34)。

しかし、子の引渡しという家族ないし夫婦関係に深く関わるプライベートな事柄の強制執行を、衆人環視のもとで行うことはプライバシーの観点から問題があること、公道での執行は不測の事態が生ずるおそれがあり、子の安全の確保にも問題があることから、通学路などの公道や公衆の出入りする場所での執行は相当ではない(注35)。また、保育園等の施設での執行も、管理者の同意を得るのが困難であること、他の児童・生徒の面前や、債務者が不在の状態で執行することは、子の心身に影響を及ぼすおそれがあることから相当ではない(注36)。更に、面会交流場所における執行は、当事者間で合意された面会交流を行うため、債務者が現実に監護している子を債権者に預けている機会に、債務者のいないところで子の引渡しの直接強制を行うことが想定されるから、その後の当事者間の信頼関係を破壊する、だまし討ちに近いものとして支持できないし、弁護士事務所における執行も、それが面会交流場所における執行と同じように債務者をだまし討ちにするようなものであれば、同様に相当性を欠くというべきであろう(注37)。

ところで、実施法に基づく解放実施においては、実施法一四〇条一項が「債務者の住居その他債務者の占有する場所」を原則的な執行場所として規定し、それ以外の場所における執行は、子の心身に及ぼす影響、当該場所及びその周囲の状況その他の事情を考慮して相当と認めるときに、当該場所を占有する者の同意を得て初めて可能であるとされていること（実施法一四〇Ⅱ）、子と債務者との同時存在が要請されていること（同条Ⅲ）から、債務者の自宅以外の場所で解放実施が行われる事態は極めて限られる。そして、既にみた子の引渡しの直接強制と解放実施との共通性に照らすと、子の引渡しの直接強制の執行場所についても、解放実施のそれと同様の運用がなされることが望ましい。

したがって、子の引渡しの直接強制においても、原則として債務者の自宅を執行場所とするのが相当である。執行官も、債権者から債務者の住居以外の場所での執行を求められたときは、債務者の住居を執行場所にするよう促すことになると考えられる。

2　子と債務者の同時存在

実施法に基づく解放実施は、子が債務者と共にいる場合に限り、行うことができる（実施法一四〇Ⅲ）。子の利益の観点から、債務者にできる限り自発的に子の監護を解かせ、子の監護に必要な物の準備等を含め、債務者の協力も得た上で返還を実施することが子の利益に適うことから、執行官は、まず債務者に対する説得を試みることが想定されている（実施法一四〇I柱書）ため、子と債務者の同時存在が解放実施を行うための要件とされたのである。

これに対し、従来の子の引渡しの直接強制においては、少なくとも、このような執行実務上の規範的なものがあることが強く意識されてきたとはいえない。前記1のとおり、債務者の自宅における執行を原則とするようになれば、債務者不在のうちに執行が行われる事案は多くないと思われるが、債務者が両親の実家に身を寄せ、子もそこで一緒に生活しているという場合で、執行官が同所に立ち入ったところ、債務者が不在で、子と債務者の両親しかいなかったという場面において、かつては債務者が不在でも執行していた事例もあったようである。しかし、このような場合には、実施法の趣旨を尊重し、債務者に連絡をして直ちに帰宅するよう説得すべきであり、説得が奏効しなければ、執行を中止するのが相当であろう。

先述のとおり、執行官は、子の引渡しの直接強制においても民事執行法六条一項に基づく威力の行使が可能であるとしても、他方で、子の引渡しの直接強制の方法としては、主として子の福祉の観点から、子の心身への悪影響を回避すべく間接強制のみが許されるという見解の説くところにも一理あり、実際の執行にあたっては生身の人間である子を対象とすることによる変容は避けようがない。このような執行官による説得の努力は、今日の社会的相当性の見地から、執行官自らが選択した実務のありようであったものと高く評価されているところである。（注38）

このことに、実施法に基づく解放実施においては子と債務者の同時存在が要請されているところ、子の引渡しの直接強制と実施法に基づく解放実施との間に、執行官が行う事実行為としての局面に大きな共通点があることも合わせ考慮すると、子の引渡しの直接強制においても、債務者と子の同時存在する場で執行することが相当であると解される。

3　住居への立入り、立会人、執行補助者

子の引渡しの直接強制を原則として債務者の自宅で行うべきであるとすると、債務者が任意に門扉の解錠に応じない場合に備えて解錠技術者が必要となる事態が考えられ、この場合には執行補助者を準備しておく必要がある。また、この場合には、住居主である債務者又はその両親等の承諾なく債務者の住居への立入りが必要となるため、立会人を準備しておく必要もある。

4　債権者が執行場所に同行した場合、子や債務者に債権者を面会させることの当否

債権者又は少なくともその代理人が執行場所の近くで待機しておく必要があるところ、執行官が必要と考えた場合には、債権者と子を面会させたり、債権者と債務者を面会させたりすることもまれにはあるとの指摘がある。(注39)近年、国内執行において、子の拒絶によって執行不能になることが少なくないため、子の拒絶反応を取り除くべく債権者を子と面会させることの重要性が認識されるようになった。また、債権者による子の監護を開始させるため、あ

るいは債権者と債務者とを面会させるために、債権者を債務者の住居等に立ち入らせることも考えられる（ただし、国内執行については、実施法のような明文規定がないことから、債務者の承諾がない場合にまで、債権者の債務者の住居等への立入りを認めることについては慎重に検討すべきであろう。）。

その可否の判断は執行官が行うが、債権者代理人としては、前記二2(4)のとおり、執行官に対し、できるだけ早期に子、債務者及びその同居の親族等に関する情報を提供し、執行ができるだけ円滑に行われるよう協力することが望ましい。

5　子、債務者、債務者以外に子を事実上監護する者に対する有形力行使の可否

この問題は、前記一のとおり、子の引渡しの直接強制が許されるか否かを検討する上で議論されてきたものであるが、そこでの議論を踏まえ、概ね以下のとおり整理することができよう。

(1)　子に対する有形力の行使

子に対する威力の行使といえるような有形力の行使は認められない。ただし、子の年齢等に応じて、何が「威力の行使」といえるかは個別に検討する必要がある。「威力」という概念が民事執行法上「抵抗を除」くという概念と共に用いられていることに照らすと、子の引渡しに際し抵抗していない子、すなわち、子が債務者の監護下から分離されるに際して拒絶する行為をしない子に対して、執行官が身体的接触を伴う行為に及ぶことは「威力」の行使には当たらないと解される。(注40) したがって、例えば、執行官が自立歩行の不可能な乳児をベビーベッドから抱き上げて債権者に引き渡す行為は威力の行使には当たらないし、子が口で拒絶の意思を示していても、身体的な抵抗までは示さないという場合はあり得、その場合に、例えば、子の手を引いたり肩を押したりするなど、子の意思を制圧しない程度の有形力を行使して、子を誘導することは考えられる。他方、債務者の住居の中で逃げまどう子を執行官が追いかけて捕まえる行為は威力の行使に当たるというべきである。

この点に関連して、子が債権者のもとに行くことを拒否した場合に、その子の意思に反して執行することができるかどうかが議論されてきた。(注41) しかし、子の引渡しの直接強制は、家事審判、人事訴訟判決、審判前の保全処分などの子の引渡しを命ずる債務名義が成立し、その債務名義に基づく強制執行なのであって、子の意思も、子の福祉という観点から債務名義の成立過程において考慮された上で、子の引渡しを命ずる債務名義が成立したはずである。したがって、子が執行を拒絶していることが執行不能理由とされていない（実施法規則八九参照）実施法に基づく解放実施の場合よりも更に強い意味において、執行現場における子の拒絶の意思表明は執行を不能とする理由にはならないと考えるべきである。もちろん、子を押さえつけたり追い回したりしてまで執行を続けることは相当でないが、子が泣いていている、あるいは口で嫌だと言っているというだけで執行不能にすべきではなく、このように身体的抵抗までは示さない場合には、例えば、子の手を引いたり肩を押したりするなど、子の意思を制圧しない程度の有形力を行使して、子を誘導することは考えられる。

(2) 子以外の者に対する有形力の行使

子以外の者に対しては、原則として威力の行使が許されるが、その威力の行使が子の心身に有害な影響を及ぼすおそれがある場合には許されない。例えば、債務者又はその両親などが子を抱きかかえて離さない場合には、債務者に対する威力行使が子の心身に有害な影響を与える可能性もあるので、時間をかけて債務者を落ち着かせて子を離すように促すとか、当日はいったん中止として続行するなどといった工夫が必要となる。この点、債務名義に基づく強制執行であることの重みを前提としながらも、社会的相当性の見地からの苛酷執行禁止という執行実務上の命題を十分に尊重する必要がある。

6 設問3に対する解答

子の引渡しの直接強制の概要は、前記二のとおりであるところ、この直接強制の実施及びこれに際して注意すべき点は、前記1から5までにみたとおりである。

子の引渡しの直接強制を実施するに先立ち債権者代理人が準備すべき事項は、前記二2(4)のとおりであり、また、債務名義が審判前の保全処分であるときは、これに加えて執行期間の制限にも配慮して、執行官と打ち合わせておく必要がある。

（注1）梶村太市「子の引渡請求の裁判管轄と執行方法」司法研修所論集第九八号（創立五十周年記念特集号Ⅱ）三一三頁

（注2）梶村太市ほか「子の引渡し保全処分事件の処理をめぐる諸問題」家裁月報四七巻七号五～八頁

（注3）最高裁平成六年四月二六日第三小法廷判決・民集四八巻三号九九二頁

（注4）裁判所職員総合研修所「人身保護請求事件に関する実務的研究〔復刻・補訂版〕」四五頁

（注5）以下の四つの分類は、山﨑恒「子の引渡しと直接強制」山﨑恒＝山田俊雄編『新・裁判実務大系（12）民事執行法』（青林書院、平成一四年）三九二頁の分類による。ただし、各論者の見解をどの説に分類するか、については同文献と相違がある。

（注6）札幌地裁平成六年七月八日決定・判タ八五一号二九九頁、我妻榮「新訂債権総論」（岩波書店、昭和三九年）九一頁、我妻榮「親族法」（有斐閣、昭和三六年）三三二頁、注釈民事執行法（金融財政事情研究会・平成元年）七巻二三九頁〔高世三郎〕など

（注7）最高裁事務総局『執行官提要（第四版）』（法曹会、平成一〇年）二六七頁。なお、同書

は、最高裁昭和三八年九月一七日第三小法廷判決・民集一七巻八号九六八頁及び最高裁昭和三五年三月一五日第三小法廷判決・民集一四巻三号四三〇頁も間接強制説に立つものであるとするが、前者の判例における説示は傍論に過ぎず、間接強制説に立つことを正面から述べたものとはいえないとの指摘がある（梶村・前掲（注1）三三八頁）

（注8）山﨑・前掲（注5）三九三頁
（注9）梶村・前掲（注1）三四六～三四七頁
（注10）青木晋「子の引渡しの執行実務」新民事執行実務四号八九頁、吉村真幸「子の引渡の強制執行と執行官」民事執行実務二六号二一頁
（注11）広島高裁松江支部昭和二八年七月三日判決・高民集六巻六号三五六頁、菊井維大『民事訴訟法（2）』（有斐閣・昭和二五年）二九三頁、梶村・前掲（注1）三四四～三四九頁、山﨑・前掲（注5）三九四～三九五頁、佐藤道雄「幼児引渡の仮処分」丹野達＝青山善充編『裁判実務大系第4巻・民事保全法』（青林書院、昭和五九年）三一五頁、青木・前掲（注10）八九頁。なお、山﨑・前掲（注5）三九二頁では、三ケ月章『民事執行法』（弘文堂、昭和五六年）四一三頁もこの見解に分類されているが、後記折衷説①に立っているものと解される。
（注12）山﨑・前掲（注5）三九八～三九九頁

（注13）　梶村・前掲（注１）三五〇頁

（注14）　山崎・前掲（注５）三九八〜三九九頁

（注15）　兼子一『増補強制執行法〔再増補第４版〕』（酒井書店・昭和三〇年）二七八頁、三ヶ月・前掲（注11）四一三頁、田中康久『新民事執行法の解説〔増補改訂版〕』（金融財政事情研究会・昭和五五年）三六九頁、注解民事執行法五巻（第一法規、昭和六〇年）七頁〔富越和厚〕、注釈民事執行法七巻（金融財政事情研究会・平成元年）一七七頁、髙野耕一「人事・家事事件における保全処分〜子の引渡しを求める事件をめぐって〜」中野貞一郎＝原井龍一郎＝鈴木正裕編『民事保全講座第１巻』（法律文化社、平成八年）四五七頁、四七八頁、瀬木比呂志「子の引渡しに関する家裁の裁判と人身保護請求の役割分担〜子の引渡しに関する家裁の裁判の結果の適正な実現のために〜」判タ一〇八一号六一頁以下、青木晋「子の引渡しの執行実務」新民事執行実務四号八九頁、遠藤真澄「子の引渡しと直接強制―主に家裁の審判、保全処分と直接強制の在り方について―」家裁月報六〇巻一一号二六〜二八頁、福島政幸「ハーグ条約および国内実施法における解放実施事務が国内における子の引渡執行に与える影響」新民事執行実務一二号四一〜四二頁

（注16）　大阪高裁昭和三〇年一二月一四日決定・高民集八巻九号六九二頁

（注17）　鈴木禄弥＝唄孝一「人事法Ⅰ」（有斐閣、昭和五五年）七四頁

（注18） 丹野達「子の引渡しに関する人身保護請求の補充性」家裁月報三八巻一〇号一〇頁、一四頁（注25）、佐久間重吉「子の引渡請求」島津一郎編『判例コンメンタール民法Ⅳ親族』（三省堂、昭和五三年）七一七頁、沼辺愛一「子の引渡」中川善之助先生追悼現代家族法大系編集委員会編『現代家族法大系二 婚姻・離婚』（有斐閣、昭和五五年）二八〇頁、吉村・前掲（注10）一四頁、同「直接強制による幼児の引渡執行の可否」家裁月報四七巻八号一一五頁

（注19） 吉村・前掲（注18）一四三～一四四頁

（注20） 吉村・前掲（注18）一四五頁

（注21） 山木戸克己「幼児の引渡」中田淳一ほか編『民事訴訟法演習Ⅱ』（有斐閣、昭和三九年）二四一頁、中野貞一郎『民事執行法〔増補新訂6版〕』（青林書院、平成二二年）七九九頁、野村秀敏「審判前の子の引渡しの保全処分の執行と執行期間」伊藤眞ほか編『民事司法の法理と政策上巻』（商事法務、平成二〇年）一〇五八～一〇五九頁など。

（注22） 梶村ほか・前掲（注2）六五頁

（注23） 最高裁判所事務総局民事局監修『執行官提要』（第五版）（法曹会、平成二〇年）（以下「執行官提要（第五版）」という。）一二三頁

（注24） 執行官提要（第五版）六六頁

（注25）執行官提要（第五版）六七頁
（注26）山本和彦＝小林昭彦＝浜秀樹＝白石哲編『新基本法コンメンタール民事執行法』（日本評論社、平成二六年）四二三頁〔大濱しのぶ〕
（注27）青木・前掲（注15）九三頁、遠藤・前掲（注15）五〇頁
（注28）青木・前掲（注15）九二頁、遠藤・前掲（注15）五〇頁
（注29）福島・前掲（注15）四七〜四八頁
（注30）福島・前掲（注15）四七頁
（注31）福島・前掲（注15）四七頁
（注32）遠藤・前掲（注15）五〇〜五一頁、福島・前掲（注15）四九頁
（注33）遠藤・前掲（注15）五〇〜五一頁
（注34）福島・前掲（注15）四五頁
（注35）福島・前掲（注15）四五頁
（注36）福島・前掲（注15）四五〜四六頁
（注37）福島・前掲（注15）四六頁
（注38）福島・前掲（注15）四七頁
（注39）福島・前掲（注15）四九頁

（注40）福島・前掲（注15）四八頁
（注41）福島・前掲（注15）四八頁

第一四回　子奪取条約実施法に基づく強制執行

【例題】

Xは、妻Y、XY間の子A（一二歳）及びB（五歳）と共に米国New York州で同居して生活していたが、YがA及びBを伴って東京都内の実家に連れ帰ったため、Yを相手方として、A及びBをNew York州に返還するよう求める返還命令を東京家庭裁判所に申し立てた。東京家庭裁判所は、申立てどおりの返還命令を発し、同返還命令は確定した。しかし、YはA及びBを日本に留め、返還命令に従わない。

1　XがYに対しA及びBのNew York州への返還を強制する手段には、どのようなものがあるか。各執行方法の間に法律上先後の関係があるか。

2　Xの代理人Zは間接強制を申し立てた。間接強制手続の概要を説明せよ。

3　Zは、代替執行を申し立てた。代替執行手続の概要を説明せよ。Zは、どのような準備を行うべきか。

4　代替執行（執行官による解放実施）は、実際にどのようにして行われるか。

5　執行官が解放実施場所に赴いて解放実施の手続を開始したが、以下の事情が発生した場合、手続はどのようになるか。

(1)　A、B又はYが解放実施場所に現れなかった。

(2)　A又はBが執行官に対し、自分は日本に残りたいと言い、New York州に行くことに同意しなかった。

(3)　YがA又はBを抱きしめて離さず、執行官がYに対して威力を用いなければA又はBを引き離すことができない状況になった。

(4)　同行したXが、執行官の指示に反して自らA又はBを連れ去ろうとした。

6　子奪取条約実施法に基づく執行官による解放実施と、国内の子の引渡しの直接強制との相違点を述べよ。

【解説及び例題に対する解答】

一　設問1について

1　実施法に基づく強制執行

(1)　実施法の施行

国際的な子の奪取の民事上の側面に関する条約（以下「子奪取条約」という。）は、国際結婚をした配偶者間で子の不法な連れ去りや不法な留置がされている場合に、子をその常居所地国にいったん返還し、その国の裁判所で監護権の所在等を定めるため、その返還のための手続の創設や返還を援助する中央当局の指定の義務を締約国に課す条約である。子奪取条約の趣旨は、子の不法な連れ去り等の発生を抑止し、また、子の常居所地国の国際裁判管轄権を確保することにあり、そのような措置がとられる究極的な根拠は、国境を越えた子の不法な連れ去り又は留置があった場合には、子をいったんは常居所地国に返還することが原則として子の利益に資するという理念を基本としている。(注1)

我が国は、子奪取条約を批准し、これに伴って、子奪取条約の国内実施法である実施法が平成二五年六月一九日に公布され、平成二六年四月一日から施行された。

(2) 実施法に基づく強制執行手続の概要

実施法において、子の返還の強制執行は、間接強制及び子の返還の代替執行によって行われる（実施法一三四Ⅰ）。

具体的には、まず間接強制によって債務者に返還義務の履行を心理的に促し、それによっても履行されない場合（間接強制決定が確定してから二週間を経過した後に）に初めて、より強力な手段である代替執行の申立てをすることができる（実施法一三六）。実施法に基づく強制執行において、この間接強制前置主義が採られたのは、常居所地国への子の返還は、現在子を監護している者により自発的にされることが子の利益の観点から望ましく、子の返還につき強制執行をする場合にも、子に与える心理的負担がより少ない方法から行うのが望ましいからである。(注2)

なお、条約に基づく返還の対象となるのは一六歳に達するまでの子であるから（子奪取条約四）、子の返還を命ずる裁判がされた後に子が一六歳に達した場合には代替執行をすることができず、また、子が一六歳に達した日の翌日以降に子を返還しないことを理由として間接強制金の支払を命じてはならない（実施法一三五）。

2 人身保護手続

実施法に基づく間接強制及び代替執行のほか、人身保護手続によることができるか否かが問題となる。人身保護請求が認められるためには、(ア)身体の自由の拘束がされていること（拘束性）（人身保護法二、人身保護規則三）、(イ)その拘束が違法であることが顕著であること（顕著な違法性）（人身保護法二、人身保護規則四本文）、(ウ)他に目的を達するための方法がないこと（補充性）（人身保護規則四ただし書）を満たすことが必要である（なお、これらの要件の詳細は、**第九回「人身保護請求の実体的要件」**の解説を参照のこと）。

したがって、この問題は、①実施法に基づく返還命令が確定したにもかかわらず、それに従わないことは請求者の子に対する監護権の侵害であり、更には確定した返還命令に基づく実施法所定の強制執行（解放実施）にも従わないという事実状態は、人身保護法にいう「顕著な違法性がある」と評価することが可能か、という問題と、②主に補充性との関係で、実施法に基づく返還命令が出された後、債権者は同法に基づく間接強制手続や解放実施手続を経ずに、直ちに人身保護請求をすることができるかという問題に分けられる。

(1)　前記①の問題について

前記①の問題は、顕著な違法性の要件に関する問題意識である。日本国内の共同親権者間における子の引渡し事案（以下「国内事案」という。）と、実施法に基づく常居所地国への子の返還の事案（以下「子奪取事案」という。）とでは、裁判により現に子を監護している親（人身保護手続における拘束者。以下「監護親」という。）が負う義務の内容が異なるため、子奪取事案において子の返還を命ずる終局決定（以下「返還命令」という。）が確定した場合に「顕著な違法性」があるといえるかが問題になる。

国内事案では、子の引渡しを命ずる仮処分や審判が出された場合には、監護親の親権行使が実質上制限され、監護親がこれらの仮処分等に従わなかったときには、監護親による監護は顕著な違法性を有することとなる。これに対し、子奪取事案の場合、返還命令が確定すると、監護親は、常居所地国に子を返還すべき義務を負うこととなり（実施法二六参照）、日本国内で子の監護を継続することができなくなるが、子の引渡しを求める親（人身保護手続における請求者。以下「請求者」という。）に直接子を引き渡す義務を負うわけではなく、自ら子を連れて常居所地国に帰国すれば義務を履行したこととなり、常居所地国で子の引渡し等を命ぜられない限り、監護親が常居所地国において子を引き続き監護することについて法的制限は受けない。

このような監護親が負う義務の相違から、子奪取事案において返還命令が確定した場合に「顕著な違法性」があるといえるかが問題になり、東京地裁民事第二一部では、次の二つの考え方があり得るのではないかという意見が出された。

一つ目の見解（甲説）は、監護親が負う義務の違いを強調して、子奪取事案では、たとえ返還命令が確定したとしても、それだけで監護親による監護が許されなくなるものではないから、直ちに「顕著な違法性」が肯定されることにはならないという見解である。ただし、その他の事情と相まって、監護親が子を監護することが、請求者による監護に比して子の幸福に反することが明白であるとして、顕著な違法性があるとされる場合もあり得る。例えば、外国の裁判所が請求者に親権・監護権を帰属させる裁判をしていて、当該裁判が我が国において承認される場合が考えられる。

二つ目の見解（乙説）は、確定した返還命令に従わないことは請求者の子に対する監護権の侵害であり、更には確定した返還命令に基づく実施法所定の強制執行にも従わないという事実状態は、「顕著な違法性」に当たるという見解である。この見解は、国内事案と子奪取事案とでは監護親が負う義務に違いはあるものの、両者の執行方法は、執行官が監護親による監護を強制的に解くという点で共通していること、実施法上の子の返還の代替執行の申立てにおいて、請求者が自己を返還実施者として指定することも可能であり、これによって事実上請求者が子の引渡しを受けたのと同一の結果がもたらされることは実施法上も許容されていること、返還命令の要件の一つとして、常居所地国の法令によれば、当該連れ去り又は留置が請求者（申立人）の有する子についての監護の権利を侵害するものであることが要求されている（実施法二七③）ことが理由になる。

(2) 前記②の問題について

前記②の問題は、主に補充性の要件に関する問題意識である。実施法は、子の利益に配慮した強制執行を実現するため、まずは間接強制（実施法一三六）により、奏功しない場合に初めて代替執行（実施法一三六〜一四〇）ができるという執行方法を採っているが、請求者がこれらの手続を踏まずに直ちに人身保護請求をした場合に、補充性の要件を充たすか、充たすとしてどのような場合かが問題となる。

前記甲説は、国内事案と子奪取事案とは、監護親が負う義務の内容が異なるため、同列に扱うことはできず、むしろ、人身保護請求と子の返還命令の申立てとは別の趣旨・目的によるものであるから、両者は併存するとの考え方を前提としている。そうすると、実施法所定の強制執行手続を経ていないことは、人身保護請求を行った場合の補充性の要件とは無関係であると考えられる。

前記乙説により、返還命令が確定したにもかかわらずそれに従わないことを「顕著な違法性」を基礎付ける事実と位置付けた場合、実施法所定の強制執行手続を経ずに人身保護請求を行ったときに補充性の要件を欠くと考えるか否かについては見解が分かれ得るように思われる。

3　設問1に対する解答

XがYに対しA及びBのNew York州への返還を強制する手段としては、まず、実施法に基づく間接強制及び代替執行がある。実施法に基づく代替執行は、間接強制の手続を経た後、具体的には、間接強制決定が確定してから二週間を経過した後に初めてその申立てをすることができる。

一方、Xが、この場合に人身保護請求をすることも考えられるが、その可否及び実施法に基づく間接強制及び代替執行との手続的な先後関係については、前記2のとおり、未だ定まった見解がない。

二　設問2について

1　間接強制手続の概要

間接強制とは、債務者に対してその不履行に一定の不利益（金銭の支払）を賦課して意思を圧迫し、あくまで債務者による履行を強いる強制執行の方法である。

実施法に基づく間接強制の手続については、執行事件の記録の閲覧等に関する実施法一四三条を除いて特則はないから、この点を除き民事執行法の規定（民執一七二）がそのまま適用される。すなわち、その審理手続は間接強制決定（支払予告決定）の申立てにより開始する。執行裁判所は、後記2の発令要件があると認めて間接強制の申立てを認容するときは、予め債務者を審尋した上で（民執一七二Ⅲ）、債務者のなすべき作為を特定した上、その作為義務の履行を確保するために相当と認める一定の額の金銭（強制金）を支払うべき旨を命ずる、間接強制決定を発令する。

強制金は、間接強制決定に含まれる、債務名義上の執行債権についての履行命令に違反したことを条件とする民事執行法上の制裁金であり、違約金や賠償金ではないが、債権者がその支払を受ける権利を与えられ、取り立てた強制金は債権者に帰属し、債務不履行による損害の補填に充てられる。すなわち、間接強制決定が発令された場合に、なお債務が履行されないときは、債権者は、間接強制決定の正本に条件成就執行文の付与を受け、強制金取立ての強制執行をすることができる。

一方、債務が履行されれば、強制執行は終了する。しかし、それまでの債務不履行があって既に強制金支払義務が発生している限度では、間接強制決定はなお失効せず、債権者は、間接強制決定の正本に条件成就執行文の付与を受けて強制金の取立てのための強制執行をすることができる。

2　発令要件

実施法に基づく間接強制の発令要件についても民事執行法の規定がそのまま適用されるか

ら、①執行力のある債務名義正本が存在すること（民執二五）、②履行を求める債務と①の債務名義に表示された債務が同一であること、③履行を求める債務の内容が特定できること、④履行を求める債務が間接強制の対象となること、⑤一般的な執行開始要件（民執二九〜三一）を具備していること、がその要件となる。

①の債務名義となるのは、確定した子の返還を命ずる終局決定（実施法一三四Ⅱ、九二Ⅰ、九三Ⅱ但）のほか、これと同一の効力を有する、子の返還の合意を内容とする和解（実施法一〇〇Ⅲ①）、調停（実施法一四五Ⅲ）、調停に代わる審判（実施法一四五Ⅳ、家事手続二八四Ⅰ）、又は調停に代わる審判に代わる裁判（実施法一四五Ⅳ、家事手続二七四Ⅴ、二八四Ⅰ）に限られる。(注3)

3　間接強制決定

「1　債務者は、子を○○国へ返還せよ。 2　債務者が本決定の告知を受けた日から○週間以内に前項の債務を履行しないときは、債務者は、債権者に対し、前記期間経過の日の翌日から履行済みまで、一日当たり○円の割合による金員を支払え。」という主文になると考えられる。(注4)

4　間接強制決定の執行

前記2①の債務名義に基づいて強制執行をするについては単純執行文の付与を受ける必要

はなく、終局決定等の正本に基づいて行うことができる（実施法一三四Ⅱ）。できる限り迅速に子の返還を実現することが、子の利益に資するからである。（注5）

これに対し、子の返還義務の履行が債権者の証明すべき事実の到来に係る場合（民執二七Ⅰ）や、債務名義に表示された当事者以外の者を債権者又は債務者とする場合（同条Ⅱ）については、条件成就執行文（同条Ⅰ）、承継執行文（同条Ⅱ）がそれぞれ必要となる。このような場合にまで執行文の付与を不要とすることは、執行機関に過度の調査義務を負わせるものであり、債務者の手続保障を害する結果となり、相当でないからである。（注6）

なお、間接強制決定後に子の返還の代替執行が申し立てられ、その授権決定がされても、子が常居所地国に返還されるまでは強制金支払義務が存続する。（注7）間接強制決定後に子が常居所地国に返還された場合には、その後は支払義務が消滅するが、それにもかかわらず、間接強制決定に基づく執行が行われている場合には、債務者は、請求異議の訴え（民執三五）を提起して、子の返還後の期間に係る強制金の支払を免れる必要がある。

5　設問2に対する解答

前記1～4のとおり。

三　設問3について

1　代替執行手続の概要

実施法に基づき子の返還を命じられた者（債務者、TP）が負う常居所地国への返還義務は、子の返還申立事件の申立人（債権者、LBP）に直接子を引き渡す義務ではなく、債務者が自ら連れ帰るなどの方法で子を常居所地国に返還する義務（作為義務）である。この義務は、子を監護し、場合によっては宿泊を伴いながら子と長時間行動を共にしなければならないから、その性質上、執行官等の執行機関に実現させることは極めて困難であり、子の利益の観点からも相当でないが、他方で、適切な第三者を選任すれば、債務者の代わりにこれを行わせることができるから、代替的作為義務であるといえ、代替執行によることが可能であると考えられたのである（注8）。

(1)　解放実施と返還実施

実施法に基づく子の返還の代替執行は、債務者による子の監護を解く行為（解放実施）と、解放された子を常居所地国まで返還する行為（返還実施）とに大別され、解放実施については執行官が、返還実施については授権決定の中で指定された返還実施者が、それぞれ債務者に代わってこれを行う（実施法一三八）。解放実施は、第三者が債務者に代わって行う作為義務の履行行為そのものではなく、履行行為に対する妨害を排除するという性質を持つに過ぎないが、子の返還の代替執行においては、返還実施者が子の返還をするにつき、その性質上ほぼ必然的に必要であり、不可分一体であるといえるから、解放実施を含めて代替執行における授権決定の対象とされている。(注9)

(2) 授権決定

授権決定においては返還実施者が指定される（実施法一三八）が、債権者は、その申立てにおいて、返還実施者となるべき者を特定する必要があり（実施法一三七）、裁判所は、その者を返還実施者として指定することが子の利益に照らして相当か否かを判断する（実施法一三九）。返還実施者は、子を監護し、場合によっては宿泊を伴いながら子と長時間行動を共にしなければならないため、誰がやっても良いという性質のものではない。他方、裁判所が全くの裁量でこれに適した者を指定することは必ずしも容易ではないため、このような規定とされた。

返還実施者となるべき者の資格に制限はないが、第一次的には子の親である債権者が考えられ、それ以外では、常居所地国において子と同居していた親族等が考えられる。

(3) 解放実施の申立て

授権決定がされると、債権者は、解放実施の実施場所（原則として、債務者及び子の所在地）を職務区域とする執行官に対し、解放実施の申立てをする。解放実施の申立てを受けた執行官は、解放実施、すなわち、債務者による子の監護を解くことまでの権限を有し、監護を解かれた状態にある子を保護し、常居所地国まで返還する権限は、同じく授権決定を受けた返還実施者にある。

なお、執行官は、申立書に記載された場所で解放実施を行えば足り、債務者及び子が他の場所に所在しているか否かを調査する必要はなく、仮にそれが判明しても、債権者からの申立てがない以上、新たに判明した子の所在地において解放実施を行うことは許されない。（注10）

(4)　解放実施の基本方針

執行官は、解放実施、すなわち、債務者による子の監護を解くために必要な行為として、まず、債務者に対する説得を行うことが規定されている（実施法一四〇Ｉ）。実施法が、このように債務者の説得を解放実施の最も基本的な方法と位置付けたのは、子の心身に与える影響を最小限に食い止めるためには、債務者にできる限り自発的に子の監護を解かせ、子の監護に必要な物の準備等を含め、債務者の協力を得て返還を実施することが子の利益に適うという考えに基づいている。（注11）

したがって、解放実施の基本方針としては、まず、執行官による債務者の説得を基本として、極力、債務者が任意に子を引き渡すことを目標とし、債務者が説得に応じず、債務者又

とになる。

は第三者が抵抗する場合には、限定的に認められている威力行使の方法を慎重に検討するこ

(5) 債務者と子の同時存在

解放実施は、子が債務者と共にいる場合に行われなければならない（実施法一四〇Ⅲ）。前記(4)のとおり、債務者を説得して任意の引渡しをしてもらうことが解放実施の基本的な方法であることから設けられた規定である。したがって、解放実施場所に債務者又は子がいない場合には、解放実施を行うことができないのが原則である。

(6) 執行官の権限

子の返還の代替執行は、返還の対象となる子にとっても負担を伴うものであるが、とりわけ、子を債務者による監護から解く場面では、相当の心理的負担を伴うことが予想されるから、子の利益を考慮して、解放実施を行う執行官の権限を法律上明確にしておく必要がある。（注12）

そこで、実施法は、解放実施において執行官がすることができる行為として、前記(4)の債務者に対する説得のほか、①子を捜索するための債務者の住居等への立入り及び立入りのために必要な、閉鎖した戸を開くため必要な処分（実施法一四〇Ⅰ①）、②返還実施者を子や債務者と面会させたり、債務者の住居等に立ち入らせたりして、説得や捜索の援助等を行わせ

ること（同項②、③）、③威力の行使及び警察上の援助を求めること（実施法一四〇Ⅳ、Ⅴ）、④債務者の住居等以外における解放実施（同条Ⅱ）を規定した。これらは限定列挙である。（注13）執行官の権限の具体的な内容については、**設問4**で検討する。

2　発令要件

実施法に基づく代替執行の手続は、前記**1**にみた点を除けば、民事執行法の規定（民執一七一）が適用されることは間接強制の場合と同様である。

したがって、①執行力ある債務名義正本が存在すること（民執二五）、②履行を求める作為内容と①の債務名義に表示された作為内容が同一であること、③履行を求める作為内容が特定できること、④履行を求める作為内容が代替性を有すること、⑤一般的な執行開始要件（民執二九～三一）を具備していること、が代替執行の発令要件となる。

3　代替執行の決定

「1　〇〇〇〇（住所　〇〇国〇〇州〇〇…）は、債務者の費用で、子を〇〇国に返還することができる。2　債権者の申立てを受けた執行官は、債務者の費用で、国際的な子の奪取の民事上の側面に関する条約の実施に関する法律第一四〇条に規定する債務者による子の監護を解くために必要な行為をすることができる。」という主文になると考えられる。（注14）

4　解放実施に向けた準備

(1)　情報収集の必要性

執行官による解放実施は、前記1にみたとおり、解放実施を行うべき場所において債務者と子の所在を確認し、債務者に対する説得を基本として、債務者による子の監護を解いて行われる。したがって、執行官が、子の利益に配慮しながら、円滑かつ確実に解放実施を行うことが求められるところ、この二つの要請を両立させるためには、解放実施の参考となる情報を事前に収集し、十分な事前準備を行う必要がある。

しかし、子の返還申立事件において、家庭裁判所調査官による事実の調査の対象となるのは、返還拒否事由の存否に関するものなど、限定的になると考えられることから、国内事案における子の引渡しの直接強制（以下「国内執行」という。）と異なり、そもそも家庭裁判所調査官による調査が行われない事案も多くなると考えられる。また、調査自体は行われたとしても、必ずしも債務者及び子の生活状況等の円滑な解放実施のために参考となる情報について詳細な調査が行われるとは限らない。

また、国内執行と比較すると、家庭裁判所の裁判官や家庭裁判所調査官が債務者及び子と接触する機会は相対的に少ないと考えられ、債務者及び子の性格等に関する情報についても、必ずしも家庭裁判所の裁判官や家庭裁判所調査官が十分に把握しているとは限らない。

一方で、解放実施を行う執行官は、円滑な解放実施のためには、事前に事案の特徴や留意点を踏まえた上で、中央当局職員と解放実施当日の役割分担等について調整を行うことが必要である。

そこで、債務者及び子のことを最もよく知り得る立場にあるのは、債権者及び返還実施者であるから、執行官は、まず、債権者及び返還実施者から必要かつ十分な情報を収集する必要がある。

もっとも、債権者及び返還実施者は、我が国での債務者及び子の生活状況等の詳細を知らない可能性があり、解放実施の参考となる情報を必ずしも十分に把握しているとは限らない。他方、子の返還申立事件及び子の返還の強制執行に係る事件を担当した家庭裁判所は、審理の過程で解放実施の参考となる情報を入手している場合がある。(注15)

更に、中央当局たる外務大臣は、子の返還の代替執行に関し、立会いその他必要な協力をすることができるが（実施法一四二）、子の利益に配慮しつつ、手続の円滑な遂行を図るためには、執行官と中央当局職員が緊密な連携を図る必要があり、そのためには、事前準備の段階から、執行官が、中央当局職員との間で、解放実施当日の役割分担を含む必要な協議を十分に行っておく必要がある。(注16)

そこで、実施法規則八七条は、執行官が、債権者、返還実施者及び家庭裁判所から情報提供その他の必要な協力を得るとともに、中央当局との間で必要な協議を行えるようにするために必要な規定を設けた。なお、中央当局や家庭裁判所から協力を得られるようにするため、実施法規則八七条に基づく協議・協力に際して執行官が作成し、又は取得した書類については、その閲覧又はその謄本若しくは抄本の交付の請求をすることができないこととされている（実施法規則八七Ⅵ）。

(2) 債権者及び返還実施者による情報提供

ア 実施法規則八七条一項の規定

実施法規則八七条一項は、債権者及び返還実施者による情報提供等の協力を規定する。この情報提供は、通常、解放実施を行うべき日の前に行われるべきであるが、債務者又は子の不在や拒絶などを理由として手続が中止又は続行となった後に、あらためて求める場合もある。このことを明らかにするため、実施法規則八七条一項は、情報提供等の協力を求めることのできる時期について、解放実施を行うべき期日の前後を問わず、と規定している(注17)。

「債務者及び子の生活状況」に関する情報としては、債務者の職業、子の就学・就園状況、債務者及び子の日常的な生活サイクル、言語能力（特に日本語の言語能力）、心身の状況、債務者及び子が解放実施を行うべき場所に所在する時間帯などの情報が、「解放実施を行うべき場所の状況」に関する情報としては、住居の構造（戸建て住宅、マンション、その他の集合住宅の別や間取り、住居がマンションである場合のオートロック・管理人の有無など）や周囲の状況（待機場所の有無、付近の交通量、人通りなど）、債務者の占有する場所ではあるが、債務者の住居ではないときは、債務者が占有しているといえる理由などの情報が、「解放実施の実現の見込み」に関する情報としては、これまでの紛争の経緯や交渉状況、債務者及び子の性格・気質・行動傾向、子の返還申立事件での言動や態度、予想される抵抗の内容、解放実施を行うべき場所に所在する可能性のある債務者及び子以外の関係者の状況、債務者及び子に接する場合の留意点などの情報が挙げられる。(注18)

また、返還実施者の権限は第三者に委任することはできず（実施法規則八八Ⅰ）、返還実施者本人の出頭がなければ、解放実施を行うことができないため（同条Ⅱ）、執行官は、出頭した者が返還実施者本人であることを確認する必要がある。そこで、執行官は、債権者又は返還実施者に対し、「返還実施者を識別することができる情報」、すなわち、返還実施者の本人確認のための情報の提供を求めることができる。

「その他の解放実施に係る手続の円滑な進行のために必要な協力」としては、返還実施者の日本語能力に関する情報の提供や、返還実施者が日本語を解しない場合の通訳人の手配などが挙げられる。(注19)また、債務者及び子は、子が常居所地国へ返還された場合に、監護権の帰趨はどうなるのか、面会交流はどの程度認められるのか、これらの問題を解決するためにどのような措置をとることができるかといった点に関心があると考えられる。したがって、責務者及び子に対し、これらの点に関する常居所地国の法制度に関する情報を提供することができれば、債務者の納得や子の安心につながるから、監護権や面会交流等に関する常居所地国の法制度に関する情報の提供も、ここでいう「必要な協力」に含まれる。

イ　連携関係の構築

実施法に基づく解放実施の事案では、債権者及び返還実施者が外国に居住していることが多いため、我が国に滞在する期間が限られると考えられ、また、債務者及び子の日本での生活状況等の情報を十分に把握していないことも予想される。その一方、前記(1)の連携関係はできるだけ早く構築しておく必要があるから、債権者代理人は、解放実施の申立てに至る可能性が高い場合には、できるだけ早期に執行官と連絡をとるべきである。

ウ　解放実施における注意事項

執行官は、債権者（代理人）から資料等の提出を求めるだけでなく、電話や面談による聴取を行うことが多いと考えられ、その際、解放実施が不能となる場合（後記五。実施法規則八九）についての説明のほか、以下のような返還実施者の注意事項を説明することが想定される。

すなわち、解放実施は返還実施者が出頭したときに限り、行うことができ（実施法規則八八Ⅱ）、返還実施者は、執行官が解放実施によって子の監護を解いたときに限り、返還実施を行うことができる（実施法規則八八Ⅲ）。また、返還実施者は、解放実施に際して執行官の指示（実施法一四〇Ⅵ）に従わなければならず、執行官の指示に従わず円滑に解放実施をすることができないおそれがある場合（例えば、返還実施者が自ら威力を行使し、債務者から子を引き離そうとする場合や解放実施場所において債務者と口論となり、執行官の制止にも従わない場合など）には、子の心身への影響の観点から解放実施が不能であると判断される場合がある（実施法規則八九③）。（注20）

更に、執行官は、返還実施者に対し、解放実施当日に返還実施者の本人確認のための写真付身分証明書（パスポート等）を持参すること、返還実施者を子又は債務者と面会させる可能性のある事案では、返還実施者に対し、債務者を誹謗するなどの不適切な発言を行わないこと、解放実施完了後は、直ちに解放実施場所から離れるべきことを併せて指示すると考えられる。

そこで、債権者代理人は、執行官によるこれらの指示を債権者及び返還実施者によく説明し、円滑な解放実施に協力することが求められる。

エ　補充調査

債権者及び返還実施者が執行官から提供を求められる前記アの情報は、円滑な解放実施のために必要な情報であるから、執行官は、解放実施申立時に提出された資料や、債権者（代理人）及び返還実施者との面談で得られた情報では、必ずしも情報が十分でないと思われる場合には、債権者及び返還実施者に、例えば、債務者及び子の日常的な生活サイクルに関する報告書や陳述書等を追加提出してもらうなどの補充の調査を依頼してくることが考えられる。

オ　子のパスポートの確保

円滑な解放実施を実現するためには、返還実施者が子のパスポートを確保しておくことが必要であるから、債権者（代理人）がこれを確保できていない場合には、予め中央当局に相談しておくべきである。

(3)　中央当局である外務大臣との協議（実施法規則八七Ⅱ）

子奪取条約は、各締約国に対し、子の返還及び子との面会交流の援助を行う中央当局を指定することを求めているところ、実施法は、我が国において子の返還及び子との面会交流の援助を行う中央当局を外務大臣と規定している（実施法三）。中央当局の連絡先は、「外務省領事局ハーグ条約室」である。

中央当局である外務大臣は、子の安全な返還を確保するための必要かつ適当な行政上の措置をとる条約上の義務を負っている（子奪取条約七Ⅱｈ）ことから、子の返還の代替執行に関し、立会いその他の必要な協力をすることができる（実施法一四二）。具体的には、児童心理に関する専門的知見を有する中央当局職員が、執行官が主宰する解放実施に、協力者として立ち会うこととなるため、執行官は、解放実施に関し、同職員との間で適切な役割分担を図る必要がある。一般的には、子への対応並びに債権者に対する説明、注意事項の告知及び債務者に対する説明、説得のうち、専門的知見を踏まえて行うことが相当であるものについては、中央当局職員が行う方が説得的である。例えば、専門家からは、返還実施後のアフターフォローの重要性や、子に債権者の下に行くかどうかを選択させるべきではなく、債務者自身が落ち着いた心理状態で自発的に子を債権者に委ねることが子の利益のために重要であることなどが指摘されているが、このような専門性の高い事項の説明は、中央当局職員が行うのが相当である。

このように、子の利益に配慮しつつ、手続の円滑な遂行を図るためには、執行官と中央当局職員が十分な連携を図る必要があり、そのためには、事前準備の段階から、執行官が、中央当局職員との間で、解放実施当日の役割分担を含む必要な協議を十分に行っておく必要がある。執行官が中央当局である外務大臣と協議することができるという実施法規則八七条二項の規定は、前記の趣旨から設けられたものであるから、ここにいう協議は、債務者及び子への対応方針、執行官と中央当局職員との役割分担に関するものが中心となる。

しかし、中央当局は、実施法一四二条に基づいて代替執行に関する協力をすることができるところ、例えば、大使館・総領事館において、常居所地国の家族法制度・法律扶助制度及び支援団体に関する情報の集積に努めていることから、中央当局においても常居所地国の法制度に関する情報を把握している可能性があり、事案によっては、執行官から中央当局に対して、これらに関する情報の提供を求めることも考えられる。また、債権者からの外国返還援助申請等の過程で得た情報など、解放実施の参考となる情報の提供もこれに含まれるから、執行官は、このような情報を提供してもらうための協議をすることもできる。(注21)

(4) 警察機関（管轄警察署）

実施法一四〇条四項は、執行官が解放実施を行うに際し、抵抗を受けるときは、抵抗を排除するために警察上の援助を求めることができると規定している。これは、民事執行法六条一項と同趣旨の規定である。

事前の情報収集の結果、債務者から強度の抵抗が予想される場合には、あらかじめ解放実施場所を管轄する警察署の長に対し、援助請求をする。援助請求が必ずしも必要とは考えられない場合であっても、債務者が警察に通報したり、債務者との間でトラブルを生じた場合に執行官が警察に連絡したりする可能性があるため、所轄警察署に対して、あらかじめ解放実施を行う日時・場所について情報を提供しておくことが望ましい。

(5)　家庭裁判所による協力（実施法規則八七条Ⅲ〜Ⅴ）

前記(1)のとおり、解放実施の参考となる情報は、第一次的には、債権者（代理人）が収集することになるが、必ずしも債権者が全ての情報を把握しているとは限らないことや、中立的な第三者からの情報が必要となる場合も考えられる。子の返還を命ずる決定の本案裁判所、又は子の返還の強制執行の執行裁判所としての家庭裁判所は、子の返還申立事件の審理に当たり、家庭裁判所調査官による事実の調査（実施法七九）、当事者からの陳述聴取（実施法八五Ⅰ）、証拠調べ（実施法八六Ⅰ）などを行い、執行裁判所として間接強制及び代替執行の申立ての審理に当たり、債務者を審尋（民執一七一Ⅲ、一七二Ⅲ）していることから、直近の債務者及び子の状況等の情報を把握していると考えられ、家庭裁判所が有するこれらの情報は、子の利益に配慮した安全かつ円滑な解放実施を行う上で、重要な意味を持つ場合があると考えられる。

ところで、執行官は、民事執行のため必要がある場合には、官庁又は公署に対し、援助を求めることができる（民執一八Ⅰ）から、この規定により家庭裁判所に援助を求めることができるが、この「家庭裁判所」は官庁としての家庭裁判所である。(注22)(注23)官庁としての家庭裁判所が執行官に情報を提供するについては、手続法上の家庭裁判所への干渉となることは許されず、その同意が必要となる。(注24)

そこで、実施法規則は、手続法上の家庭裁判所が、執行官に対する協力として、解放実施に関し、子の返還申立事件又は子の返還の強制執行に係る事件に関する情報の提供その他の必要な協力をすることができることが規定され（実施法規則八七Ⅲ）、また、執行官は、手続法上の家庭裁判所の裁判官、裁判所書記官、事実の調査をした家庭裁判所調査官、診断をした裁判所技官から情報を得ることができることを規定した（実施法規則八七Ⅳ）。

子の返還申立事件、間接強制申立事件及び代替執行申立事件の管轄裁判所は、東京家庭裁判所又は大阪家庭裁判所に限られる（実施法三二、民執一七一Ⅱ、一七二Ⅵ、三三Ⅱ①、⑥参照）のに対し、解放実施の申立ては、子の所在地を管轄する各地方裁判所の執行官に対してなされる（執行官法四）から、家庭裁判所から情報の提供を受けるに当たっては、テレビ会議システムや電話会議システムを利用することが考えられる。

執行官が家庭裁判所から聴取すべき情報の多くは、債権者（代理人）から収集すべき情報と共通すると考えられるが、主として、債務者及び子の日本語会話能力（通訳人の要否、使用言語）、解放実施場所の状況、債務者及び子の性格等、生活状況、抵抗の可能性、子の返還申立事件における言動や態度、紛争の経緯及び債権者（代理人）と債務者の交渉の状況、子の発達状況、解放実施場所に所在する可能性のある債務者及び子以外の他の関係者の状況、債務者及び子に接する場合の留意点（子の特定のための身体的特徴や子の健康面など）が

挙げられる。(注25)

また、家庭裁判所において、常居所地国における子の監護権や面会交流を定める手続等に関する情報を持っている場合には、提供を受けるのが相当である。

(6)　その他

執行官は、解放実施場所の状況に応じて、解錠技術者や保育士、看護師の資格を有する者など、執行補助者を利用することが考えられる。また、債務者及び子のいずれかが日本語を解さない場合には、執行官規則一二条の技術者として、通訳人を確保することが必要となる。これらは、いずれも費用の掛かる問題であるから、債権者代理人としては、これらの者の利用について、執行官との間でよく打ち合わせておく必要がある。

5　設問3に対する解答

代替執行手続の概要は、前記1～4のとおりである。

債権者の代理人であるZとしては、このような手続の流れ、特に前記4の事前準備の必要性をよく理解して、債権者や返還実施者から事情を聴取し、前記4(2)の情報を執行官に提供する必要があり、また、執行官との間で常に意思疎通を密にしておくことが必要である。

四　設問4について

1　解放実施における執行官の権限

子の返還の代替執行は、返還の対象となる子にとっても負担を伴う。特に、子を債務者による監護から解く解放実施は、相当の心理的負担を伴うと予想されるので、子の利益の観点から、これを実施する執行官の権限を法律上明確にしておく必要がある。そこで、実施法一四〇条は、債務者による子の監護を解くために執行官がすることができる行為を列挙した。

なお、執行官は、解放実施をするに当たり、解放実施申立書記載の債務者及び子と、解放実施場所にいる債務者及び子の同一性を確認することが必要である。この確認は、解放実施申立書の添付資料として債権者から提出された写真（実施法規則八五Ⅱ②）を基本として、直接債務者及び子に声を掛けて確認したり、返還実施者に確認させたりすることにより、慎重に行う必要がある。返還実施者による確認は、債務者及び子の同一性を確認するのに有効である反面、返還実施者が債務者又は子を見た際に、感情的になる可能性もあるため、執行官としては、返還実施者に対し、解放実施者である執行官の指示に反して行動することがないように十分説明しておく必要がある。また、返還実施者が子と最後に接触してからある程度期間が経過している場合には、子の成長により、子の同一性を確認できなくなる場合も想定されるので、執行官としては、返還実施者と子が離別している期間も考慮する必要がある。

また、子の所在を認定するためには、現場にいる子どもと申立ての対象となっている子との同一性を認定する必要があるが、子もまた外国人であることが多いため、顔が判別しにくい、生年月日や名前を尋ねるにしても日本語が通じにくく、うまく本人確認ができない、といった事態が予想される。また、引渡しを免れようとして、債務者やその関係者が嘘を言う可能性もある。そのため、執行官においては、子を撮影した写真を提示してほしいとの強い要望がある。子の成長は早く、短期間で顔や身体的特徴が変化することもあるから、できる限り直近に撮影されたものであること、できれば角度や服装、表情を変えた十分な枚数があることが望ましい。

(1)　債務者に対する説得（実施法一四〇Ｉ柱書）

子の返還の代替執行を行う場合には、子の利益の観点から、債務者にできる限り自発的に子の監護を解かせ、子の監護に必要な物の準備等を含め、債務者の協力も得た上で返還を実施することが子の利益に適う。(注26)そこで、執行官は、まず債務者に対する説得を試みることが想定されている（実施法一四〇Ｉ柱書）。このため、実施法は、執行官による子の監護を解くために必要な行為は、子が債務者と共にいる場合に限りすることができることとしている

（同条Ⅲ）。

⑵　債務者の住居等への立入り（実施法一四〇Ⅰ①）

解放実施をする前提として、子を捜索する必要がある場合には、執行官は、債務者の住居等に立ち入って子を捜索することができ、この場合に必要があれば、閉鎖した戸を開くため必要な処分を行うことができる（実施法一四〇Ⅰ①）。解放実施は、子が債務者と共にいる場合に限りすることができる（実施法一四〇Ⅲ）ことから、このような捜索をし、又は住居の玄関等を解錠するには、住居等の中に子が債務者と共にいる蓋然性が高いと認められる状況にあることが必要である。[注27]

この点、実施法一四〇条三項を厳格に解すると、執行官が、債務者と子が共にいることを現認できない限り、立入り、捜索及び解錠（以下「立入り等」という。）ができないようにもみえるが、立入り等は、まさに執行官が子と債務者とが共にいることを現認できないような状況下においても必要となる行為であり、現認できる場合に限ると解釈すると規定を設けた意味が乏しい。したがって、執行官が、事前に入手した情報や周囲の状況から債務者及び子が住居内にいる蓋然性を合理的に認定できる場合には、立入り等ができると考えられる。立入り等の要件につきこのように理解すれば、子と債務者とが共に存在する蓋然性について執行官が合理的な根拠をもって立入り等を行ったところ、実際にはそうでなかったとしても、立入り等の処分が違法とされることはないものと解される。

上記蓋然性の有無は、現場の状況や債権者の陳述から執行官が判断することになるが、そのためには、執行官が事前に十分な情報を収集すると共に、現場における状況把握が十分になされることが肝要であり、債権者代理人としては、執行官に十分な情報を提供しておくことが有益である。

(3)　返還実施者を債務者の住居等に立ち入らせ、子や債務者と面会させること（実施法一四〇Ⅰ②、③）

執行官は、解放実施をするに際し、必要があれば、返還実施者を子や債務者と面会させたり、その者の住居等に立ち入らせることができる（実施法一四〇Ⅰ②、③）。

これに関連して、①返還実施者の解放実施場所への出頭が解放実施の実施要件とされていること（実施法規則八八Ⅱ）、②返還実施者が自ら解放実施を行うことはできないこと（同条Ⅲ）、③返還実施者が執行官の指示に従わないことが執行不能事由として例示されていること（実施法規則八九③）に注意を要する。

ア　返還実施者の出頭

解放実施は返還実施者が子の監護を開始することができるように、債務者による子の監護を解くことを目的とするもので、いわば返還実施の前提となるものである。したがって、返還実施者が現場にいなければ、解放実施を行っても監護を引き継ぐべき者がなく、その目的を達成できないし、執行官は、債務者の監護を解かれた子の扱いに困難を生ずる。そのため、返還実施者の出頭が解放実施の開始要件とされている（実施法規則八八Ⅱ）。なお、返還実施者の権限を第三者に委任することはできないが（実施法規則八八Ⅰ）、返還実施者を予め複数指定しておき、そのうちの一人が出頭すれば解放実施を開始することはできる。（注28）

イ　解放実施の返還実施に対する前置

解放実施は、子の心身に重大な影響を及ぼすおそれがあり、債務者との衝突も予想され、威力の行使を伴うこともあり得る。したがって、不測の事態に対応し、子の利益に配慮した安全な解放実施を実現するため、これまで国内の子の引渡しの強制執行において実績のある執行官を常に指定して行うこととされた（実施法一三八）。そこで、返還実施者が、自ら債務者による子の監護を解くことはできず（自力執行の禁止）、また、執行官による解放実施を経なければ返還実施者としての権限を行使することはできない（実施法規則八八Ⅲ）。

ウ　返還実施者が執行官の指示に従わないことが執行不能事由として例示されていること（実施法規則八九③）

これは、例えば、返還実施者が、執行官の制止の指示に反して、威力を行使して債務者から子を引き離そうとしたり、債務者との口論を止めなかったりした場合、子に大きな心理的

負担を強いることになるし、感情的になっている返還実施者に子の監護を委ねること自体も相当ではないからである。(注29)

(4)　威力行使とその留意点（実施法一四〇Ⅳ、Ⅴ）

債務者が執行官の説得に応じず、抵抗する場合には、執行官は、債務者や第三者の抵抗を排除するために威力を行使したり、警察上の援助を求めたりすることができる。しかし、子の利益の観点から、子に対して威力を行使することはできず、子以外の者に対する威力の行使も、子の心身に有害な影響を及ぼすおそれがある場合にはすることができない（実施法一四〇Ⅳ、Ⅴ）。ただし、ここに「威力」とは、人の意思を制圧する程度の有形力の行使をいい、一切の有形力の行使が禁止されるわけではないことに注意を要する。

具体的には、抵抗する者に対し直接威力を行使して、その抵抗を排除したり、バリケードの設置等の物理的妨害に対し、必要な限度で撤去、破壊したりすることができる。また、債務者の精神状態、これまでの言動、支援者の存在等に照らし強い抵抗が予測され、執行官のみではその抵抗を排除することが難しいような場合には、警察上の援助を求め、警察官を現場に臨場させて、債務者や第三者を取り押さえるなどすることもできる。(注30)他方、債務者が子を抱きかかえて離さない場合には、債務者に対する威力行使が子の心身に有害な影響を与える可能性もあるので、時間をかけて債務者を落ち着かせて子を離すように促すとか、当日はいったん中止として続行するなどといった工夫が必要となる。

なお、子の意思は返還命令の手続で考慮されているから、執行において子の意向は斟酌すべきではないが、子に対する威力行使は禁止されており、子が拒絶すると円滑な執行が困難となる場合がある。そこで、執行官は、執行に当たり、子の年齢や発育状況を考慮し、子に対して、解放実施の趣旨や、今回のこの手続は裁判所が決めたこととして行っている旨をわかりやすく説明するなどの工夫が必要である。その際、後記2のとおり、児童心理の専門家の協力を得て、その知識経験を活用して執行を進めることが、非常に有益であると考えられる。

また、子が口で拒絶の意思を示していても、身体的な抵抗までは示さないという場合はあり得、例えば、子の手を引いたり肩を押したりするなど、子の意思を制圧しない程度の有形力を行使して、子を誘導することは考えられる。いずれにせよ、解放実施を行うに当たっては、子の拒絶を招かないよう、事前情報に基づいて適切な準備を行うことが求められる。

2　立会人、執行補助者及び通訳人の確保

(1)　立会人

解放実施に当たっては、執行官が債務者等に対し威力を用いる場合がある（実施法一四〇I、II、IV）。このように、執行官等が抵抗を排除するために威力を用いるときには、市町

村の職員、警察官その他証人として相当と認められる者を立ち会わせる必要がある（民執七後段）。

この立会人は、執行官の職務が公正に行われるようにその職務の状況を監視すると共に、後日その状況を証言できるようにして紛争を未然に防止する目的で立ち会うのであるから、債権者への説明、債務者への説得、子への対応等をさせることはできないが、立会人の上記目的に照らせば、執行官が債務者等に対し威力を行使する際などに、それが子の心身に有害な影響を及ぼすものであるか否かについての認識を述べることはできると解される。したがって、この立会人は、単に一般的な常識に照らして観察するにとどまらず、子の心身に有害な影響を及ぼすおそれがあるか否かという観点から、子の心理を的確に把握できる者であることが望ましく、児童心理の専門家を立会人に選任することが考えられる。

(2)　執行補助者

執行補助者とは、民事執行法等の法令において執行官が取り扱うべきものとされている事務を行うに当たり、必要があるときに使用することができる技術者又は労務者をいう（執行官規則一二）。執行官は、解放実施場所の状況に応じて解錠技術者などの執行補助者を確保する必要があるが、債務者の抵抗排除、解放実施に当たっての連絡・監視、債務者等の動向に関する情報収集などについても執行補助者を利用することができる。

執行補助者の目的は、執行官の事務を実効的かつ円滑に実施することにあるから、立会人のような権限の制約はなく、上記目的に合致する限りにおいて、幅広い事務、具体的には、債権者への説明、債務者への説得、子への対応などを行わせることもできる。国内執行では、このような目的で児童心理の専門家を執行補助者に選任する例が増えているが、解放実施においては、中央当局が立会いその他の必要な協力をすることができるとされており（実施法一四二二）、具体的には、解放実施に伴う子の心身への影響を考慮して、児童心理に関する専門的知見を有する中央当局の職員が立ち会うことが想定されている。したがって、解放実施において、敢えて、児童心理の専門家を執行補助者として選任する必要性がある事案は少ないであろう。

なお、専門家から、解放実施については、事案の性質上、子を抱きかかえたり、手をつないだりすることもあるので、保育士や看護師の資格を有する者が関与することが望ましいこと、初対面の子については、女性のほうが相対的に否定的な感情を持たれにくいことが指摘されている。女性の執行補助者を確保することが困難である場合には、債権者代理人事務所の女性職員に同行してもらうなどの工夫も考えられる。

(3)　通訳人

債務者及び子のいずれかが日本語を解さない場合には、執行官規則一二条の技術者として、通訳人を確保することが必要となる。実務上、通訳人は債権者（代理人）が同行する場合が多いが、債務者及び子が双方とも日本語を解さない場合など、通訳の正確性について疑義が生じるおそれがある場合には、執行官において、中立な通訳人を確保することが望ましい。

3　援助執行官

解放実施の性質上、複数の執行官で行った方が安全かつ円滑な解放実施が実現できるケースも多いと考えられることから、執行官としては、執行官援助制度（執行官法一九Ⅰ）を利用することも考えられる。この場合には、援助執行官についても手数料が発生することから、執行官は、子の利益に配慮した安全かつ円滑な解放実施を行うために同制度の利用が必要であること、援助執行官についても手数料が発生することを債権者（代理人）に説明した上で、債権者（代理人）から、複数執行官で解放実施をされたい旨の上申書を受け、担当執行官が地方裁判所の許可を受けて他の執行官の援助を受けることになる。

4　解放実施の日時

返還実施者は、入国諸手続を経て、日本での滞在費用を費やしていることから、滞在期間には限りがあるのが一般的であると考えられる。そのため、帰国予定日等にも配慮した上で、解放実施の日を指定する必要がある。

また、子が確実に債務者と共にいる時間を選ぶとしても、早朝や深夜といった、子が通常就寝していると考えられる時間帯に解放実施を開始することは、子の心身に悪影響を及ぼす可能性があるため、原則として避けることが望ましい。

5 解放実施の場所

解放実施は、子のプライバシー保護や、第三者を巻き込む危険を排除し安全な実施を確保する観点から、原則として債務者の住居その他同人の占有する場所で行われる（実施法一四〇Ⅰ）。もっとも、例えば、債務者の住居で解放実施をしていたところ、同人が子を連れて住居の外に出た場合に、周囲の状況に照らして解放実施を継続しても特段問題がなければ、解放実施を続行することができると解される。

また、子の心身に及ぼす影響、周囲の状況その他の事情を考慮して相当と認めるときは、債務者の住居その他同人の占有する場所以外の場所においてもすることができる（同条Ⅱ）。保育所等の施設における解放実施も不可能ではない。しかし、第三者である管理者がいる施設における解放実施には、その管理者の同意が必要となるし、仮に同意が得られても、プライバシーの確保や子の心身への影響を考慮して、他の園児・学童の目に触れないような場所を提供してもらう必要がある。更に、債務者が共にいるという要件をも満たす必要があるので、実際には、このような施設で解放実施が認められるのは、ごく例外的な場合に限られよう。

これに対し、以前、国内執行において用いられていた、通学路などの公道での解放実施は、仮に債務者が子と共にいても、子が予想外の動きをして不測の事態を招くおそれがあり、子の安全確保の点で問題があること、公衆の面前での執行となるためプライバシーへの配慮など社会的相当性の観点から問題となりやすいことなどから、原則として相当性を欠く。

6　設問4の解答

上記1から5までのとおり。

五　設問5について

1　実施法規則八九条の規定

実施法規則八九条は、解放実施の目的を達することができない場合における解放実施に係る事件の終了について規定する。民執規則一三条一項七号は民事執行の目的を達成することができなかったときは、その事由を調書に記載すると規定しているから、執行不能の事由は調書の記載事項となるが、具体的に何が執行不能の事由となるかについては明文の規定がない。しかし、執行不能の事由を明らかにしておくことが手続の円滑な遂行に資すると考えら

れることから、実施法規則八九条において具体的な執行不能の事由について確認的に明記されたものである。(注31)

すなわち、執行官は、①実施の場所で債務者又は子に出会わなかったとき（実施法規則八九①）、②債務者及び子に出会ったにもかかわらず、子の監護を解くことができないとき（同条②）、③返還実施者が執行官の指示に従わないことその他の事情により、執行官が円滑な解放実施をすることができないおそれがあるとき（同条③）であって、解放実施の目的を達することができないときは、解放実施に係る事件を終了させることができる。ただし、執行不能となっても、同じ授権決定に基づいて、後日再度解放実施の申立てからやり直すことは可能である。

(1) 解放実施の目的を達することができないとき

まず、解放実施は、実施法規則八九条一号から三号までの事由に該当すれば直ちに執行不能になるのではなく、これにより解放実施の目的を達することができないと執行官が判断したときに、初めて執行不能となる。解放実施の目的を達することができないかどうかは、再度臨場した場合における執行完了の見込みなどを考慮して判断する。

(2) 債務者又は子に出会わないとき（実施法規則八九①）

債務者又は子の不在という、解放実施の開始要件を満たさない場合である。もっとも、今回は債務者又は子に会うことができなくとも、日時を改めれば執行を完了できる可能性があるのであれば、解放実施を続行することにつながりやすい。したがって、執行官が債務者及び子の生活状況に関する情報を入手していれば、解放実施を続行するという判断につながりやすい。他方、このような情報が不足している結果、日時を改めても債務者又は子に会う見込みが不明であるということになれば、執行不能とされることが多いと考えられる。

(3)　債務者及び子に出会ったにもかかわらず、子の監護を解くことができないとき（実施法規則八九②）

執行官が解放実施者としてなすべき行為を尽くしても、債務者や子の抵抗などのため、なお子の監護を解くことができない場合である。

執行官は、解放実施に関し、債務者に対し、説得を行うことができるほか、前記四にみた各種の権限を有するが、これらの権限を駆使しても、債務者又は子の抵抗を排除することができない場合があり得る。そこで、子が債務者と共にいる場合であって、執行官が債務者及び子に出会い、解放実施者としてなすべき行為を尽くしたにもかかわらず、債務者による子の監護を解くことができない場合を執行不能の事由として規定した。この場合も、日時を改めれば執行を完了できる可能性があるかどうかを検討し、日を改めて説得しても債務者や子がこれに応じる見込みがないと判断された場合に、執行不能とされると考えられる。

(4) 円滑に解放実施を行うことができないおそれがあるとき(実施法規則八九③)

前記(2)又は(3)以外の事情により、執行官が円滑に解放実施を行うことができないおそれがある場合を広く含む概念である。執行不能による事件の終了という重大な効果が生ずることから、「円滑に解放実施を行うことができないおそれ」は、抽象的なものでは足りず、具体的なものであることを要する。(注32)

実施法規則八九条三号は、「円滑に解放実施を行うことができないおそれがあるとき」の例示として、返還実施者が実施法一四〇条六項の規定による指示に従わないことを規定するが、これは、返還実施者が、執行官の制止の指示に反して、威力を行使して債務者から子を引き離そうとしたり、債務者との口論を止めなかったりした場合を想定している。子が前記の状況を目撃してショックを受けているような場合は、そのまま解放実施を継続することは、子に大きな心理的な負担を与えることになるし、また、感情的になっている返還実施者に子の監護を委ねることは相当でないから、これらの場合には解放実施を続行することは考えにくく、直ちに執行不能と判断されることが多いであろう。(注33)

返還実施者が執行官の指示に従わない場合のほかに、実施法規則八九条三号に該当すると考えられるものとしては、解放実施を行うべき場所又はその周辺に多数の人がいるために、子に心理的な負担を与えかねない場合や、子が、負傷又は病気などのために長時間の移動等に耐えられない場合なども考えられる。(注34)前者の場合には、債権者において、解放実施の場所を補正することで対応可能かも知れないし、後者の場合には、返還実施者の滞在期間を考慮しながら、日を改めて解放実施に臨むことで執行が可能になるかどうかを検討することになろう。執行官は、これらの事由により解放実施の目的を達することができないといえるか否かを、事案ごとに個別に判断することになるが、これらの場合には、債権者（返還実施者）に責任があるとはいえないので、いきなり執行不能とするのではなく、手続を続行し、再度臨場することを検討する場合が多くなるのではないかと思われる。

2　設問5の解答

(1)　小問(1)について

実施法規則八九条一号の事由に該当する場合である。したがって、執行官が債務者又は子の不在により解放実施の目的を達することができないと判断すれば、解放実施は執行不能となる（もっとも、例えばAだけが不在でY及びBはいる場合は、Bについての解放実施は行うことができる。）。ただし、執行官が解放実施を直ちに執行不能とするとは限らず、前記1(2)のとおり、日時を改めれば執行を完了できる可能性があるのであれば、今回は債務者又は子に会うことができなくとも、解放実施を続行することも考えられる。

⑵　小問⑵について

執行官は、子に対して威力を行使することが許されない（実施法一四〇V前段）とされていることとの関係で、実施法規則八九条二号の事由に該当するか否かが検討される場合である。

子の意思は返還命令の手続で考慮されているから、執行の段階では、子の意思そのものによって執行の可否が左右されることはないが、子に対する威力行使は禁止されており、子が拒絶すると執行完了が難しくなる。そこで、執行官は、前記四1⑷にみたとおり、執行に当たり、子の年齢や発育状況を考慮し、子に対して、解放実施の趣旨や、今回のこの手続は裁判所が決めたこととして行っている旨をわかりやすく説明するなどの工夫が必要である。その際、児童心理の専門家の協力を得て、その知識経験を活用して執行を進めることが、非常に有益であると考えられる。

また、子が口で拒絶の意思を示していても、身体的な抵抗までは示さないという場合はあり得、例えば、子の手を引いたり肩を押したりするなど、子の意思を制圧しない程度の有形力を行使して、子を誘導することは考えられる。いずれにせよ、解放実施を行うに当たっては、子の拒絶を招かないよう、事前情報に基づいて適切な準備を行うことが求められる。

(3)　小問(3)について

実施法規則八九条二号の事由に該当する場合である。執行官は、子に対して威力を行使することは許されない（実施法一四〇V前段）。他方、債務者に対して威力を行使することはできるが（同条Ⅳ）、それが子の心身に有害な影響を及ぼすおそれがある場合には、そのような威力の行使は許されない（同条V後段）。小問(3)のように、債務者Yが子A又はBを抱きかかえて離さない場合には、債務者に対する威力行使が子の心身に有害な影響を与える可能性もあるので、前記四1(4)にみたとおり、時間をかけて債務者を落ち着かせて子を離すように促すとか、当日はいったん中止として続行するなどといった工夫が必要となる。

(4)　小問(4)について

実施法規則八九条三号の事由に該当する場合である。前記1(4)のとおり、債権者Xが自ら執行官の指示に違反して自力執行に及ぼうとしたときは、そのまま解放実施を継続することは、上記の状況を目撃してショックを受けているであろう子に大きな心理的な負担を与えることになる。また、設問では、解放実施にXが同行しているからXが返還実施者に指定されていると考えられるところ、このように感情的になっている返還実施者に子の監護を委ねることは相当でない。したがって、設問の場合には解放実施を続行することは考えにくく、執行官は、直ちに執行不能の判断をすることが多いと考えられる。

六　設問6について

国内執行については、現行法には明文の規定がなく、動産の引渡執行の規定（民執一六九）を類推適用している。明文の規定がないことから、主として子の福祉の観点から、直接強制を行い得る限界が問題となる。他方、実施法に基づく執行は、代替執行の一環として行われ、その執行方法について具体的な規定が置かれている。このように、両者は、そもそも強制執行の種別を異にし、その根拠規定も異なるから、様々な相違点が生じてくることになる。

とはいえ、執行官が債務者による子の監護を強制的に解く、という点では解放実施も国内執行も共通しており、また、執行の場面において、子の福祉の観点から実力行使の限界が問題とされるという意味でも、両手続には共通する要素も多い。実施法では、執行官の権限についての規定が整備されており、子の監護を強制的に解く場面における執行の在り方について一定の立法者意思が示されているといってよいであろう。そして、実際にはかなり共通する部分の多い国内執行と解放実施とが相互に影響を与え合う、具体的には、整備された規定の面では解放実施が国内執行に対し、蓄積された実務の面では国内執行が解放実施に対し、それぞれ影響を与えて同調していく方向性にあるといえる。

以下、具体的な相違点を検討する（設問6に対する解答）。

1　執行行為の内容

実施法に基づく代替執行は、執行官が行う解放実施と返還実施者が行う返還実施に分けられる。したがって、少なくとも理念的には、執行官は債務者による子の監護を解くこと（子を債務者の監護状態から離すこと）までを職務とし、監護を解かれた子を保護する（監護の開始）ことは返還実施者の職務である。

もっとも、どのような状態に至れば債務者の監護状態から離れたと評価できるかは、事案に応じて検討する必要がある。例えば、返還実施者が子を監護した状態で債務者宅を出た時には解放実施が完了したといえるが、一方、返還実施者が子を確保した後であっても、返還実施者と子が共に債務者宅に留まっている時点では、いまだ解放実施は完了に至っておらず、この時点で債務者が子を取り戻そうとした場合などには、執行官は、その抵抗を排除することができる。

他方、国内執行は、債務者から子を取り上げて債権者に引き渡すまでが執行行為である。具体的には、債権者（返還実施者）への引渡しまで執行行為に含まれるか否か、の点で解放実施と相違する。

2　対象年齢

国内執行については、動産の引渡執行の規定が類推適用されるため、対象となる子が「物に対する支配関係と同一視できる場合」[注35]といえるか否かが問題とされ、その年齢の限界が議論されている。一歳未満の乳幼児がこれに含まれることにはほぼ異論がないが、上限については見解が分かれている。[注36]現在の実務においては、概ね八歳から一〇歳程度までの子について、直接強制としての子の引渡執行が行われる例が多い。

他方、実施法に基づく代替執行については、一六歳未満であることが要件である（実施法一三五Ⅰ）。解放実施行為は、債務者その他の第三者の抵抗を排除し、債務者の監護状態から子を解放する行為であるから、その性質上、子の意思能力いかんにかかわらず実施が可能であるというべきであり、子に意思能力があることは執行の障害とならない。

3　執行場所及び債務者の立会い

実施法に基づく代替執行においては、執行場所が第一次的に「債務者の住居その他債務者の占有する場所」（実施法一四〇Ⅰ①）とされるとともに、「子が債務者と共にいる場合」（同条Ⅲ）であることも必要である。

一方、国内執行では上記のような明文の制限規定がないため、従来は、必ずしも債務者が執行場所に現在する必要はなく、子の祖父母等親族のみが在宅する場合においても、執行が行われることもあった。しかし、**第一三回「子の引渡しの強制執行」**で検討したとおり、現在では、国内執行においても債務者と子の同時存在する場で執行することが相当であると解されているので、この点では実施法に基づく解放実施と国内執行との間に差異はない。

4　威力の行使の範囲等

解放実施については、執行官は、解放実施に際し抵抗を受けるときは、その抵抗を排除するために、威力を用い、又は警察上の援助を求めることができる（実施法一四〇Ⅳ）が、子に対して威力を用いることはできず（同条Ⅴ前段）、子以外の者に対する威力の行使も、子の心身に有害な影響を及ぼすおそれがある場合には認められない（同項後段）。

一方、国内執行においても、子の引渡しの直接強制を認める立場からは、民事執行法六条一項本文に基づいて「威力の行使」が認められるものの、その限界については子の引渡しの直接強制の可否に関連して議論されてきたところである。しかし、少なくとも実施法施行後の現在においては、第一三回「子の引渡しの強制執行」で検討したとおり、①子に対する威力の行使といえるような有形力の行使は避けるべきである、②子以外の者に対しては、原則として威力の行使が許されるが、その威力の行使が子の心身に有害な影響を及ぼすおそれがある場合には相当でない、と考えるべきであり、解放実施との間に有意な差異はないというべきであろう。

5　債務者に対する説得

解放実施においては、明文で規定されている（実施法一四〇Ⅰ柱書）が、国内執行についても、執行官は、執行に際し債務者に出会ったときは、原則として、執行に着手する前に任意の履行を促すことが相当であるとされており[注37]、執行官の説得により任意の履行を得ることが可能であれば、それが望ましいことに変わりはない。

6 返還実施者（債権者）の立入り及び面会

解放実施については、返還実施者と子又は返還実施者と債務者を面会させること（実施法一四〇Ⅰ②）、債務者の住居等に返還実施者を立ち入らせること（同項③）が明文で規定されている。他方、国内執行については、この点につき明文の規定はないが、以下に述べるとおり、債権者を債務者の住居等に立ち入らせることが有用であるといえる場合があり、その有用性が認められる場合には、債務者の承諾を得た上で債務者の住居等に立ち入らせることを検討すべきであると考えられる。

従来の国内執行においても、執行官が必要と考えた場合には、債権者と子を面会させたり、債権者と債務者を面会させたりすることもあったが、それはまれなことであった[注38]。しかし、近年、国内執行において、子の拒絶によって執行不能になることが少なくないため、子の拒絶反応を取り除くべく債権者を子と面会させることの重要性が認識されるようになった。また、債権者による子の監護を開始させるため、あるいは債権者と債務者とを面会させるために、債権者を債務者の住居等に立ち入らせることも考えられる。これらの有用性は、解放実施についても同様に考えられる（ただし、国内執行については、実施法のような明文規定がないことから、債務者の承諾がない場合にまで、債権者の債務者宅への立入りを認めることについては慎重に検討すべきであろう。）。

7　解放実施に関する債権者等の協力等

債権者からの情報収集、家庭裁判所との連携は、国内執行においても東京など一部の庁を中心に行われていたが、実施法に基づく代替執行の手続では、これを実施法規則に明記し、更に、実施法に基づく代替執行の手続には、新たに中央当局が関与することとなった。しかし、返還申立事件では、通常の子の引渡しの審判事件のように家庭裁判所調査官による詳細な調査官調査を行わないことも多く考えられるので（実施法一五一参照）、家庭裁判所があまり情報を持っていないことも考えられる。また、中央当局による情報提供も期待されるが、その情報量がどの程度のものになるかは未知数である。前述のとおり、子のパスポートの確保に触れたが、このように、国内執行にはない問題も現れてくる。

したがって、実施法に基づく解放実施においては、債権者代理人による情報収集は、国内執行にも増して重要性を持つことになる。

（注1）　堂薗幹一郎「ハーグ条約に基づく子の返還のための裁判手続等の概要」民事月報六八巻

九号一二頁、金子修（編集代表）『一問一答　国際的な子の連れ去りへの制度的対応―ハーグ条約及び関連法規の解説』（商事法務、平成二七年）二頁
（注2）堂薗・前掲（注1）六四頁、金子ほか・前掲（注1）二六九頁、二七六頁
（注3）「債務名義」という言葉は本手続を主に利用することになる外国人にとって分かりにくいこと、債務名義となり得るのは本文に記載した五種類に限定されることから、実施法及び規則は「債務名義」という文言を使わず、「確定した子の返還を命ずる終局決定又は同決定と同一の効力を有するもの」と表現しているが、法的性質は債務名義である。
（注4）最高裁判所事務総局家庭局監修『国際的な子の奪取の民事上の側面に関する条約の実施に関する法律執務資料』（法曹会、平成二六年）（以下「家庭局執務資料」という。）二一四頁（注5）
（注5）堂薗・前掲（注1）六四頁
（注6）堂薗・前掲（注1）六五頁
（注7）堂薗・前掲（注1）六五頁
（注8）堂薗・前掲（注1）六六頁、金子ほか・前掲（注1）二七四頁
（注9）堂薗・前掲（注1）六六頁、金子ほか・前掲（注1）二七七頁
（注10）ただし、債権者が、解放実施を行うべき場所を新たな場所に補正するときは、補正後の

場所において解放実施を行うことは可能である。

（注11）堂薗・前掲（注１）六七頁
（注12）堂薗・前掲（注１）六七頁、金子ほか・前掲（注１）二八三頁
（注13）堂薗・前掲（注１）六七頁
（注14）家庭局執務資料二一四頁（注５）
（注15）家庭局執務資料二二七頁
（注16）家庭局執務資料二二七頁
（注17）家庭局執務資料二二七〜二二八頁
（注18）家庭局執務資料二二八頁
（注19）家庭局執務資料二二八頁
（注20）家庭局執務資料二三六頁
（注21）家庭局執務資料二二八〜二二九頁
（注22）家庭裁判所による協力が必要となるのは、子の返還を命ずる終局決定がされた場合に限られず、和解（実施法一〇〇Ⅲ）、調停（実施法一四五Ⅲ）、調停に代わる審判（同条Ⅳ、家事手続二八四Ⅰ）又は調停に代わる審判に代わる裁判（同法二七四Ⅴ、二八四Ⅰ）により終局した場合であっても同様であることから、実施法規則八七条五項において、これら

子の返還を命ずる終局決定と同一の効力を有する債務名義が作成された場合について、実施法規則八七条三項及び四項の規定が準用される（実施法規則八七V）。

（注23） 子の返還申立事件が高等裁判所に係属した場合であっても、執行官に対する情報の提供その他の必要な協力は、第一審裁判所である家庭裁判所が行う。

（注24） 家庭局執務資料二二九頁

（注25） 家庭局執務資料二二八頁参照

（注26） 堂薗・前掲（注1）六七頁

（注27） 堂薗・前掲（注1）六八〜六九頁

（注28） 家庭局執務資料二三三〜二三四頁（注3）

（注29） 家庭局執務資料二三六頁

（注30） 堂薗・前掲（注1）六八頁

（注31） 家庭局執務資料二三四頁

（注32） 家庭局執務資料二三六頁

（注33） 家庭局執務資料二三六頁

（注34） 家庭局執務資料二三六頁

（注35） 梶村太一ほか「子の引渡し保全処分事件の処理をめぐる諸問題」家裁月報四七巻七号参

照

（注36）小学校低学年程度（六、七歳程度）までの子については定型的に意思能力がないものと扱うとの見解（遠藤真澄「子の引渡しと直接強制」家裁月報六〇巻一一号）が有力である。

（注37）『執行官提要（第五版）』（法曹会）一一三頁参照

（注38）福島政幸「ハーグ条約および国内実施法における解放実施事務が国内における子の引渡執行に与える影響」新民事執行実務一二号四九頁

大阪高等裁判所

昭30.12.14決・高民集8.9.692
……………………………318
昭56.8.5・公刊物未掲載 ……192
平4.2.27判・判タ793.268…136

広島高等裁判所松江支部

昭28.7.3判・高民集6.6.356…317

東京地方裁判所

昭48.6.14判・判時705.31…224

静岡地方裁判所

平14.7.19決・判タ1109.252…81

大阪地方裁判所

昭55.6.16決・判タ417.129…227
平2.9.7判・判タ739.223 ……191

札幌地方裁判所

平6.7.8決・判タ851.299 ……316

判　例　索　引

最高裁判所

昭24.1.18判・民集3.1.10…189,204
昭29.4.26判・民集8.4.848……186,203
昭29.8.20判・刑集8.8.1277……102,127
昭30.9.28判・民集9.10.1453……186
昭32.4.23決・刑集11.4.1393……102,121
昭33.5.28判・民集12.8.1224……186,189,203
昭35.3.15判・民集14.3.430……317
昭38.9.17判・民集14.17.8.968……317
昭43.7.4判・民集22.7.1441……189,204,207
昭44.9.30判・集民96.679…188
昭46.2.9判・集民102.157…188
昭47.7.25判・集民106.617……196,197,257
昭47.9.26判・集民106.735……196,197,257
昭49.2.26判・民集111.181……198
昭56.11.19判・集民134.237……192
昭59.3.29判・集民141.499…208
昭61.7.18判・民集40.5.991…189
平2.12.6判・集民161.291…190
平5.10.19判・民集47.8.5099……205,234,251
平6.4.26判・民集48.3.992…205,235,251,316
平6.7.8判・集民172.751 ….214
平6.11.8判・民集48.7.1337…196,257
平10.12.1判・民集52.9.1761……126
平11.4.26判・判時1679.33…214
平11.5.25判・家月51.10.118……197
平24.7.24決・刑集66.8.709……103

大審院

昭和8.4.15判・大審院刑事判例集12.427……102,121

民事訴訟費用等に関する法律

ストーカー規制法

民法

公証人法

裁判所法

医療法

刑事訴訟法

執行官法

執行官規則

法務大臣権限法

民事訴訟法

民事訴訟規則

民事保全法

家事事件手続法

実施法規則
（ハーグ条約実施法規則）

憲法

民事執行法

民事執行規則

実施法（ハーグ条約実施法）

人身保護法

人身保護規則

保護命令規則

条 文 索 引

DV防止法

さ 行

た 行

は 行

【子の引渡し関係】(第13回から第14回)

さ 行

ま　行

や　行

ら　行

【人身保護手続関係】（第8回から第12回）

あ　行

か　行

た 行

は 行

事 項 索 引

【保護命令手続関係】（第１回から第７回）

か 行

さ 行

例題解説　DV保護命令／
人身保護／子の引渡し　書籍番号・310072

平成28年9月30日　第1版第1刷発行
令和4年9月10日　第1版第3刷発行

編　集　一般財団法人　法曹会
発行人　門　田　友　昌
発行所　一般財団法人　法曹会
〒100-0013　東京都千代田区霞が関1-1-1
振替　00120-0-15670・電話03-3581-2146
http://www.hosokai.or.jp/

落丁・乱丁はお取替えいたします。　印刷製本／(株) ディグ

ISBN 978-4-908108-61-7